누구나 투자로
부자가
될 수 있다

# 누구나 투자로 부자가 될 수 있다
AI 테크 시대 ETF 투자 전략

1판 1쇄 발행 | 2025년 11월 30일
1판 2쇄 발행 | 2025년 12월 5일

지은이 | 배재규
펴낸이 | 정병철
펴낸곳 | ㈜이든하우스출판
출판등록 | 2021년 5월 7일 제2021-000134호

주소 | 서울시 마포구 양화로 133 서교타워 1201호
전화 | 02-323-1410
팩스 | 02-6499-1411
메일 | eden@knomad.co.kr

ⓒ 배재규
ISBN 979-11-94353-37-9 (03320)

- 잘못된 책은 구입하신 곳에서 바꿔드립니다.
- 이 책은 저작권법에 의하여 보호를 받는 저작물이므로 무단 전재와 복제를 금합니다. 이 책 내용의 전부 또는 일부를 이용하려면 반드시 저작권자와 ㈜이든하우스출판의 서면 동의를 받아야 합니다.

> (주)이든하우스출판은 여러분의 소중한 원고를 기다립니다.
> 책에 대한 아이디어와 원고가 있다면 eden@knomad.co.kr로 보내주세요.

# 누구나 투자로 부자가 될 수 있다

AI 테크 시대 ETF 투자 전략

## How to Invest

배재규 지음

프롤로그

# 모두가 부자가 될 수 있는 세상을 바라며

누구나 부자가 되고 싶어 한다. 그러나 현실은 냉혹하다. 수많은 사람들이 부자를 꿈꾸며 주식 시장에 들어서지만 대부분은 손실을 보고 떠나거나, 같은 실수를 되풀이한다. 왜일까? 노력과 의지가 부족해서가 아니다. 방법이 잘못되었기 때문이다.

오늘날 투자 세계에서 통용되는 방식 대부분이 단기 전망과 예측에 기댄다. 때로는 운 좋게 수익을 거두기도 한다. 하지만 단 한 번의 실패가 그동안의 모든 성과를 무너뜨릴 수 있다. 일반 투자자들은 몇 번의 성공 기억에 매달리지만, 그 방법으로는 절대로 장기적으로 부를 쌓을 수 없다.

나는 이 책에서 분명히 말하고자 한다. "투자는 운이나 감에 기대는 게임이 아니다. 단기 매매로는 부자가 될 수 없다."

『누구나 투자로 부자가 될 수 있다』는 한 번의 투자에서 돈을 버는 방법이 아닌, 부자가 되기 위한 투자 방법을 알려 준다. 전문가가 아니어도, 매일 주식을 들여다보지 않아도 실천할 수 있는 길을 제시한다. 이 책을 통해 여러분의 인생이 돈 때문에 흔들리지 않고, 오히려 돈이 여러분의 인생을 지탱해 주는 삶으로 나아가기를 바란다.

## 나의 경험과 철학

나는 자산운용업계에서 25년을 살아왔다. 한국 ETF 시장의 창시자로서, ETF를 한국에 처음 도입했다. 그래서 언론은 나를 "한국 ETF의 아버지"라고 부른다. 국내에 처음 ELS를 소개하여 새로운 ELS 시장을 만들기도 했다. 액티브 매니저로 매일 종목을 분석하며 누구보다 치열하게 시장과 싸우던 시절도 있었다.

그런 내가 투자 철학을 송두리째 바꾸게 된 계기가 있었다. 바로 존 보글의 『Common Sense on Mutual Funds(성공하는 투자 전략 Index 펀드)』다. 당시 회사 대표였던 황영기 사장의 지시로 번역 작업 등을 관리하며 나는 원서와 번역본을 대조해 5번 이상 읽고 수정했다. 그리고 이 과정에서 '투자는 전망과 예측에 의한 베팅이 아니라 기업 성장의 과실을 효율적으로 취득하는 것'이라는 점을 깨달았다. 그리고 나의 오랜 투자 경험을 통해 성공하는 투자는 '방향과 시간의 함수'임을 터득하게 되었다.

이 철학은 오늘날 전 세계 자산운용의 중심이 되었고, 나와 함께했던 동료들은 지금 국내 주요 운용사의 주역으로 성장했다. 시장은 변했고, 우리가 그 흐름을 만들었다.

그러나 문제는 여전히 남아 있다. 업계는 돈을 벌었지만 정작 투자자들은 제대로 돈을 벌지 못했다. 왜일까? 투자자 대다수가 여전히 잘못된 방식으로 투자하기 때문이다. 투자는 본질적으로 '미래의 특정 시점에 수익을 실현하기 위해 현재의 소비를 유보하는 행위'다. 그러나 많은 투자자들은 '미래'를 준비하면서도 실제로는 '현재 좋아 보이는 것'에 집중한다. 그 결과 투자행위는 매매 타이밍과 단기 수익 추구로 귀결된다. 이런 방식으로는 결코 부자가 될 수 없다.

## 성공 투자의 두 가지 조건

나는 단언한다. 투자에서 성공하려면 다음 두 가지를 이해해야 한다.

- 방향: 올바른 투자 대상을 고르는 논리적 과정
- 시간: 시장의 변동성을 이해하고 이겨 내는 감정적 과정

사람들은 종목만 잘 고르면 부자가 될 수 있다고 믿는다. 그렇지 않다. 10년 전에 일찍이 엔비디아나 비트코인을 샀더라도 대부분은 부자가 되지 못했을 것이다. 10년이라는 기간 동안의 변동성에 휘둘려, 조금의 수익만 나도 팔아 버렸을 것이기 때문이다. 결국 논리와 감정 극복을 보장할 수 있는 구조적 장치가 필요하다.

## 테크 시대와 AI

인류의 경제적 도약은 언제나 새로운 기술에서 비롯되었다. 증기기관은 철도와 제철, 방직과 섬유 산업을 탄생시켰을 뿐만 아니라 이들 산업이 그 시대의 부 대부분을 창출했다. 전기의 발견은 통신과 전력, 가전 산업 등 오늘날의 제조업을 일으켰고, 이 역시 20세기 경

제 성장을 이끈 핵심 원천이 되었다. 인터넷의 등장은 구글, 아마존, 애플 같은 플랫폼 기업을 만들어 냈으며, 오늘날 이들을 전 세계에서 가장 가치 있는 기업들로 자리 잡게 했다.

이처럼 새로운 기술을 가장 먼저 활용한 산업과 기업들이 언제나 막대한 부의 창출의 주인공이었다. 지금은 인터넷이 만든 테크 기업의 시대며, 이제 그 연장선에서 'AI'라는 거대한 기술 혁명이 시작되고 있다.

따라서 투자자의 해답은 분명하다. AI를 적극적으로 활용하는 테크 기업에 투자하라. 동시에 이들이 AI를 구현하기 위해 반드시 필요한 반도체를 공급하는 기업에 투자하라. 이 두 축이야말로 앞으로 인류가 만들어 낼 부의 대부분을 차지할 주인공들이다. AI는 더 이상 기술에 머물지 않는다. 산업을 재편하고, 경쟁의 룰을 바꾸면서 우리 생활에 깊숙이 스며들고 있다. 과거 기계가 육체노동을 대신했다면 이제 AI는 정신노동을 대신한다. 검색, 분석, 창작, 설계 등 인간만의 영역이라 여겨졌던 것들이 빠르게 대체되고 있다. 지금 필요한 것은 단기 수익을 노리는 매매가 아니라 AI라는 미래 기술과 테크 기업에 대한 장기 투자 전략이다.

결론은 분명하다.

- 미래 성장에 장기 투자하라.
- 미래 성장은 테크 기업에 있다.
- 투자 방식은 개별 종목이 아닌 ETF로 투자하라.

오늘날 많은 젊은 세대가 치열한 경쟁과 불안한 미래 속에서 투자와 투기를 구분하지 못한 채 무리한 선택을 하고 있다. 운에 기대거나 단기 수익에 집착하며 타이밍과 정보에 매달리는 모습을 반복 중이다. 그런 방식으로는 결코 원하는 미래에 도달할 수 없다. 나는 이 현실을 바꾸고 싶다. 인생은 운이 좋으면 성공하고 운이 나쁘면 실패해도 되는 게임이 아니다. 반드시 성공할 수 있는 투자 방식이 필요하다. 그래서 나는 이 책을 쓰기로 결심했다.

## 독자에게 전하는 메시지

『누구나 투자로 부자가 될 수 있다』는 다양한 독자에게 저마다의 의미를 줄 것이다. 일반 투자자에게는 단순하지만 강력한 전략을 제시해 누구나 꾸준히 실천할 수 있는 길을 보여 준다. 전문 투자자에게는 가치 투자와 테크 중심 성장 투자 사이의 연속성과 단절을 성찰할 기회를 제공한다. 자산운용업 종사자에게는 '종목 선택의 예술'에서 '상품 기획과 마케팅의 과학'으로 옮겨 가는 업계의 본질적 변화를 일깨울 것이다.

무엇보다 나는 이 책을 통해 운이 없어도, 전문가가 아니어도, 투자에 신경을 많이 쓰지 않아도 누구나 부자가 될 수 있다는 진심 어린 믿음과 실천 가능한 방법을 전하고 싶다. 내가 말하는 '부자'란 단기간의 행운이 아니라, 평생에 걸쳐 꾸준히 부를 축적해 이루어 내는 삶이다.

그래서 『누구나 투자로 부자가 될 수 있다』에서 제시하는 방법은 단순한 '돈 버는 기술'이 아니다. 이 책을 읽은 여러분은 투자를 통해 부를 축적할 수 있고, 그 성과는 어떤 전문가 못지않을 것이다. 더 나아가 투자에 쏟던 시간과 에너지를 절약해 본업에 집중할 수 있다. 그 결과 '투자를 통해 부를 축적'하고, '본업에서의 성취를 통해 명예'를 얻음으로써 부와 명예가 균형을 이루는 인생의 진정한 성공에 도달할 수 있을 것이다. 여러분이 이 길을 실천하고 누구나 부자가 될 수 있음을 스스로 증명하길 바란다. 부유하고 자유로운 삶으로 나아가는 여정. 바로 그 출발점에 이 책이 함께하기를 바란다.

오늘날 나의 투자 철학을 완성할 수 있는 계기를 마련해 준 황영기 초록우산 회장님(당시 삼성자산운용 사장)께 깊이 감사드린다. 또 이 책이 나오기까지 귀중한 아이디어를 보태 준 훌륭한 분들과 많은 데이터를 정리해 준 한국투자신탁운용 임직원 여러분께도 진심으로 감사의 마음을 전한다.

# 목차

프롤로그 모두가 부자가 될 수 있는 세상을 바라며     4

## 1장   부의 문을 여는 세 가지 질문
01   왜 투자는 종목 고르기 게임이 아닌가?     15
02   어떻게 하면 장기 투자의 성공 가능성을 높일 수 있을까?     18
03   나는 과거에 투자하는가, 미래에 투자하는가?     23

## 2장   무엇에 투자해야 하는가(투자 대상 선택)?
01   주식: 기업의 소유권에 투자하다     32
02   부동산     34
03   대체투자     39
04   암호화폐: 새로운 금융 질서의 가능성과 투자 전략     41

## 3장   세계 주요 시장 분석
01   미국: 구조적 경쟁력과 위기를 이겨 내는 시장     52
02   중국: 부분적 자본주의     56
03   일본, 유럽, 그리고 인도와 대만     60
04   한국: 제조업 강국의 기회와 위기 요인     68
05   글로벌 시장 분석의 결론     86

How to Invest

## 4장  성공 투자를 가로막는 일곱 가지 함정

01  전망과 예측에 의한 투자         95
02  정보에 의한 매매                105
03  평균회귀                       107
04  단기 투자                       109
05  마켓 타이밍                     114
06  선동에 의한 투자                 118
07  순환매 투자와 가치주 투자         122

## 5장  기술주에 투자하라

01  나의 투자 철학의 전환: 미래 성장에 장기 투자하라   129
02  인류 역사와 기술 진보            132
03  디지털 시대와 테크 기업          141
04  디지털 시대와 반도체            161
05  AI 시대와 반도체                166
06  테크 기업(기술주) 투자와 가치 평가   180
07  기술주 투자의 위험성             183

## 6장  패시브 투자의 시작 (액티브 투자의 몰락)

01  패시브 투자                    192
02  액티브 투자                    197
03  자산운용 시장 패러다임의 전환     201
04  자산운용업과 제조업 비즈니스 모델의 변화   208
05  패시브 운용 시대에 운용사의 경쟁력은?   211

## 7장  금융 혁신 결정체로서의 ETF
01  ETF의 탄생 … 218
02  ETF의 핵심 철학 … 220
03  세계 금융 시장의 주류 … 222
04  상품이 아닌 '도구'로의 ETF … 224
05  ETF 투자 시 고려 사항 … 236
06  한국의 ETF … 240

## 8장  자산 배분과 생애주기펀드(TDF)
01  자산 배분의 기본 개념 … 257
02  자산 배분의 실제 사례 … 262
03  TDF … 265
04  한국투자신탁운용 TDF: 한국투자 TDF 알아서 ETF 포커스 … 275

## 9장  전환기의 자산운용업
01  자본주의 발전의 역사 … 283
02  자본주의 2단계에서 3단계로 넘어가야 하는 자산운용사의 비전 … 291
03  'Make KIM Great', 고객 신뢰로 완성되는 위대한 운용사 … 297

## 10장  부의 공식
01  투자 원금(P) … 309
02  지속성 있는 투자수익률(r)의 위력 … 311
03  장기 투자 복리의 마법 … 313

에필로그  투자는 미래 성장에 장기적으로 참여하는 것 … 324

1장

# 부의 문을 여는 세 가지 질문

How to Invest

## 01

# 왜 투자는
# 종목 고르기 게임이 아닌가?

10년 전, 만약 당신이 엔비디아나 비트코인을 샀다면 지금쯤 부자가 되었을까? 대부분의 사람들은 그렇다고 말할 것이다. 하지만 실제로는 중간에 팔았을 가능성이 훨씬 크다. 이유는 간단하다. 10년 동안의 가격 등락, 즉 변동성을 이겨 내기 쉽지 않기 때문이다. 좋은 종목을 사는 것도 물론 쉽지 않지만, 사고 나서 끝까지 버티는 것은 훨씬 더 어렵다. 주가가 급하게 오르내리는 변동의 과정에서는 논리보다 감정이 투자 결정을 지배한다. 바로 이 지점이 장기적으로 부를 쌓지 못하는 가장 큰 원인이다.

나는 투자를 이렇게 정의한다.
"미래 특정 시점의 수익을 위해 오늘의 소비를 유보하고, 자원을 다양한 자산에 배분하고, 시간을 활용해 수익을 기대하는 행위."

이 과정에는 반드시 따라오는 전제가 있다. 바로 불확실성 즉, 위험(risk)이다. 수익을 추구하는 과정에서 위험은 피할 수 없는 본질이다. 대신 우리는 위험을 감수한 대가로 수익이라는 보상을 얻는다. 그래서 투자를 시작할 때 스스로에게 두 가지 질문을 던져 보아야 한다.

① 무엇에 투자해 어느 수준의 수익을 기대할 것인가?
: 기업 재무 상태, 성장성, 산업 구조, 경제 환경, 세상의 변화 등을 고려하는 논리와 분석의 영역
② 그 과정에서 어떤 손실과 변동성을 감당할 수 있는가?
: 시장의 등락 속에서 흔들리지 않고 버틸 수 있는지를 확인하는 감정과 심리의 영역

대부분의 투자자는 ①에만 집중한다. '좋은 종목을 사면 끝'이라는 생각이다. 그러나 실제 투자에서 실패하는 사람의 상당수는 좋은 종목을 샀음에도 변동성을 견디지 못해 중도에 매도한다.

장기적으로 부를 쌓는 힘은 두 가지를 함께 다루는 능력에서 나온다. 논리적인 부분은 학습으로 익힐 수 있지만 감정을 통제하는 일은 타고난 성향에 좌우되고 훈련할 기회도 드물다. 우리가 변동성을 이겨 내서 부를 쌓아 가려면 다음 세 가지 준비가 필요하다.

① 투자 과정에서 발생하는 변동성에 대한 사전 이해

② 감정에 흔들리지 않는 훈련

③ 구조적으로 변동성을 이겨 낼 수 있는 투자 방식

이제 투자는 누구나 익혀야 할 삶의 기술이라고 나는 생각한다. 그 기술은 결코 실행이 어려운 것은 아니다. 실행한 후에 유지하기가 어려울 뿐이다. 이 원리를 이해하지 못하면 안정된 부의 축적은 어렵다.

## 02
## 어떻게 하면 장기 투자의 성공 가능성을 높일 수 있을까?

교과서는 위험을 가격의 변동성으로 정의한다. 나는 여기에 두 가지를 더 포함해서 다시 정의한다.

① **다운사이드: 가격 하락의 위험**
② **쇼트폴(shortfall): 기대 이하의 수익(기회비용)**
③ **지속 불능 위험: 변동성이 커서 투자를 중도에 포기할 가능성**

특히 ③을 간과하기 쉬운데, 실제 장기 성과에 미치는 영향이 매우 크다. 대부분의 투자자는 직전 고점을 '심리적 매수가'로 인식한다. 그래서 투자가 수익을 거두는 중이더라도 고점 대비 일정 수준 이상 하락하면 불안감이 커져 매도할 가능성이 높아진다. 매수 시점에서의 논리적 판단을 유지하지 못하고, 감정적 판단에 흔들려 매도

**A투자안과 B투자안의 MDD**

| 구분 | 매수가 | 최고가 | 현재가 | 투자수익률(%) | MDD(%) |
|---|---|---|---|---|---|
| A투자안 | 100 | 200 | 150 | 50 | 25 |
| B투자안 | 100 | 150 | 140 | 40 | 6.70 |

하게 된다.

위의 표에서 A안은 최종 수익률이 50%로, B안의 수익률인 40%보다 높지만 고점 대비 하락률, 즉 MDD(Maximum Drawdown, 최대낙폭)가 B안보다 크기 때문에 투자자가 큰 하락 폭에 놀라 중도 매도할 가능성이 B안보다 높다. 즉 변동성이 크면 손실뿐 아니라 수익이 나고 있는 투자에서도 큰 폭의 하락을 경험했을 때 불안감이 커져 투자를 지속하기 어려워진다. 이처럼 MDD는 투자 지속 여부를 좌우하는 심리적 지표다.

구체적인 사례를 들어 생각해 보자. 2008년 초 애플과 나스닥 100을 각각 매수해 2024년 말에 매도했다고 가정하자. 다음 페이지의 그래프는 해당 기간 나스닥 100과 애플의 MDD를 보여 준다.

애플은 약 31배의 수익을 냈지만 투자 과정에서 고점 대비 60% 하락이 한 번, 40%대 하락이 세 번, 30%대 하락이 세 번 있었다. 총 일곱 차례나 30% 이상의 하락이 발생했다. 1억 원의 투자금이 20억 원으로 늘었다가 6억 원이 사라지는 30%대 하락의 경험은 대부분의 투자자를 무너뜨리기에 충분하다. 분명히 수익이 나고 있는 상황이지만, 초기 투자금의 6배에 달하는 손실 경험은 투자자의 심리를 극도로 불안하게 만든다. 이런 규모의 손실은 며칠 만에도 일어날 수 있다. 여기에 하락 국면마다 언론과 전문가들은 "애플의 성장은

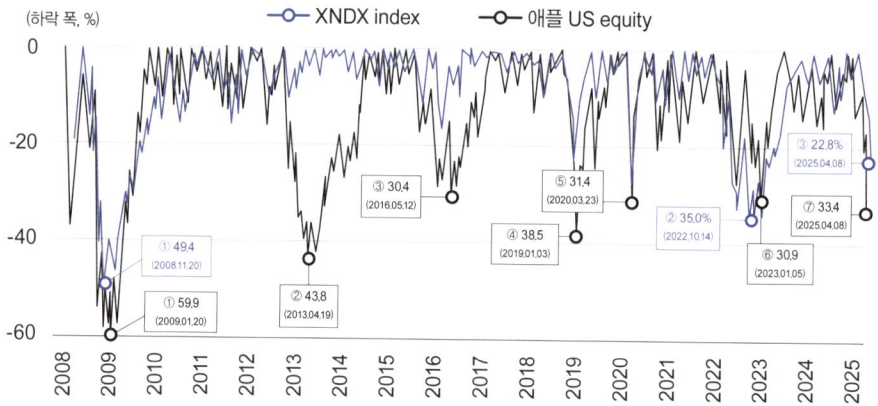

끝났다"는 비관적인 전망을 쏟아 내며 장기 보유를 더욱 어렵게 만든다. 한 번의 큰 하락은 이겨 내더라도 여러 기간에 걸쳐 두 번, 세 번 반복되는 대규모 하락은 투자자의 마음을 지치게 만든다. 장기 투자를 이어 가기 어렵고, 본업에도 집중하기 어렵다. 설령 이 모든 과정을 이겨 낸다고 해도 투자자는 부자가 아니라 까맣게 타들어 간 가슴 때문에 환자가 되기 쉽다.

반면 나스닥 100은 수익률이 약 11.5배로 애플보다 낮지만 최대 낙폭은 50%대였고, 30%대 이상의 큰 하락은 단 두 번뿐이었다.

| 구분 | 수익률 | MDD | 30% 이상 하락 횟수 | 심리적 난이도 |
| --- | --- | --- | --- | --- |
| 애플 | 약 31배 | 60% 1회, 40%대 3회, 30%대 3회 | 총 7회 | 매우 높음 |
| 나스닥 100 | 약 11.5배 | 50% 1회, 30% 후반 1회, 20%대 1회 | 총 2회 | 비교적 낮음 |

하락 폭과 빈도가 낮아 장기 보유가 훨씬 수월하다. 게다가 나스닥 100이 무너진다는 것은 미국 경제 자체가 무너진다는 인식이 있어 개별 기업에 비해 장기로 버틸 수 있는 심리적 안정감이 크다.

이 비교에서 얻을 수 있는 중요한 교훈은 투자 성과가 논리적인 판단만으로 이루어지지 않는다는 점이다. 변동성은 투자자의 감정을 강하게 자극하기 때문에 장기 보유 여부를 결정하는 핵심 변수로 작용한다. 개별 종목은 종목 선정 자체도 어렵지만, 선정에 성공하더라도 변동성을 견디기 어려워 중도에 매도할 가능성이 높다.

반면 나스닥 100 같은 지수나 특정 테마를 담은 ETF는 여러 종목을 한 번에 담아 변동성을 줄이며, 미국은 망하지 않을 것이라는 심리적 안정감을 주어 장기 투자의 실현 가능성을 높인다. 나스닥 100 지수와 애플의 성과 차이가 큰 점이 불만이라면 나스닥 100 대신 빅테크에 집중 투자하는 테마성 ETF상품(예: ACE 미국빅테크TOP7)에 투자하는 대안을 선택할 수도 있다. 변동성은 나스닥 100보다 조금 더 커지나 수익률을 향상시킬 수 있다.

애플이라는 개별 종목에 투자하기 위해서는 성량·성성·산업 분석 능력이 모두 필요하다. PER, PBR, ROE, ROIC, 현금 흐름, 밸류에이션 등 정량 지표와 함께 기술력, 브랜드, 경영진, 비즈니스 모델의 지속 가능성 같은 정성 평가가 요구된다.

회계에 대한 이해는 개별 종목 투자의 기본이다. 회계는 기업과 투자자 간의 언어이기 때문이다. 그러나 일반 투자자가 기업의 현재와 미래 경영 성과를 평가할 만큼 회계 분야를 공부하기란 거의 불가능하다. 더욱이 산업 지형이 빠르게 변하는 오늘날과 같은 혁신의 시대에는 회계를 잘 알고 투자지표 분석을 잘 적용해도 투자 성과를 높이는 데 그다지 도움되지 않는다. 경제학자 케인즈조차 주식 투자에서 큰 손실을 봤다. 물리학자 아이작 뉴턴은 남해주식회사 거품에 휘말려 손실을 입은 뒤 "천체의 움직임은 센티미터까지 계산할 수 있어도 인간의 광기는 한 치 앞을 알 수가 없다"고 한탄했다.

ETF는 한 번의 매수로 다수의 종목(한국에서는 최소 10종목 이상)에 분산 투자하는 것이다. ETF의 분산은 변동성을 낮추고, 저비용은 복리 효과를 향상시켜 주며, 투명성은 정보 비대칭을 줄인다. "한 종목에 모든 것을 걸었다"는 압박에서 자유롭고, 개별 종목 투자 대비 변동성을 줄여 무엇보다 심리적 지속 가능성을 크게 높일 수 있다. 그뿐만 아니라 지수, 테마, 섹터 등 다양한 종류의 상품이 시장에서 거래되고 있어 저렴한 비용으로 손쉽게 투자자의 투자 목적과 성향에 맞게 투자할 수 있게 해 준다.

- 분산 투자: 개별 기업 리스크 완화
- 저비용: 복리 효과 극대화
- 투명성: 정보 비대칭 축소
- 심리적 지속 가능성: '망하지 않는 포트폴리오'라는 안정감

# 03
# 나는 과거에 투자하는가, 미래에 투자하는가?

투자를 공부하다 보면 누구나 한 번쯤 '투자 구루'들의 철학을 접한다. 서점 한 켠에는 워런 버핏, 벤자민 그레이엄, 존 보글 등 투자 구루들의 철학과 방법론을 소개하는 책들이 가득하다. 그들의 이름은 곧 성공적인 투자와 동일시되고, "그대로 따라 하면 나도 부자가 될 수 있다"는 메시지가 우리를 유혹한다. 과연 그럴까? 그들의 철학은 시대를 넘어 여전히 유효한 불변의 진리일까?

### • 벤자민 그레이엄의 자산 가치 투자

대공황과 전후 불확실성 속에서 '안전 마진' 개념을 세웠다. 내재 가치 대비 저평가 기업에 투자해 리스크를 최소화하는 방식의 투자 이론을 정립했다. 그의 활동 초기에는 매우 효과적이었지만, 이후 극저평가 종목이 거의 사라진 시장 환경을 인식하고 그레이엄도 인덱스 투자를 긍정했다.

- **워런 버핏의 수익 가치 투자**

제2차 세계대전 이후 장기 성장이 가능한 제조·소비재 기업에 투자하며 기업의 경제적 '해자(moat)'와 경영진, 브랜드를 중시했다. 60년간 연 20% 수익률이라는 전설을 일구었지만 기술 변화 속도가 빠른 2000년대 이후 전통적 해자 전략에 맞지 않는다는 이유로 오랫동안 기술 기업을 기피하는 한계를 드러냈다. 한때 포트폴리오의 50%를 넘었던 애플에 투자한 것도 기술 기업으로서가 아니라 성숙단계의 안정된 소비재 기업의 관점에서 접근한 예외적인 사례였다.

- **존 보글의 인덱스 투자**

효율적 시장 가설(EMH)이 확산되는 시장 환경에서 인덱스 펀드를 제시했다. 시장 평균 추종, 저비용, 장기 보유라는 그의 단순한 원칙은 전 세계 투자자들의 새로운 표준이 됐다. 하지만 구조적 초과성장 산업이 등장하는 시기에 시장 평균만을 추구하면 기회를 놓칠 수 있다.

대표적인 투자 구루의 격언과 그들의 전략은 분명 매력적이다. 세 사람의 투자 원칙은 각기 다른 시대적 배경에서 탄생했다는 점을 이해해야 한다. 당시 환경에서는 매우 효과적이었지만, 시장 구조와 기술 환경이 변화함에 따라 각 전략은 한계와 취약점을 드러냈다. 투자 원칙은 절대불변의 진리가 아니라 시대와 시장의 변화를 읽고 끊임없이 조정해야 하는 '살아 있는 기준'이다. 구루들의 원칙을 존중하되, 기술 산업의 구조적 성장성과 변동성의 특성을 반영한 오늘날의 테크 시대에 맞는 새로운 투자 원칙이 필요하다.

나는 테크 시대의 새로운 투자 원칙으로 다음의 네 가지를 제안한다. 첫째, 시대의 흐름을 읽고 구조적 성장의 중심인 테크 산업에 자본을 배치하라. 우리는 제조업 중심 시대를 넘어, 플랫폼·AI·반도체·클라우드·바이오가 부의 지도를 다시 쓰는 전환기에 서 있다. 특히 AI는 향후 수십 년간 경제와 사회를 재편할 핵심 축이다. 둘째, 단기 변동성을 이기는 구조를 만들라. 개별 종목 대신 산업·섹터·테마 전체를 담는 ETF를 활용하면 개별 기업 리스크를 줄이고 '망하지 않는 포트폴리오'라는 심리적 안정감을 얻을 수 있다. 셋째, 시장의 소음에 휘둘리지 말고 (미래를 만드는 산업에 자본과) 시간을 투자해 복리 효과를 누려라. 넷째, 투자에 쓰는 시간을 절약해 자신에게 투자하라. 지식, 건강, 네트워크에 대한 투자가 인생에서의 궁극적인 성공을 가져온다.

이 네 가지 원칙이 우리를 경제적 자유, 일에서의 성공으로 이끌어 주고 행복한 인생으로 가는 문을 열어 줄 것이다. 지금부터 네 가지 원칙을 나침반으로 삼아 부자로 가는 길의 탐험을 시작해 보자.

## 2장

# 무엇에 투자해야 하는가 (투자 대상 선택)?

How to Invest

투자 성과는 결국 투자 대상의 성과에 철저히 연동된다. 어떤 대상에 투자하느냐가 성과를 좌우하는 핵심이다. 이것이 투자 결과의 거의 전부를 결정한다고 해도 과언이 아니다. 일반 투자자가 선택할 수 있는 대상은 다양하다. 주식, 채권 같은 전통 자산에서부터 부동산, 금, 원자재 등 대체 자산, 그리고 최근에는 암호화폐까지 등장하여 투자 영역이 확장 중이다.

- 기간: 10년
- 기준일(현재): 2025년 3월 31일
- 기준일(5년 전): 2020년 3월 31일
- 기준일(10년 전): 2015년 3월 31일

| 투자 자산 | 10년 전 (억 원) | 5년 전 (억 원) | 현재 (억 원) | 과거 5년 수익률(%) | 최근 5년 수익률(%) | 10년 통산 수익률(%) |
|---|---|---|---|---|---|---|
| 현금 | 1 | 1.00 | 1.00 | | | |
| 정기예금(1년) | 1 | 1.09 | 1.22 | 9.4 | 12.0 | 22.4 |
| 국내 채권형 (국공채+회사채) 펀드 | 1 | 1.14 | 1.38 | 13.9 | 21.6 | 38.4 |
| KOSPI TR | 1 | 0.95 | 1.49 | −5.2 | 57.1 | 48.9 |
| KOSPI 200 TR | 1 | 1.02 | 1.60 | 2.1 | 57.0 | 60.3 |
| 강남(11개 구) 이피트 | 1 | 1.40 | 1.76 | 40.2 | 25.2 | 75.6 |
| 강남(11개 구) 아파트 TR | 1 | 1.60 | 2.20 | 60.0 | 37.5 | 120.0 |
| 삼성전자 TR | 1 | 1.86 | 2.55 | 86.4 | 36.7 | 154.9 |
| 금 | 1 | 1.49 | 3.52 | 49.4 | 135.9 | 252.4 |
| S&P 500 ETF TR | 1 | 1.54 | 4.30 | 54.1 | 179.3 | 330.4 |
| 나스닥 100 ETF TR | 1 | 1.98 | 5.76 | 97.6 | 191.3 | 475.7 |
| 애플 TR | 1 | 2.48 | 10.67 | 147.9 | 330.5 | 967.4 |
| 엔비디아 TR | 1 | 14.54 | 287.00 | 1,353.6 | 1,874.4 | 28,600.2 |
| 비트코인 | 1 | 25.75 | 435.32 | 2,475.2 | 1,590.4 | 43,431.9 |

\* TR(Total Return): 주식 관련 상품은 배당 등을 모두 포함한 총수익 기준
\*\* 아파트 TR: 집을 매입해 전세를 주고 전세금을 은행에 예치한 이자 수익까지 합산한 금액

앞 페이지의 표는 각 자산에 10년 전 투자했을 경우의 성과를 보여 준다. 예금, 채권형 펀드, 한국 주식 시장에 투자했다면 성과는 극히 제한적이었을 것이다. 원금보장형 상품 역시 이 범주에 속한다. 한강 이남 11개 구 아파트 평균가격이나 삼성전자(최근 주가 상승을 반영해도 마찬가지임)도 기대에 비해 부진한 수익률을 보였다. 반면 금, 미국 S&P 500, 나스닥 100은 비교적 좋은 성과를 거두었다. 특히 애플, 엔비디아, 비트코인 같은 종목은 폭발적인 수익률을 기록했다.

- **'최고의 투자 대상'을 찾아다니는 전략의 한계**

대다수 투자자들은 10년이라는 기간 중에서도 각 시점에 가장 수익률이 높은 자산으로 갈아타고 싶어 한다. 그러나 현실에서 시장 전망이나 예측을 통해 최고 성과를 꾸준히 달성하기란 사실상 불가능하다. 한마디로 '예측 전망 기반의 종목 교체'로 최고의 수익률을 추구하는 전략은 실효성이 낮다.

- **지속적인 투자 전략의 필요성**

내가 제안하는 방식은 시기별로 대상을 바꾸는 것이 아니라, 하나의 대상에 장기적으로 지속 투자하는 것이다. 이 말을 들으면 사람들은 엔비디아나 비트코인 같은 꿈의 종목 또는 최소한 애플 정도는 담고 싶을 것이다. 하지만 개별 종목은 변동성이 크고, 앞서 설명했듯 변동성 때문에 장기 보유가 쉽지 않다는 사실을 명심해야 한다.

- **개별 종목보다 ETF**

개별 종목이 아니라 시장 전체나 특정 테마를 담은 바스켓에 투자하는 것이 현실적이다. 이 바스켓을 상품화한 ETF는 개별 종목의 단기 부침에 덜 흔들리면서도 산업 테마의 구조적 성장을 장기적으로 내 자산에 반영할 수 있는 효율적인 수단이다. 즉, ETF를 통한 장기 투자가 개별 종목보다 실현 가능성이 높고, 특히 일반 투자자에게 적합한 해법이다.

## 01

# 주식:
# 기업의 소유권에 투자하다

주식은 기업의 소유권을 일정 단위로 나눈 증서이며, 이를 보유한 주주는 해당 기업의 지분을 가진 소유자다. 주주는 배당받을 권리, 주주총회를 통한 의결권, 기업 가치 상승에 따른 자본 이득 등 다양한 권리를 가진다. 또한 상장 주식은 증권거래소를 통해 자유롭게 사고팔 수 있어 투자자는 시장 변동 속에서 수익의 기회를 찾을 수 있다. 결국 주식 투자는 기업의 일부를 사는 행위다. 따라서 그 기업이 미래에 더 큰 가치를 만들어 낼 수 있을지에 대한 판단이 투자 성패를 좌우한다. 그 핵심은 성장할 기업을 사서 오래 보유하는 데 있다.

- **주식 분석의 두 축, 정량과 정성**

주식 분석은 크게 숫자로 측정 가능한 '정량적 분석'과 숫자로 표현하기 어려운 '정성적 분석'으로 나눌 수 있다.

① 정량적 분석

– 손익 구조: 매출, 영업이익, 순이익 추이

– 수익성 지표: ROE, ROIC

– 성장성 지표: 매출·이익의 장기 성장률

– 재무 건전성: 부채비율, 이자보상배율

– 현금 흐름: 자유현금흐름(FCF)의 안정성

– 가치 평가 지표: PER, PBR, EV/EBITDA 등

② 정성적 분석

– 기술력: 경쟁사 대비 기술 우위

– 브랜드 가치: 인지도와 충성도

– 네트워크 효과: 사용자 기반 확장성

– 경영진 역량: 비전, 경영 철학, 자본 배분 능력

– 지배 구조 투명성: 소수주주 보호, 이사회 독립성

– 산업 내 위치: 시장점유율, 기술 선도 여부

– 변화 대응력: 산업 전환기에 맞춘 전략

아무리 정밀한 분석을 해도 시장은 항상 불확실하다. 예기치 못한 사건과 변동성은 언제든 나타날 수 있다. 그래서 주식 투자는 정보와 분석 능력뿐 아니라 합리적 판단과 감정적 통제력도 요구된다.

## 02

# 부동산

 부동산 투자는 수익률만으로 평가할 수 있는 대상이 아니다. 주거와 생활의 기반이자 경제 위기 시 방어적 자산 역할을 수행하며 인플레이션에 따른 자산 가치 방어 수단으로도 중요한 가치를 가진다. 부동산은 주식 시장과의 상관관계가 낮기 때문에 주식, 채권과 함께 편입하면 자산 포트폴리오 전체 변동성을 줄이고 안정적인 수익도 기대할 수 있다. 다만 대부분의 개인 투자자는 대규모 자본을 운용해 포트폴리오의 효율성을 높일 만큼 부동산에 비중을 두기 어렵다. 수익률만 놓고 본다면 (시장에 따라 차이는 있으나) 장기적으로 자본 시장의 투자 성과가 부동산보다 우위에 있는 경우가 많다.

 부동산은 본질적으로 비효율적이며 정보 비대칭성이 존재한다. 이러한 특성 때문에 부동산 시장은 '회복→확장→과열→조정(침체)' 주기를 반복한다. 충분한 정보와 분석이 있다면 이 주기 속에서

## 각 자산군별 투자 성과 비교

(단위: %)

| 2025년 3월 31일 기준 | 최근 35년 수익률(기간) | 수익률(연율) | 최근 30년 수익률(기간) | 수익률(연율) | 최근 25년 수익률(기간) | 수익률(연율) | 최근 20년 수익률(기간) | 수익률(연율) | 최근 15년 수익률(기간) | 수익률(연율) | 최근 10년 수익률(기간) | 수익률(연율) | 최근 5년 수익률(연율) |
|---|---|---|---|---|---|---|---|---|---|---|---|---|---|
| 나스닥 100 TR (KRW) | 26,911.95 | 17.40 | 10,133.56 | 16.73 | 2,270.87 | 8.74 | 1,372.51 | 17.20 | 548.50 | 19.70 | 199.25 | 20.62 | 24.59 |
| S&P 500 TR(KRW) | 6,531.81 | 12.77 | 3,523.00 | 12.75 | 708.50 | 8.74 | 720.14 | 12.51 | 331.61 | 15.10 | 174.25 | 15.79 | 22.42 |
| MSCI ACWI TR(KRW) | 2,897.59 | 10.23 | 1,781.80 | 10.31 | 493.50 | 7.40 | 403.26 | 10.40 | 222.30 | 11.41 | 146.39 | 12.45 | 19.82 |
| KOSPI TR | 497.66 | 5.26 | 356.15 | 5.20 | 439.24 | 6.99 | 273.65 | 6.83 | 44.82 | 4.39 | 53.87 | 3.78 | 9.03 |
| 회사채(AA-/3년) TR | 1,453.85 | 8.18 | 600.18 | 6.72 | 246.60 | 5.11 | 116.16 | 3.94 | 27.19 | 3.40 | 14.56 | 2.44 | 2.76 |
| 금(KRW) | 1,656.98 | 8.56 | 1,458.27 | 9.61 | 1,415.58 | 11.52 | 262.20 | 12.56 | 250.33 | 8.98 | 124.44 | 13.40 | 17.60 |
| 강남 11개 구 TR | 1,817.44 | 8.83 | 1,270.86 | 9.14 | 781.67 | 9.12 | 274.09 | 6.84 | 131.52 | 5.77 | 37.47 | 8.19 | 6.59 |
| 강남 11개 구 | 420.74 | 4.84 | 418.66 | 5.66 | 353.55 | 6.25 | 132.34 | 4.32 | 53.12 | 3.33 | 25.18 | 5.78 | 4.61 |

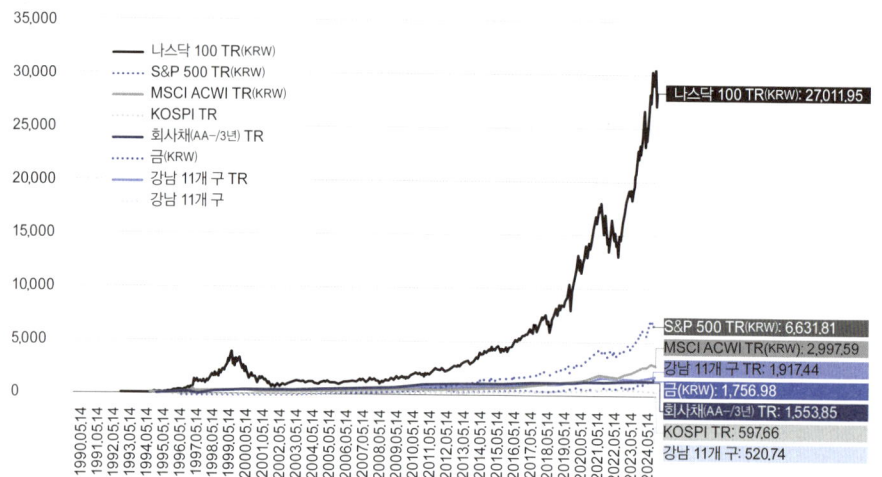

* 자료: KB부동산 데이터허브, 한국투자신탁운용
** 기간: 최근 35년(1990.05.14~2025.03.31)
*** 미달러화 자산은 당시 원/달러 환율을 반영하여 환산했음. 수익률은 물가상승률을 고려하지 않은 명목수익률

매력적인 투자 기회를 포착할 수 있다. 특히 레버리지를 활용할 수 있다는 장점과 '주거 공간'이라는 실물적 성격이 부동산을 단순 투자 대상으로만 접근할 수 없게 만든다. 우리나라에는 부동산에 투자해 성공한 사례가 주식에 투자해 성공한 사례보다 훨씬 많다. 이는 사람들이 부동산이 주식보다 안정적이고 수익성이 높다고 인식하게 만든다.

앞 페이지의 표는 지난 35년간 미국과 한국의 주식 시장, 그리고 한국의 부동산 시장의 투자 성과를 보여준다. 과거 35년간 나스닥 100이 연평균 수익률 17.4%로 가장 높고, 한국 주식 시장의 상승률이 가장 낮다. 대부분의 투자자들이 믿고 있는 것처럼 한국 부동산(한강 이남 11개 구의 주택 평균가격 기준) 가격상승률이 한국 주식 시장 가격상승률보다 높다. 부동산 투자수익률을 강남 11개 구 TR(부동산을 매수한 후 전세를 놓고 그 보증금을 은행 예금으로 운용한 수익까지 포함)로 적용하면 그 격차는 더욱 커진다.

분석 범위를 전 세계로 넓혀 지난 35년간의 성과를 비교하면 나스닥 100 〉 S&P 500 〉 MSCI ACWI 〉 한강 이남 11개 구 아파트 가격(TR) 〉 금 〉 한국 회사채(AA-/3년) 〉 KOSPI 순이다. 한국 부동산은 한국 주식보다는 우위에 있으나, 미국 주식(특히 나스닥 100, S&P 500)과 비교하면 성과 차이가 크다. 그중에서도 나스닥 100의 35년간 연평균 수익률이 17.4%에 달한다는 점은 주목할 만하다.

한국 주식 시장은 전반적으로 장기 성과가 부진하며, 대부분의 기간에서 나스닥 100보다는 열위에 있다. 세금을 감안하면 그 차이는 다소 줄겠지만 세제 혜택을 제외하면 한국 주식 시장에서 장기 투자의 매력을 찾기 어렵다. 최근 자본 시장 제도 개혁이 진행되며 저평가 해소와 시장 활성화의 긍정적인 모멘텀이 생기고 있으나, 궁극적으로 주가를 결정하는 핵심은 한국 산업의 미래 성장 잠재력이다. 일시적인 제도 개선만으로는 부족하며 장기 성장 동력을 갖춘 기업이 뒷받침되어야 한다. 이 부분은 뒤에서 별도로 논의한다.

한편 한국에서 부동산, 특히 주택이 꾸준히 선호되는 이유에는 수익률 이상의 요인도 작용한다. 주택은 삶의 기반이자 실물 자산이라는 인식이 강하다. 여기에 과거 수십 년간 장기 보유 시 대부분 가치가 상승한 경험도 축적되었다. 이로 인해 '안정적이고 시간이 지나면 오르는 자산'이라는 이미지가 굳어졌다. 그래서 주택이냐 주식이냐를 수익률 비교로 선택할 수 없다고 생각한다.

한국 주식 시장은 그동안 제도적 미비와 함께 기업의 장기 성장성과 혁신성 부족이라는 구조적 한계로 인해 지속 가능한 성장을 이끌 대표 기업이 부족했다. 그 결과 시장 전체가 장기적으로 우상향하지 못했고, 투자자들은 장기 투자 대신 단기 시세 차익 매매에 집중하게 되었다. 이는 다시 장기 투자를 어렵게 만들며 국내 주식 시장을 안정적인 부의 축적 수단으로 자리 잡지 못하게 했다.

이러한 현실을 고려하면 투자 대상을 국내에만 국한하지 않고 글로벌 자산으로 확대하는 전략이 필요하다. 나스닥 100은 지난 수십 년간 글로벌 증시에서 가장 뛰어난 성과를 거둔 대표 지수다. 기술 혁신을 주도하는 기업들로 구성되어 있기 때문에 장기 복리 효과를 기대할 수 있는 이상적인 투자처다. 다만 해외 투자 시에는 세제 구조를 반드시 고려해야 한다. 해외 직접 투자, 국내 상장 해외 ETF, 해외 펀드 등 경로별로 과세 방식과 세율이 다르므로 명확한 이해와 비교가 필요하다. 퇴직연금(DC형)이나 개인형퇴직연금(IRP) 계좌를 활용하면 세제 혜택과 장기 복리 효과를 동시에 누릴 수 있어 해외 자산 비중 확대에 유리하다.

## 03
# 대체투자

금리가 높은 수준을 유지하고 전통 자산의 변동성이 커지자 투자자들은 자연스럽게 주식, 채권 외 자산, 즉 대체투자에 관심 갖게 되었다. 공통점은 유동성이 낮아 현금화가 어렵지만 그것을 감수하면 유동성 프리미엄을 기대할 수 있다는 것이다. 또 주식, 채권과의 상관관계가 낮아 포트폴리오 변동성 완화와 수익률 개선에 기여할 수 있다.

- **실물자산**

상업용 빌딩, 물류센터, 호텔 등 부동산과 도로, 공항 같은 인프라는 장기적 인플레이션 방어와 안정적 현금 흐름을 제공한다. 다만 경기, 규제, 프로젝트 리스크를 꼼꼼히 점검해야 한다.

- **사모투자(PE)**

비상장 기업에 투자해 경영 개선 후 IPO, M&A로 회수하는 구조다. 높은 수익 가능성과 함께 복잡성, 레버리지 리스크, 폐쇄형 구조의 유동성 한계를 안고 있다.

- **사모대출(PD)**

은행 대출이 어려운 기업 프로젝트에 직접 자금을 공급하는 방식이다. 예측 가능한 현금 흐름과 높은 금리가 장점이다. 그러나 유동성 부족과 신용 위험이 크므로 운용사의 심사 회수 역량이 핵심이다.

- **구조화·하이브리드 상품**

대체투자와 전통 자산의 경계를 허무는 구조화 상품이다. 예컨대 전통 채권을 기반으로 하되, 수익률을 높이기 위해 특정 부동산이나 인프라 프로젝트와 연계한다. 부동산 프로젝트에 연계된 ABS(자산유동화증권), CLO(대출채권담보부증권) 등이 있다.

대체투자는 유동성 및 환금성에 제한이 있기 때문에 불편함과 기다림을 감내할 수 있을 때만 유동성 프리미엄이 수익으로 돌아온다. 그 기다림이 불안으로 바뀌지 않도록 분산과 체계를 갖추어야 한다. 주식과 채권이라는 큰 강줄기 옆에 흐름이 다른 지류를 하나씩 더하는 일. 그것이 장기 투자자의 시간을 더 단단하게 해 준다. 대체투자는 화려한 지름길이 아니다. 포트폴리오의 뼈대를 두껍게 만드는 천천하지만 견고한 길이다.

## 04
# 암호화폐: 새로운 금융 질서의 가능성과 투자 전략

오늘날 암호화폐는 자본 시장에서 어떤 자산군보다도 뜨거운 관심을 받고 있다. 이유는 단순하다. 과거에 없던 세상의 변화를 상징하는 전혀 새로운 투자 대상이기 때문이다. 전통적인 금융 질서 속에서 완전히 새로운 자산군이 등장하는 일은 매우 드물다. 이런 변화의 조짐이 보일 때 이를 외면하는 것은 역사의 중요한 변곡점을 그냥 지나치는 것과 같다.

특히 젊은 세대를 중심으로 한 암호화폐 투자 열풍이 빠르고 강하다. 그러나 그만큼 깊이 있는 이해나 위험 관리 없이 투자가 이루어지는 경우도 많다. 마치 과거 닷컴 버블 시기처럼 '새로움'과 '기대감'만으로 과도하게 투자자들이 몰리는 현상이 재현되고 있다. 이러한 이유로 암호화폐를 다른 자산군보다 자세히 다루고자 한다. 유행을 좇는 투자가 아니라 변화의 본질을 이해하고 기회를 올바르게 포착할 수 있게 하는 것이 목적이다.

## (1) 암호화폐의 본질과 등장 배경

암호화폐는 분산된 합의라는 기술 혁신이 가져온 컴퓨터 과학의 산물이다. 기존 화폐는 중앙은행이나 정부처럼 신뢰를 보증하는 분명한 주체가 존재했다. 반면 암호화폐는 누구도 단독으로 책임지지 않으며, 네트워크 참여자 전원의 합의에 의해 화폐로서의 효력을 갖는다. 신뢰 기반이 전통 화폐의 기관(대체로 공적 기관)에서 네트워크 참여자로 이동한 대표적인 사례다. 우버나 에어비앤비가 플랫폼 자체 시스템으로 신뢰(Systemic Trust)를 담보하듯, 블록체인도 기술적 신뢰 구조를 바탕으로 새로운 거래 생태계를 구축했다.

암호화폐는 블록체인 네트워크 내에서 거래를 가능하게 하는 필수 매개체이자, 기존 명목 화폐로는 구현하기 어려운 기능을 수행한다. 이미 보유자가 전 세계에 분포해 있어 사실상 어느 한 국가가 전면 금지하거나 통제하기 어렵다.

## (2) 글로벌 통화 질서와 '트리핀 딜레마'

화폐는 역사적으로 사회가 가치 있다고 인정한 물품(예: 조개껍데기, 곡물 등)에서 출발해 금, 은 같은 실물 자산 및 그 청구권으로 발전했다. 현대에는 국가의 법적 강제력으로 가치가 인정되는 명목 화폐가 주류가 되었으며, 가치를 저장하고 결제를 가능하게 하는 매개체로서 장부상의 숫자로도 존재한다. 반면 암호화폐는 실물 담보나 국가의 강제력 없이 분산된 합의와 블록체인 기술을 기반으로 한 집단적 신뢰만으로 작동하는 새로운 형태의 화폐다.

미국 달러는 오랫동안 기축통화로서 글로벌 유동성을 공급해 왔다. 그러나 이 과정에서 트리핀 딜레마(Triffin Dilemma)라는 구조적 한계가 생겼다. 세계 경제에 달러를 공급하려면 미국은 경상수지 적자를 유지해야 한다. 적자가 지속되면 오히려 달러 신뢰가 약화되는 모순이 발생한다. 즉 기축통화국의 의무(달러의 안정적 공급)와 자국 경제 건전성 유지(통화 가치 유지)라는 두 목표가 충돌한다.

일부 전문가들은 비트코인이 이러한 문제의 잠재적 해법이 될 수 있다고 본다. 비트코인은 특정 국가의 무역수지와 무관하게 분산된 방식으로 유동성을 공급할 수 있기 때문이다. 한편, 미국은 지니어스 액트(Genius Act) 등의 법안을 통해 달러 기반 스테이블코인 활성화를 지원하며, 이를 디지털 자산 시대에도 미국이 통화 패권을 유지하는 수단으로 활용하려 한다.

## (3) 스테이블코인의 역할과 영향

스테이블코인은 달러 등 법정 화폐에 1:1로 연동된 디지털 자산으로, 결제 송금 시 빠르고 저비용의 거래를 가능하게 한다. 대표 사례인 테더(USDT)와 써클(USDC)은 현금성 자산과 미국 국채를 준비금으로 보유해 신뢰를 확보하고, 발행사는 국채 이자를 주요 수익원으로 삼는다. 최근 테더는 미국 국채의 주요 매수자로 부상해 미국 금융 시장에도 영향을 미치고 있다.

이 구조는 암호화폐가 미국 달러 패권을 위협하기보다 오히려 달러 수요를 증가시킬 수 있음을 보여 준다. 즉 암호화폐의 발전이 달러 패권을 약화시키는 대신 강화하는 방향으로 작용할 수 있다. 다만 스테이블코인의 확산은 일부 국가의 통화 주권과 은행 시스템을 약화시킬 위험이 있다. 또한 불법 자금 유입이나 빅테크 기업의 과도한 금융 영향력 확대 우려도 존재한다.

## (4) 비트코인의 지정학적 가치

비트코인은 중앙 발행기관이 없고 법적 책임 주체도 없다. 국가의 자본 통제를 우회해 자산을 국경 밖으로 이동시키는 수단이 될 수 있다는 뜻이다. 특히 중국처럼 강력한 자본 규제를 시행하는 국가에서는 자산 도피 수단으로, 전쟁이나 분쟁과 같은 지정학적 리스크 상황에서는 금과 유사한 '지정학적 자산'으로 기능할 수 있다.

미국의 비트코인 ETF 승인 결정은 비트코인을 투기성 자산이 아닌 제도권 투자 대상으로 인정한 상징적 사건이었다. 이는 비트코인이 기술적 실험 단계를 넘어 국가 권력조차 완전히 통제하기 어려운 독립적 금융 자산으로 자리 잡았음을 보여 준다.

## (5) 트럼프 대통령의 관세 정책과 트리핀 딜레마

도널드 트럼프 대통령은 첫 번째 재임 기간 동안 고율의 관세 정책을 적극 추진했다. 표면적으로는 무역 불균형 해소와 자국 산업 보호를 내세웠지만, 그 이면에는 미국 달러의 구조적 딜레마를 완화하려는 의도도 있었다고 해석할 수 있다. 그의 전략은 수입 억제와 리쇼어링 정책을 통해 제조업을 미국 내로 되돌려 무역 적자를 축소하는 것이었다. 이 정책은 단기적으로 무역 파트너국과의 갈등을 유발했지만, 장기적으로는 미국이 글로벌 통화 시스템에서 보다 지속 가능한 위치를 확보하려는 움직임이었다고 평가할 수 있다. 즉, 앞서 설명한 달러 체제의 구조적 한계에 대응하려는 정책적 실험이었다.

## (6) 투자 전략과 비중

비트코인과 스테이블코인은 디지털 시대에 새로운 금융 질서의 핵심 일부가 될 가능성이 크다. 그러나 제도 규제 불확실성, 통화 주권 약화, 사이버 보안 등 잠재 리스크 역시 크다. 투자자들은 전면 부정하기보다는 미래 질서 변화와 지정학적 리스크 대비 차원에서 일정 비중 투자를 고려할 만하다. 전체 포트폴리오에서 소수의 검증된 암호자산만 선별해 소규모 비중으로 편입하는 것이 바람직하다.

| 구분 | 내용 | 의미 |
|---|---|---|
| 전통 화폐(국가, 중앙은행) | 달러, 원화 등 법정 화폐 | 국가와 중앙은행이 발행 및 통제하며, 법적 강제력과 제도에 기반한 신뢰 제공 |
| 비트코인(비 국가적 자산) | 블록체인 기반 | 중앙 발행자가 없고, 참여자 합의에 의해 운영. 국가 권력으로도 변경 불가능한 중립적 네트워크 |
| 스테이블코인(달러 연동) | USDT, USDC 등 | 달러나 국채에 기반해 가치를 1:1로 유지하는 디지털 자산, 암호화폐 거래 및 결제의 유동성 매개 |

| 구분 | 신뢰 기반<br>해당 자산이 어떻게 신뢰를 형성하는지를 연결 | 지정학·규제<br>해당 자산이 국제 정치·규제 환경과 어떻게 맞물리는지를 연결 | 결제·송금<br>해당 자산이 결제·송금 기능에 어떻게 활용되는지를 연결 |
|---|---|---|---|
| 전통 화폐 | 국가 제도·법률·중앙은행의 권위 | 국제 통화 질서, 중앙은행 정책, 기축통화 구조 | 오프라인·온라인 전통 결제 인프라 |
| 비트코인 | 분산 합의·코드 규칙·변경 불가능성 | 자본 통제 회피, 지정학적 안전 자산 가능성 | 글로벌 송금·가치 이전, 수수료 절감 가능 |
| 스테이블코인 | 달러 연동 및 준비 자산 보유 구조 | 달러 패권 강화, 국가 통화 주권 약화 위험 | 암호화폐 거래소·국제 송금에서의 안정적 유동성 제공 |

3장

# 세계 주요 시장 분석

How to Invest

성공 투자의 두 가지 요소는 '방향'과 '시간'이라고 했다. 이번 장에서는 투자의 방향 중 어디에 투자해야 하는지를 살펴보도록 하자.

국내 투자자들은 해마다 혹은 분기마다 '핫해 보이는' 시장을 쫓아다니는 경향이 있다. 2025년만 해도 연초에는 중국 투자에, 2분기 이후에는 한국 투자에 열을 올렸다. 그러나 그때그때 분위기에 휩쓸려 시장을 옮겨 다니는 투자 방식은 장기적으로 보면 성공하기 어렵다. 시장의 단기 흐름은 예측이 어렵고 설령 맞춘다 해도 대부분 반복적으로 재현되기 힘들다.

그래서 나는 일관되게 세계 경제와 산업 구조 변화를 고려한 장기적 관점에서의 투자를 강조해 왔다. 눈앞의 유행이 아니라 세계 경제와 산업 구조가 어떻게 변해 왔고, 앞으로 어떻게 재편될지를 분석한 뒤 투자 방향을 잡아야 한다. 이는 주식 시장에서의 시가총액 비중 변화를 통해서도 명확히 드러난다.

지난 20여 년간의 데이터 추이를 보면 세계 주요 국가와 지역의 경제력, 산업 경쟁력, 자본 시장의 위상이 어떻게 변했는지 한눈에 읽을 수 있다. 그래서 세계 주요 시장을 대상으로 지난 20년간 MSCI ACWI(전 세계 주식 지수) 내 비중 변화와 그 원인을 살펴보고, 장기 관점에서 투자 매력도를 분석하고자 한다. 이 흐름을 따라가다 보면 단순히 '현재 인기 있는 시장'이 아니라 장기적으로 자본을 맡길 수 있는 시장이 어디인지 분명한 답을 얻게 될 것이다. 지난 20년간 글로벌 주식 시장의 구조는 큰 변화를 겪었기에 MSCI ACWI 내 국가별 비중 변화를 살펴보면 주가 등락 이상의 경제·산업·자본 시장의 경쟁력을 알 수 있다.

(시가총액: 백만 달러)

| | 2005.12.31 | | 2015.06.30 | | 2525.06.30 | |
|---|---|---|---|---|---|---|
| | 시가총액 | 비중(%) | 시가총액 | 비중(%) | 시가총액 | 비중(%) |
| MSCI AC World | 24,204,548 | 100 | 37,673,776 | 100 | 84,090,889 | 100 |
| MSCI World Index | 22,553,024 | 93.18 | 33,672,394 | 89.38 | 75,324,745 | 89.58 |
| MSCI EM | 1,651,524 | 6.82 | 4,001,382 | 10.62 | 8,766,144 | 10.42 |
| MSCI 미국 | 11,563,387 | 47.77 | 19,403,274 | 51.50 | 54,125,871 | 64.37 |
| MSCI World ex USA | 10,989,637 | 45.40 | 14,269,120 | 37.88 | 21,198,873 | 25.21 |
| MSCI 캐나다 | 771,356 | 3.19 | 1,214,610 | 3.22 | 2,412,928 | 2.87 |
| MSCI EAFE | 10,218,281 | 42.22 | 13,054,510 | 34.65 | 18,785,945 | 22.34 |
| MSCI 일본 | 2,620,988 | 10.83 | 2,986,922 | 7.93 | 4,093,358 | 4.87 |
| MSCI 유럽 | 6,790,238 | 28.05 | 8,463,321 | 22.46 | 12,474,603 | 14.83 |
| MSCI 호주 | 534,577 | 2.21 | 896,822 | 2.38 | 1,296,436 | 1.54 |
| MSCI 홍콩 | 168,241 | 0.70 | 424,568 | 1.13 | 375,371 | 0.45 |
| MSCI EU | 2,857,335 | 11.80 | 3,222,299 | 8.55 | 5,566,933 | 6.62 |
| MSCI 영국 | 2,450,878 | 10.13 | 2,647,950 | 7.03 | 2,750,418 | 3.27 |
| MSCI 스위스 | 706,287 | 2.92 | 1,205,339 | 3.20 | 1,795,837 | 2.14 |
| MSCI 독일 | 692,149 | 2.86 | 1,160,826 | 3.08 | 1,953,741 | 2.32 |
| MSCI 프랑스 | 952,197 | 3.93 | 1,264,497 | 3.36 | 2,088,916 | 2.48 |
| MSCI 이탈리아 | 387,260 | 1.60 | 314,487 | 0.83 | 588,724 | 0.70 |
| MSCI 스페인 | 377,443 | 1.56 | 458,603 | 1.22 | 625,597 | 0.74 |
| MSCI 스웨덴 | 243,727 | 1.01 | 382,885 | 1.02 | 684,728 | 0.81 |
| MSCI 네덜란드 | 347,653 | 1.44 | 361,897 | 0.96 | 888,676 | 1.06 |
| MSCI 덴마크 | 81,123 | 0.34 | 216,909 | 0.58 | 430,184 | 0.51 |
| MSCI 중국 | 126,227 | 0.52 | 994,091 | 2.64 | 2,491,577 | 2.96 |
| MSCI 대한민국 | 308,629 | 1.28 | 573,089 | 1.52 | 940,579 | 1.12 |
| MSCI 대만 | 239,066 | 0.99 | 505,678 | 1.34 | 1,658,754 | 1.97 |
| MSCI 인도 | 98,413 | 0.41 | 306,252 | 0.81 | 1,588,047 | 1.89 |
| MSCI 브라질 | 168,779 | 0.70 | 301,303 | 0.80 | 388,692 | 0.46 |

\* MSCI AC World: 세계 주식 시장 지수, MSCI World Index: 선진국 지수, MSCI EM: 이머징마켓 지수

왼쪽 표를 보면 선진국 가운데 미국은 20년 전과 10년 전에 약 50% 수준이던 비중이 최근 64.3%로 확대되며 독보적인 지위를 강화했다. 반면 일본과 유럽은 최근의 주가 반등에도 불구하고 20년 전 대비 절반 수준으로 축소되었다. 독일, 프랑스, 이탈리아, 스페인의 비중 하락은 해당 국가 경제의 상대적 부진을 반영한다. 특히 영국은 20년 전 대비 약 1/3 수준으로 줄어 장기적인 경쟁력 저하를 드러냈다.

이머징 마켓의 경우 중국은 지난 20년간 괄목할 만한 경제 성장을 기록했지만 MSCI ACWI(All Country World Index) 내 비중은 중국의 경제 성장 규모에 비해 낮다. 시장 접근성 제한, 지수 편입 기준 미달, 규제 리스크, 그리고 미국 시장의 상대적 강세 등이 복합적으로 작용한 결과다. 반면 대만과 인도는 비중이 크게 확대되며 글로벌 시장에서 존재감을 높이고 있다.

한국은 2000년대 중반까지 비중이 확대되었으나, 최근 10년간은 축소세로 돌아서 20년 전 수준으로 회귀했다. 글로벌 투자자 관점에서 한국의 매력이 개선되고 있다고 보기는 어렵다.

이제부터 미국, 중국, 한국, 유럽, 일본, 대만과 인도까지 7개 주요 국가 지역을 대상으로 지난 20년간의 지수 비중 변화를 바탕으로 그 배경과 함의를 분석하겠다. 미국, 대만, 인도는 비중이 확대된 대표 사례다. 반면 중국, 한국, 유럽, 일본은 국내 비중이 축소된 경우로, 자세히 살펴보고자 한다. 특히 한국은 그 원인과 향후 전망까지 심층적으로 다루겠다.

## 01
# 미국: 구조적 경쟁력과 위기를 이겨 내는 시장

지난 10년간 MSCI ACWI에서 미국의 비중은 약 50%에서 64.3%로 확대되었다. 단순한 시가총액 증가가 아니다. 디지털 전환 시대의 최대 수혜국이자 혁신의 본산이라는 지위를 굳힌 결과다. 이 변화의 중심에는 미국 빅테크 기업들이 있다. 애플, 엔비디아, 마이크로소프트, 아마존, 구글, 메타 같은 기업들은 인류의 삶과 산업 구조를 재편했다. 이들의 주가 상승은 기대감에 불과한 '버블'이 아니라, 실질적인 매출 이익 성장과 시장지배력을 바탕으로 이루어졌다. 특히 AI 분야에서 세계 최고 수준의 기술력과 투자를 바탕으로 미래의 성장 동력을 장악하고 있다. 이들 테크 기업의 공통점은 대부분 창업자 주도의 경영이라는 것이다. 외부 출신 CEO가 눈치 보느라 단기 실적 압박에 시달리는 경우와 달리, 창업자는 장기 비전과 기업 철학에 기반하여 과감하게 투자한다. 실패를 감내하며 새로운 시장을 개척하는 태도는 테슬라(전기차), 아마존(클라우드), 엔비디아(AI 반도체) 등에서 실체화되고 있다.

## (1) 제도적 토대와 법치주의의 힘

미국의 경쟁력은 개별 기업을 넘어 투명한 법률 시스템, 강력한 지적 재산권 보호, 개방적이고 예측 가능한 정치·경제 환경에 기반한다. 혁신 기업에게는 장기 연구 개발과 글로벌 확장의 여건을 제공한다. 민주주의가 미성숙한 국가에선 정책 불확실성, 정실 자본주의, 인재 유출, 사회 불안정 등이 성장의 발목을 잡지만 미국은 제도적 신뢰와 개방성을 기반으로 지속 가능한 성장을 이끌어 왔다.

## (2) 트럼프의 관세 정책과 위기론

도널드 트럼프 대통령의 두 번째 취임 이후 미국은 제조업 부흥을 명분으로 강력한 관세 정책을 시행하며 국제 질서를 뒤흔들었다. 이 조치는 무역 분쟁을 넘어 제2차 세계대전 이후 전 세계를 이끌어 온 '달러 기축통화', '자유무역을 위한 항행의 자유', '자유민주주의 동맹'이라는 세 축을 시험대에 올렸다. 일부 전문가들은 이런 변화가 미국의 패권을 약화시키고 장기 성장에 부정적 영향을 줄 수 있다고 경고한다. 하지만 미국은 한 명의 대통령이 국가 시스템 전체를 무너뜨릴 수 없는 구조다. 중산층의 건재, 견제와 균형의 민주주의 제도가 작동하기 때문이다. 독재 국가와 본질적으로 다른 점이다.

## (3) 위기를 피하려는 투자자의 착각

가장 위험한 투자 실수 중 하나가 '위기가 올 것 같으니 미리 빠져나 왔다가 나중에 시장이 안정되면 재진입하겠다'는 타이밍 베팅이다. 1996년 말 당시 FED 의장이었던 앨런 그린스펀이 "비이성적 과열(irrational exuberance)"이라는 말을 한 이후, 미국 나스닥 100 지수는 2000년 초까지 약 290% 상승했다. 이후 IT 버블의 붕괴가 있었더라도 위기를 예상해 일찍 떠난 이들은 장기 수익 기회를 놓칠 수밖에 없었다. 위기를 완벽하게 벗어나기 위해 노력하지 마라. 그것은 불가능한 일이다. 대신 또다시 위기가 오더라도 죽지 않고 살아남을 수 있는 투자를 하라. 위기가 지나고 나면 성장이 이어질 것이다.

현재의 나스닥 지수는 위기를 피해서 오른 게 아니다. 닷컴 버블 붕괴, 2008년 금융위기, 코로나19 팬데믹 초기 폭락, AI 버블 우려 등 모든 충격을 견뎌 낸 뒤 상승한 지수다. 위기를 피하느라 복리 효과를 잃는 것이야말로 장기적인 부의 축적에 가장 큰 함정이다.

## (4) 미국 장기 투자의 정당성

미국은 선진국 가운데 유일하게 인구가 꾸준히 증가하고 있으며 이것이 미국의 장기 경제 성장의 핵심 토대다. 기축통화인 달러와 세계 최대 금융 시장을 보유해 글로벌 자본 유입이 지속되는 구조를 갖추었다. 또한 세계 시가총액 상위 10대 기업 중 8개가 미국 기업이라는 사실이 경쟁력의 수치적 증거다.

더 중요한 점은 기업뿐 아니라 정부도 기술 혁신으로 세계를 선도한다는 사실이다. 예컨대 미국은 정부 차원에서 비트코인 ETF 승인과 스테이블코인 제도화 추진 같은 신기술을 제도권에 편입시키는 속도가 빠르다. 기업과 정부의 동시 추진력은 새로운 기술과 산업이 먼저 미국에서 자리 잡게 하며, 당분간 그 위상을 흔들리지 않게 만든다. JP모건 회장 제이미 다이먼은 "미국 젊은 세대는 막대한 가계 순자산과 기술 발전의 혜택을 받아 번영할 것"이라며 장기 성장에 대한 확신을 나타냈다. 단순한 낙관이 아니다. '인구 증가', '압도적 자본', '혁신의 최전선에 선 기술력'의 3박자가 완벽하게 맞아떨어지는 구조를 가진 나라는 전 세계에서 미국이 유일하다.

결론적으로 미국 시장은 단기 충격이 반복되더라도 장기적으로 성장할 수 있는 구조를 갖추고 있다. "미국과 반대되는 베팅을 하지 마라(Never bet against America)." 워런 버핏의 이 말은 애국심이 아니라 수십 년에 걸쳐 검증된 투자 원칙이다.

## 02

# 중국:
# 부분적 자본주의

 중국의 경제 부상에는 미국의 도움이 결정적이었다. 냉전 시기 미국은 소련 견제를 위해 중국과의 관계 개선을 추진했고, 1971년 헨리 키신저의 비밀 방중과 1972년 닉슨 대통령의 방중을 거쳐 마침내 미중 수교가 이루어졌다. 이후 미국은 일본을 플라자 합의로 견제하는 한편 값싼 중국 노동력을 활용해 중국에게 제조업 중심의 세계 공급망에서 '세계의 공장' 역할을 맡겼다. 2001년 중국의 WTO 가입도 미국의 정치적·외교적 지원 덕분에 가능했다. 당시 중국은 일부 기준에서 자격 미달이었으나, 개혁 개방과 외자 유치 확대, 시장 경제 요소 도입으로 가입 문턱을 넘을 수 있었다.

 WTO 가입 이후 중국은 미국에 대한 무역 흑자를 통해 벌어들인 막대한 달러를 미국 국채 매입에 사용하며 달러 환류 구조를 유지했다. 그러나 2008년 글로벌 금융위기를 계기로 이 전략을 수정했다. 미국 금융 시스템의 취약성을 목격한 중국은 미국 국채 매입 중심의 전략에서 벗어나 '일대일로'를 통해 해외 인프라 투자로 영향력을 확대하기 시작했다. 단순한 경제 다변화를 넘어 미국 중심의 세계 경제를 재편하려는 전략의 일환으로 보인다.

## (1) 반도체 패권 경쟁과 '중국제조 2025'

중국의 패권 추구는 반도체 산업에서 뚜렷하게 드러난다. 시진핑 주석은 '중국제조 2025' 계획을 통해 반도체를 포함한 10대 핵심 산업 국산화를 국가 목표로 제시했다. 단순한 경제 자립이 아니라 기술 안보와 군사 우위를 노리는 국가 주도형 전략이다. 중국은 반도체 설계, 소재, 장비, 제조의 전 과정을 자급자족하려 한다. 글로벌 반도체 생태계와의 통합보다는 독자 체제를 구축하겠다는 의미다. 이 전략은 한국, 대만, 일본 등 수출 주도형 국가에 위협이 된다.

미국은 화웨이 제재, 첨단 반도체 장비·부품 대중 수출 제한, AI 연산 능력 확보 차단 등으로 대응하고 있다. 중국은 데이터와 알고리즘에서는 경쟁력이 있으나, 고성능 반도체 설계 제조에서는 여전히 미국과의 격차가 크다. 이 상황은 1980~1990년대 일본 반도체 산업이 미국 견제로 급락한 전례를 떠올리게 한다. 차이점은 중국은 정부가 산업을 직접 지원해 일본처럼 핵심 자산을 외국에 넘길 가능성이 낮다는 것이다.

## (2) 금융·외교 전략 변화와 구조적 제약

중국은 일대일로를 통해 아시아, 아프리카, 남미 등에서 인프라 투자와 자금 지원을 확대하며 경제적·정치적 영향력을 넓히고 있다. 하지만 국내적으로는 부동산 건설 중심의 과거 성장 모델이 남긴 후유증이 심각하다. 지방정부 재정 악화, 소비 위축, 청년 실업 고착화는 기술 산업의 수요 기반을 약화시키고 있다. 기술은 수요 기반 위에서만 성장할 수 있는데 중국은 중산층 규모가 충분하지 않고, 사회 안전망도 취약하다. 내수만으로 성장 돌파구를 마련하려는 시도는 1980년대 일본이 미국의 견제를 받았을 때의 모습을 떠올리게 한다.

## (3) 미국과 중국의 미래 비전 대비

미국과 중국의 미래 비전은 극명히 다르다. 미국은 기술력뿐 아니라 이를 뒷받침하는 제도, 시장, 인구 구조를 갖추었다. 글로벌 혁신과 소비의 중심은 여전히 미국이고, 세계가 기회의 땅으로 바라보는 나라 역시 중국이 아니라 미국이다. 남미 파나마 국경 지대에의 험난한 밀림 지대를 뚫고 수만 명의 중국 난민이 목숨을 걸고 이곳을 통과해 미국으로 향하고 있다. 중국이 진정한 기회의 땅이라면 왜 이들이 위험을 무릅쓰고 미국으로 가려 하겠는가? 글로벌 인재와 자본, 인구의 선호는 여전히 미국에 있다. 정치적 자유, 제도적 안정, 혁신 생태계, 기회의 평등이 보장되는 나라인 미국의 매력은 여전하다.

## (4) 불투명한 장기 전망

중국의 기술 진보와 일부 성과는 인정할 만하다. 그러나 불투명한 제도와 체제의 본질적 한계, 인구 감소, 글로벌 신뢰 부족은 장기적 투자 매력을 심각하게 훼손한다. 미국의 견제를 피해 내수 중심으로 돌파구를 찾으려 하지만 중산층 부재와 소비 기반 약화로 그 지속 가능성은 낮다. 다만 주목할 점은 중국의 기술 굴기가 미국과의 직접 경쟁에서는 여전히 한계가 있더라도, 한국에게는 상당한 위협이 된다는 사실이다. 인공지능, 전기차, 반도체, 로봇 등 여러 첨단 분야에서 한국과 정면으로 맞부딪히고 있기 때문이다.

 이런 상황에서 미국이 중국을 글로벌 시장에서 억제하는 것은 우리에게 위협을 기회로 전환할 수 있는 절호의 계기다. 우리가 이 기회를 살리려면 어떤 전략적 스탠스를 취해야 하는지는 분명하다. 미국과의 전략적 협력을 강화하면서도 장기적으로 국익을 극대화할 수 있는 균형 있는 자세가 필요하다. 장기 투자의 무게 중심은 미국 기술주 중심 포트폴리오에 두는 것이 합리적이다. 굳이 중국에 투자한다면 일부 우량 기업이나 특정 분야에 한정된 선별적 접근이 바람직하다.

## 03
# 일본, 유럽, 그리고 인도와 대만

### (1) 일본: 과거의 영광과 현재의 도전

제2차 세계대전 이후 소련에 이어 중국이 공산화되자 미국은 공산주의 확산을 저지하고 동아시아에서의 전략적 우위를 확보하기 위해 일본의 경제 재건을 적극 지원했다. 일본을 자국 주도의 자본주의 시스템에 편입시키는 것이 냉전 시기 미국의 핵심 전략이었다. 이 과정에서 일본은 미국으로부터 전자 반도체 기술을 전수받았고, 소니 창립자 모리타 아키오 같은 기업가들은 기술력과 품질 경쟁력을 기반으로 세계 전자 시장에서 혁신적 성장을 이끌었다.

1980년대 초까지 일본은 미국의 기술을 제품화해 성공적으로 판매하며 상호 보완적인 공생 관계를 유지했다. 그러나 1980년대 중반 일본 반도체 산업이 메모리 분야에서 급성장해 미국 시장점유율을 장악하자 상황은 달라졌다. 철강·자동차 등 다른 산업에서도 일본의 경쟁력이 부각되며 미국 산업 전반이 위협받는 국면이 된 것이다. 한편 일본 내부에서는 이제 미국에 종속된 '2등 국가'가 아니라는 자신감이 확산되었다. 이를 상징적으로 보여 주는 책이 1989년 출간된 정치인 이시하라 신타로와 소니 창립자 모리타 아키오가 공동 집필한 『NO라고 말할 수 있는 일본』이다. 이 책은 일본이 미국에 당당히 '노'라고 말할 수 있는 경제적·정치적 힘을 가졌다는 주장을 담고 있는데 당시 일본 사회의 자부심을 대변했다.

이 자신감은 곧 자만으로 이어졌다. 일본 기업들은 정부의 저금리와 자금 지원을 등에 업고 과잉 투자에 나섰고, 수익성보다 시장점유율 확대에 치중했다. 무리한 확장은 거대한 자산 버블을 만들었다. 미국은 1985년 플라자 합의를 통해 달러 가치를 낮추고 엔화 강세를 유도함으로써 일본 수출 경쟁력에 직접적인 타격을 주었다. 이어 1986년 미일 반도체 협정은 일본 반도체 산업의 구조를 뒤흔들었고, 과잉 투자와 버블 붕괴로 이어졌다. 그 후유증은 1990년대 초 장기 침체로 나타났다. 2000년대 이후 글로벌 경제는 디지털 중심으로 재편되었지만 일본은 이 전환 과정에서 주도권을 잃었다. 제조업 고도화에 강점을 발휘한 '가이젠(改善)' 방식은 점진적 개선에는 효과적이었지만 0에서 1로의 급진적 혁신이 필요한 디지털 시대에는 한계가 뚜렷했다. 일본은 일부 고도제조업(정밀기기, 반도체 장비·소재)에서 여전히 경쟁력을 유지하지만 디지털 생태계 전체를 주도하는 위치와는 거리가 있다.

최근 수년간 일본 정부는 대규모 경기 부양책과 '밸류 업 프로그램'을 통해 주식 시장을 끌어올렸고 일부 제조업, 소재, 정밀기기 분야에서는 여전히 세계적인 경쟁력이 있다. 그러나 이러한 성과에도 불구하고 일본 경제의 디지털 혁신 부진, 고령화, 내수 성장 한계와 같은 구조적 문제는 여전히 극복되지 않았다. 과거 잃어버린 30년 동안 기회를 놓친 경험은 오늘날 테크 중심의 글로벌 경쟁 환경에서 일본이 다시 주도권을 확보하기 쉽지 않음을 시사한다. 결론적으로 일본은 단기적 반등 가능성이 있더라도 장기 투자 관점에서는 매력도가 낮으며, 선택적·제한적 접근이 필요하다.

## (2) 유럽: 전통에 안주한 산업, 외부 의존이 만든 쇠퇴

지난 20년간 유럽 경제는 글로벌 시장에서 점차 존재감을 잃어 왔다. MSCI ACWI에서 유럽 비중은 10년 전보다 지속적으로 하락해 절반이 좀 넘는 약 15% 수준에 머무르고 있다. 이는 산업 구조와 국가 경쟁력의 장기적 약화가 반영된 결과다.

### • 중국 의존의 부메랑을 맞은 자동차 산업

유럽, 특히 독일의 자동차 산업은 과거 내연기관 시대에 강력한 부품 공급망과 엔지니어링 기술로 세계 시장을 지배했다. 그러나 전기차 시대로의 전환에서 혁신 속도와 방향 모두가 뒤처졌다. 더 큰 문제는 독일 완성차 업체들이 매출과 이익의 상당 부분을 중국 시장에 의존하게 되었다는 점이다. 중국은 한때 이들 기업의 최대 성장 동력이었지만 전기차와 배터리 기술에서 급부상한 중국 로컬 기업들은 합작 파트너에서 곧바로 경쟁자로 탈바꿈했다. 결과적으로 유럽 업체들은 자신들이 의존하던 시장에 경쟁력을 빼앗기는 아이러니를 맞이하게 되었다.

- **전통에 안주하고 미래를 소홀히 한 선택**

유럽 산업 전반의 보다 근본적인 문제는 전통과 과거의 영광에 지나치게 의존하는 것이다. 유럽은 명품, 관광, 자동차 등 과거 강점 산업에 안주하며 미래를 위한 대규모 투자에 주저했다. 자동차 산업 역시 엔지니어링 중심의 강점을 유지하는 데는 성공했지만 소프트웨어, 배터리, 자율주행 등 미래 경쟁력을 좌우할 영역에는 늦게 뛰어들었다. '현실 안주'는 결국 전환기의 위기로 직결되었다.

- **국방과 에너지의 외부 의존**

유럽의 또 다른 약점은 국방과 에너지 자립 실패다. 독일은 탈원전을 강행하며 재생에너지 확대를 시도했으나 당장의 전력 수요를 러시아 천연가스에 의존했다. 국방 분야 역시 NATO, 특히 미국에 절대적으로 의존하면서 자체 방위 산업 투자가 미흡했다. 러시아와 우크라이나 사이에 전쟁이 발발하자 이 취약성이 여실히 드러났고, 미국의 NATO 지원 축소 가능성 언급은 유럽의 불안감을 더욱 키웠다.

- **투자 관점**

유럽의 사례는 국가가 과거의 영광에만 안주하고 미래 핵심 분야에 제때 투자하지 않으면 어떻게 쇠퇴하는지를 잘 보여 준다. 또한 국방, 에너지와 같은 전략 산업을 타국에 의존하는 것은 장기적으로 국가 경쟁력을 약화시키는 요인임을 보여 주었다. 앞으로 우리나라가 에너지 정책을 어떻게 펴야 하는지에 시사점을 보여 주며, 또 지켜봐야 할 대목이다.

현재 유럽 주식 시장은 일부 방위 산업 확대, 에너지 전환 정책 등에서 단기적인 투자 기회가 있을 수 있지만, 지난 수십 년간 지속된 혁신 부재, 중국 시장 의존, 외부 자립 실패라는 구조적 한계는 여전히 크다. 장기적 관점에서는 매력도가 높지 않으며 선택적·제한적인 접근이 바람직하다.

## (3) 인도와 대만: 테크 시대의 신흥 강자

20년 전에서 10년 전으로 거슬러 올라가면 한국, 인도, 대만 모두 MSCI ACWI 비중이 점진적으로 증가하는 '성장 궤도'에 있었다. 그러나 지난 10년 동안 그 흐름은 갈라졌다. 인도와 대만은 비중을 더 확대하며 글로벌 기술, 경제 질서 속에서 입지를 강화한 반면에 한국은 오히려 비중이 하락하며 글로벌 시장 내 존재감이 약화되었다. 단순한 시가총액 변화가 아니라 산업 구조와 성장 동력에서 나타난 근본적 차이를 반영한 결과다.

특히 대만은 세계 반도체 공급망의 핵심 중추로 자리 잡았다.

AI·고성능 컴퓨팅(HPC) 시대의 필수 부품을 공급하는 이 산업에서 글로벌 선도 기업을 이끄는 인물들 중 상당수가 대만 또는 중국계 출신이라는 점은 주목할 만하다. 엔비디아(NVIDIA)의 젠슨 황(Jensen Huang), AMD의 리사 수(Lisa Su), 브로드컴(Broadcom)의 혹 탄(Hock Tan), 인텔(Intel)의 립 부 탄(Lip-Bu Tan) 모두 반도체 산업의 최전선에서 혁신을 주도하고 있다(현재 인텔 CEO는 교체됨). AI의 심장은 데이터를 처리하고 알고리즘을 구현하는 '컴퓨팅 파워'로, 반도체 기술력이 결정한다. 아무리 뛰어난 알고리즘이 있어도 구동할 칩이 없다면 기술은 무용지물이다.

인도는 소프트웨어 플랫폼 분야에서 세계적인 영향력을 발휘하고 있다. 마이크로소프트(Microsoft)의 사티아 나델라(Satya Nadella), 구글(Google)의 순다르 피차이(Sundar Pichai), IBM의 아르빈드 크리슈나(Arvind Krishna), 어도비(Adobe)의 산타누 나라옌(Shantanu Narayen) 등 미국 주요 IT 기업 CEO 상당수가 인도계다. 이들은 미국에서 교육받은 것이 아니라 인도 현지에서 교육받은 뒤 미국으로 건너가 글로벌 기업의 중심에 섰다. 인도의 교육 시스템이 세계 시장이 요구하는 인재를 지속 배출할 수 있는 역량을 갖추었음을 입증한다.

대만은 하드웨어 제조 경쟁력, 인도는 소프트웨어 서비스 경쟁력을 무기로 글로벌 기술 공급망과 인재 네트워크에서 확고한 자리를 차지하고 있다. 양국 모두 AI, 클라우드, 반도체, 플랫폼 산업의 성장세 속에서 장기적으로 수혜를 볼 가능성이 크다. 이러한 이유로 두 국가의 미래 비전은 전반적으로 낙관적이다.

반면 한국은 오랫동안 반도체 분야에서 세계적 경쟁력을 보유해 왔다. SK하이닉스는 HBM(High Bandwidth Memory) 분야에서 세계 최고 수준의 기술력을 확보하고 있다. 그러나 삼성전자의 상대적 부진은 일시적 실적 하락을 넘어 시스템 반도체 등 미래 성장 분야에서 전략적 대비가 부족하다는 점을 드러낸다. 그나마 최근 메모리 수요 증가로 실적이 회복되고 있으나 성장 동력을 어떻게 이어갈 수 있을지가 과제다.

더욱 심각한 문제는 '산업 생태계'와 '교육'이라는 두 가지 핵심 요인에서의 구조적 한계다. 중국은 오랜 시간 동안 상호 지원하는 생태계를 구축해 왔다. 벤처 창업과 투자, 기술 협력 등이 유기적으로 이루어진 것이 이들이 실리콘밸리에서 네트워크 기반의 성장을 이룰 수 있었던 이유다. 인도는 미국 현지에서의 네트워크보다 자국 내에서 탄탄한 교육 시스템을 통해 글로벌 기업들이 필요로 하는 인재를 배출해 냈다는 점이 차별점이다.

반면 한국은 반도체 강국이자 세계에서 가장 높은 교육열을 가진 나라임에도, 이 두 가지 강점을 유기적으로 연결시키지 못했다. 한국의 교육열은 실로 대단하다. 그러나 그 에너지가 창의적 도전보다 안정된 진로, 특히 사법·의료·공무원 등 안정 지향적인 분야에 집중되고 있다. 그 결과 창의성과 도전을 요구하는 이공계나 첨단산업 분야로의 진출은 상대적으로 저조하다. 기존 산업 구조는 변화보다 안정을 추구하며 심지어 납품업체의 회계장부까지 확인하며 이익을 제한하는 등 생태계의 자율성과 역동성을 억누르는 사례도 있다고 한다. 변화와 혁신을 위한 생태계 구축을 위한 집단적 움직임보다는 생존을 위한 개별적 대응에 머무르는 것이다. 사실 한국은 반도체 기술력과 교육 수준 모두에서 세계 최고 수준의 잠재력을 지니고 있으나 이를 제대로 연결하는 시스템과 문화는 부족했다. 글로벌 무대에서 활약할 인재들이 충분히 있음에도 그들이 성장하고 글로벌 생태계로 나아갈 수 있는 통로가 막혀 있는 셈이다.

한국이 다시 도약하려면 기술 투자만으로는 부족하다. '사람'과 '생태계'를 중심에 둔 구조적 개혁, 창의적 도전이 가능한 교육 시스템 전환, 상생적 산업 구조 구축이 필요하다. 인도와 대만을 단순히 글로벌 CEO를 배출한 국가로 봐서는 안 된다. 그 배경에 있는 교육 산업 시스템이 국가 경쟁력을 뒷받침하고 있다는 사실에 주목해야 한다.

## 04
# 한국: 제조업 강국의 기회와 위기 요인

## (1) 한국 투자의 의의와 현실

한국은 우리가 태어나고 생활하며 죽을 때까지 소비하는 터전이다. 세제 측면에서도 국내 투자가 유리하고 생활권 안의 기업과 산업을 직접 경험할 수 있다는 점에서 '홈 바이어스(Home Bias)', 즉 국내 주식 비중을 일정 수준 이상 유지하는 투자가 일반적이었다. 애국심, 정보 접근성, 익숙함이라는 심리적 요인이 강하게 작용했다. 그러나 투자 경험이 쌓이면서 결론은 달라졌다. 의도적으로 한국 시장 비중을 높일 필요는 없다는 것이다. 이제는 감정이 아니라 객관적이고 냉정한 기준에 따라 한국 시장 투자 여부를 판단해야 한다. 판단의 핵심 축은 다음 세 가지다.

① 한국 경제의 미래 성장성

- 산업 구조와 글로벌 경쟁력

- 신기술, 특히 AI 등 차세대 기술 접목 속도

② 자본 시장 제도적 완비 여부

- 투자자 보호 장치

- 주주환원 정책과 세제

- 규제 환경

③ 자본주의 운영 시스템

- 경영진의 전문성

- 성과 공유 구조

- 기업 문화의 혁신성

한국 시장은 제도 개선을 통한 단기 반등 가능성은 있지만 제도 개혁의 구조적 한계가 여전하다는 점도 고려해야 한다. 성장 동력 둔화, 후진적 제도, 이익 독점 구조, 비전문가 중심 경영이라는 복합적인 약점이 해소되지 않는 한 장기적 매력은 제한된다. 과거처럼 '애국 투자'가 당연시되던 시대는 오래전에 끝났다. 개인 투자자들은 '서학개미'라는 이름으로 세계 최강의 자본 시장에 발을 들이고 있다. 이 흐름은 유행이 아니라 더 나은 투자 생태계를 향한 구조적 이동이다.

## (2) 산업 구조와 성장성

한국의 세계 시장 내 위상은 뚜렷하게 약화되고 있다. MSCI ACWI 비중이 20년 전에는 0.91%이었는데, 10년 전에는 1.47%이었고, 현재는 0.99%로 추락했다. MSCI EM 비중도 20년 전 18.7%로 1위였다가 현재 9%로, 4위로 추락했다. 외국인 투자의 대표 지수(MSCI AC World) 내 비중만 보더라도 한국의 존재감이 예전 같지 않음을 알 수 있다. 다만 2025년 10월 말 기준으로 살펴보면 그 비중이 20년 전 1.28%, 10년 전 1.52%, 현재는 1.42%로 전체 비중이 다소 늘어나나 이는 최근 주가 급등에 기인한 것이다. 그러나 최근의 주가 상승도 기업들의 펀더멘털 개선보다는 자본시장제도 개선에 대한 기대감과 이로 인한 수급 개선에 의한 부분이 크다. 이를 수식으로 표시하면 다음과 같다.

주가(Price) = PER(Valuation) × EPS

여기에서 PER 즉 Valuation이 높아진 것이다. 따라서 EPS 즉 기업들의 성장성 증대 여부가 과제다. 다행히 반도체·자동차·조선·방산·원전 등 우리나라 주요 5개 산업은 비교적 양호한 생태계를 유지하고 있다. 이들의 미래 성장성을 자세히 살펴보자.

- 반도체

반도체는 한때 한국 경제의 엔진이었지만 삼성전자의 부진이 지속되어 오다가 최근 메모리 가격 급등으로 분위기가 전환되고 있다. 이 기업의 부진은 그 원인이 기술의 실패든 보수화된 조직문화와 관료주의적 의사결정 구조든 지금은 더 분발해야 하는 시기임이 분명하다. 다만 SK하이닉스가 그 자리를 대체하고 있다는 점은 다행스럽다.

미국 기술에 대한 종속성은 한국 경제가 안고 있는 구조적 제약인 동시에 기회이다. 지금은 반도체 제품에 미국 기술이 일부라도 포함되어 있으면 제재 대상 국가로의 수출은 반드시 미국의 동의를 거쳐야 한다. 금융망 역시 미국이 장악하고 있어 달러결제망(SWIFT)이나 미국 재무부 산하 해외자산통제국(OFAC)을 통해 한국의 수출과 무역을 직접 제한할 수 있다. 이러한 기술과 금융의 종속성은 한국 경제의 독자적 성장 전략을 제약하는 요소다.

이 구조가 항상 불리하게만 작동하지는 않는다. 지금처럼 미국이 중국을 강하게 압박하고 있는 상황은 단기적으로 한국 기업들에게 중국과의 경쟁에서 상대적인 우위를 제공한다는 긍정적인 측면도 있다. 문제는 한국이 이러한 환경을 어떻게 활용하느냐에 달려 있다. 종속의 위험을 최소화하면서도 동맹의 틀 안에서 기회를 극대화하는 균형 잡힌 전략적 자세가 필요하다. 이는 한국 경제가 단순히 수세적 입장이 아니라, 글로벌 기술 질서 재편 속에서 능동적 플레이어로 자리매김할 수 있는지를 가늠하는 중요 과제다.

- **자동차**

자동차 산업은 전기차와 자율주행차 중심으로 패러다임이 빠르게 전환되고 있다. 자동차 산업의 미래 경쟁력은 저중심 설계(하드웨어), 디지털화(소프트웨어), 그리고 AI와의 결합에 의해 결정된다고 한다. 전기차는 본질적으로 저중심 설계이고 소프트웨어 산업이라서 전기차로의 전환은 시간문제이다. 여기에 AI 자율주행 기술이 더해지면 경쟁 구도는 완전히 새롭게 짜일 전망이다.

이미 테슬라와 중국 전기차 기업이 기술적 우위를 확보했기 때문에 2030년경 전기차가 대세가 될 때 BYD와 테슬라의 공세로 한국 자동차 산업의 미래를 밝게 볼 수만은 없다. 2026~2027년을 기점으로 산업 지형이 재편될 가능성이 높다.

- **조선과 방산**

조선과 방산 산업은 최근 글로벌 수요 확대와 지정학적 요인 덕분에 성장세를 보이고 있다. 조선은 친환경 선박, LNG 운반선 등 기술 경쟁력이 높아 글로벌 발주가 한국으로 집중되고 있다. 단순한 경기 순환적 흐름을 넘어 친환경·에너지 전환 시대에 필요한 필수 산업으로 자리 잡아 가고 있다.

방산 역시 지정학적 긴장 고조라는 특수한 환경에 기인한 측면이 있지만, 일시적 반사이익으로만 볼 수 없다. 한국은 미사일, 잠수함, 방공 시스템 등 특정 분야에서 기술력을 축적해 왔고, 해외 수출 성과도 빠르게 확대되고 있다. 특히 NATO 국가들과 중동, 동남아 시장으로의 진출은 지속 가능한 수출 시장 다변화라는 긍정적 흐름을 만들어 내고 있다.

물론 조선은 경기 순환적 성격이 강하고, 방산은 지정학적 변수에 민감하다는 구조적 제약이 존재한다. 하지만 두 산업 모두 한국의 기술 경쟁력, 글로벌 신뢰, 안정적 공급망을 기반으로 장기적 성장 가능성을 확보하고 있다는 점이 중요하다. 조선은 글로벌 친환경 규제와 해상 물류 확대에 따른 수요 증가, 방산은 지정학적 리스크 관리와 국제 협력 확대에 힘입어 중·장기적으로도 의미 있는 성장 모멘텀을 갖춘 분야로 평가할 수 있다. 조선, 방산은 메인 포트폴리오가 아닌 테마로 투자할 만하다.

- **원전**

AI 시대에는 전력 수요가 폭발적으로 늘어날 수밖에 없다. 대규모 데이터센터와 초고성능 연산을 감당하려면 안정적이면서 대량의 전력을 공급할 수 있는 원자력이 필수다. 탄소중립 기조 속에서도 원전은 화석연료를 대체할 수 있는 현실적 기저부하 전력원이다. 원전 산업은 본질적으로 에너지 자립과 기술 발전 차원에서 전략적 의미가 크지만 동시에 정치적 리스크에 크게 흔들릴 수 있는 분야다. 이미 잘 알려진 안전성 문제와 사회적 우려를 해소하기 위해서는 위험을 줄여 나가는 방향의 지속적인 기술 혁신이 필수다. 다만 위험하다는 이유, 완공에 시간이 걸린다는 이유로 기피하는 것은 성장의 걸림돌이 될 수 있다. 완공하는 데 10년 이상 걸린다는 이유로 실행하지 않고 머뭇거리다 5년 후에 시작하면, 그때부터 다시 10년이 소요된다. 원전 역시 테마 투자로서는 지속 성장을 기대할 수 있는 분야다.

- **K-컬처·K-푸드**

K-컬처와 K-푸드를 비롯한 문화·콘텐츠 산업의 부상은 분명 국가 이미지 제고에 긍정적인 역할을 한다. 특히 한류 콘텐츠의 확산은 글로벌 소비자들의 한국에 대한 관심을 높이고, 관광과 연계된 산업에도 일정 부분 경제적 파급 효과를 불러오고 있다.

그러나 문화·콘텐츠 산업은 아직 전체 산업 구조 내에서 차지하는 비중이 크지 않으며, 경제 전반에 파급될 만큼의 생산 유발 효과나 고용 창출 효과를 기대하기에는 한계가 있다. 일부 기업은 높은 성장성을 보여 주고 있지만 산업 전반의 구조적 안정성과 확장성 측면에서는 여전히 불확실성이 존재한다. 더욱이 이미 오랜 기간 투자자들에게 노출되어 온 전통 산업의 기업들조차도 투명한 지배 구조와 안정적인 경영 시스템을 갖추는 데 어려움을 겪어 왔다는 점을 고려하면 최근 급부상하고 있는 문화·콘텐츠 관련 기업들의 경영 구조가 현재 체계적이고 성숙한 수준에 도달했다고 보기 어렵다. 특히 연예 기획사 등은 의사결정 구조가 폐쇄적이거나 특정 인물 중심으로 운영되는 경향이 있어 장기 투자 관점에서는 리스크가 될 수 있다.

한국은 여전히 반도체, 자동차, 조선, 방산, 원전 등 제조업 생태계를 갖춘 강국이다. 그러나 새로운 혁신 동력이 부족하고, 특히 AI 등 차세대 기술을 산업에 접목하는 속도에서 뒤처지고 있다. 정부에서도 AI에 대한 대대적인 투자를 준비하고 있으나 산업에 어떻게 접목되어 미래의 혁신으로 작동할 수 있을지는 또 다른 과제다.

## (3) 한국 자본 시장 제도와 정책

- **한국 자본주의의 제도적 한계**

1980년대 말 민주화를 계기로 한국 사회는 정치적·사회적으로 많은 변화를 경험했지만 경제와 자본 시장을 규율하는 제도는 여전히 과거의 틀에 머물러 있다. 기업 지배 구조만 보더라도 이사회가 존재해도 실질적 의사결정은 여전히 대주주가 독점한다. 감사 제도는 형식적이고 사외이사 역시 내부 권력의 연장선상에 놓여 있어 실질적인 견제 장치로 기능하지 못한다. 이처럼 외부 통제가 불가능한 구조에서는 지배 주주의 권력 행사가 정당한지 따질 장치가 없다. 그 결과 새로운 기술과 산업이 빠르게 등장하고 글로벌 자본 이동이 가속화되는 오늘날에도 한국 자본 시장은 낡은 규제에 갇혀 변화에 둔감한 모습을 보여 왔다.

최근 상법 개정을 통해 이사의 충실 의무 대상을 '회사'에서 '주주'로 확대한 것은 낡은 제도를 변화시킬 수 있는 중요한 계기라고 할 수 있다. 그러나 기업 측에서는 강한 우려를 표하고 있다. 충실 의무 범위가 넓어질 경우 사소한 사안에도 소송이 남발되어 경영진이 의사결정에 있어 위축될 수 있다. 특히 우리나라 형법상 배임죄 조항은 추상적이고 광범위하게 해석될 여지가 크다. 정상적인 경영 활동조차 사법적 판단의 대상이 될 수 있다는 우려가 경영진 사이에 팽배하다. 이는 궁극적으로 기업 경영의 역동성을 약화시킬 수 있다.

주주의 권익 보호와 경영 자율성 간의 균형 맞추기가 중요하다.

### 한·미·일 대표 지수 시가총액 및 PR(Price Return)(2004.12.31 기준 100, 국내 통화)

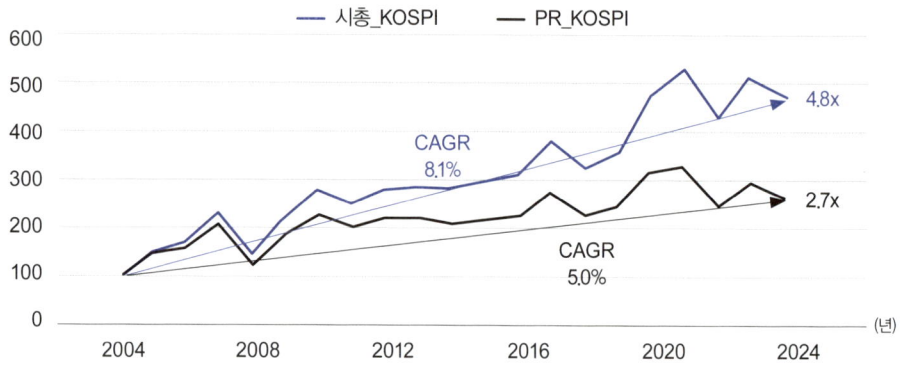

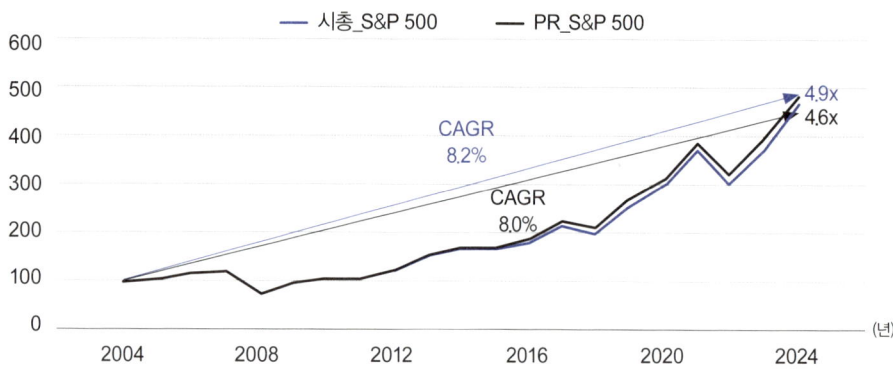

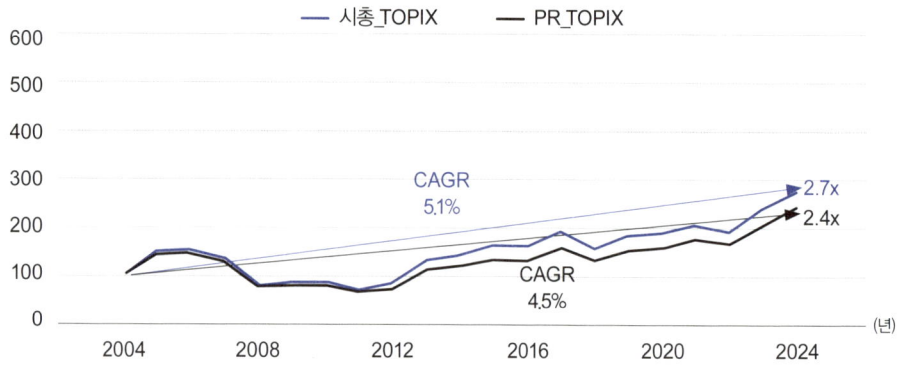

출처: 블룸버그

이를 위해서는 배임죄 관련 규정을 보다 명확히 할 필요가 있다. 예컨대 '고의적 이익 편취'나 '명백한 이해상충 회피의무 위반' 등 구체적이고 제한적인 기준을 제시한다면 일반적인 경영 판단에 대한 사법적 개입은 최소화하면서도 부정행위는 강력히 제재할 수 있을 것이다. 이사의 충실 의무 확대와 함께 배임죄 적용 기준의 구체화는 주주 보호와 기업 경영 자율성을 조화시키기 위한 최소한의 제도적 장치다.

### • 주주환원 부족과 자본 시장 구조적 왜곡

한국 자본 시장의 또 하나의 구조적 한계는 주주환원 정책의 부재다. 지난 20년간(2005~2024년) 한국, 미국, 일본의 시가총액과 주가지수 상승률을 비교한 자료를 보면 그 차이가 뚜렷하다. 한국은 시가총액이 약 4.8배 늘었지만, KOSPI 지수는 2.7배 상승에 그쳤다. 반면 미국의 S&P 500은 시가총액 4.9배, 지수 4.6배로 거의 비슷하게 움직였다. 일본의 TOPIX 역시 시총 2.7배, 지수 2.4배로 유사한 궤적을 보였다. 한국만이 시가총액 증가와 지수 상승 간에 뚜렷한 괴리를 드러낸 것이다. 이 괴리의 핵심 원인은 주주가치 희석을 초래하는 관행에 있다. 첫째, 빈번한 유상증자와 둘째, 자회사 분할 후 상장(소위 '쪼개기 상장')과 셋째, 물적 분할의 일반화 등이 모두 기업의 이익이 늘지 않는 상황에서 주식 수만 증가시키는 방식으로, 결국 주당순이익(EPS)을 낮추어 주가 상승을 어렵게 만든다.

문제는 이러한 행태가 제도적으로 규제되지 않는다는 데 있다. 미국이나 일본에서도 자본 확충을 위한 증자는 있지만 동시에 자사

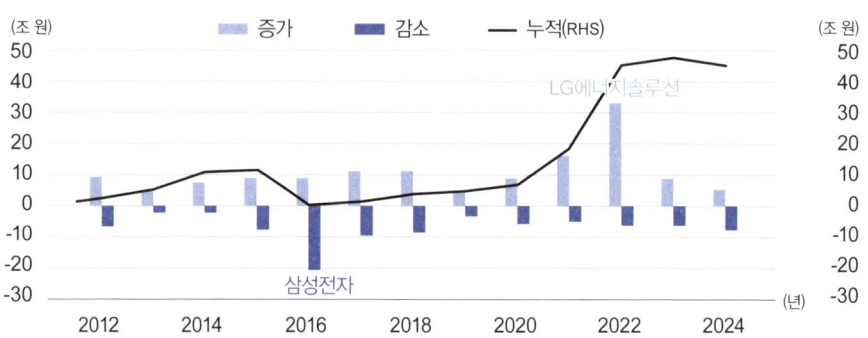

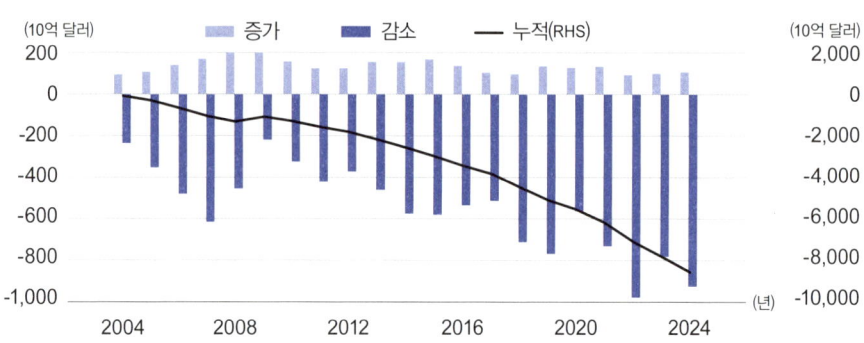

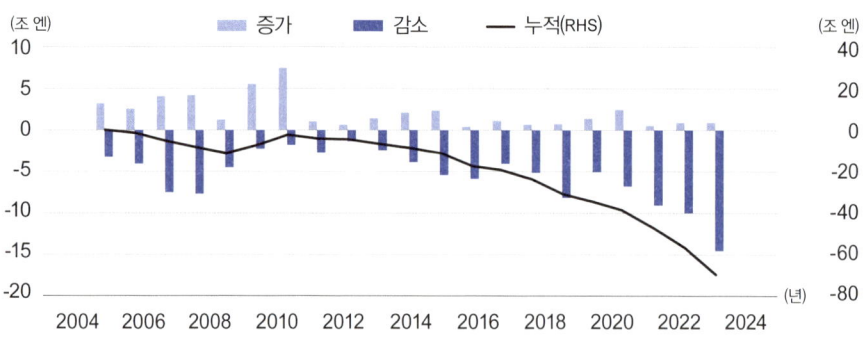

출처: 블룸버그

주 소각이나 배당 확대 같은 주주환원 활동이 활발히 병행된다. 특히 미국에서는 일반 주주에게 불리하게 작용하는 물적 분할이 법적으로 제한된다. 그 결과 기업의 성장과 주주의 이익이 균형을 이루며 자본 시장이 신뢰를 얻는다.

 왼쪽의 그래프는 미국, 일본, 한국 3국의 주식 시장 자본금의 연도별 및 누적 증감을 보여 준다. 한국은 여전히 대주주 중심의 기업 문화가 강하다. 물적 분할이나 분할 상장이 잦다는 사실은 기업이 일반 주주의 이익보다는 내부 자금 조달에 치중한다는 방증이다. 이는 기업 성장의 과실을 대주주가 독점하고 일반 투자자의 권익은 보호받지 못하는 구조를 고착화시킨다. 한국 자본 시장의 신뢰 회복을 위해서는 주주환원 정책을 제도적으로 정비해야 한다. 더 이상 대주주와 경영자의 선의에만 맡길 수 있는 문제가 아니다. 주주가치 희석을 초래하는 행위에는 명확한 규제 장치를 마련하고, 자사주 소각, 배당 확대와 같은 주주친화 정책을 촉진하는 환경을 만들어야 한다. 이러한 변화 없이는 한국 주식 시장이 글로벌 투자자에게 매력적인 장기 투자처로 자리매김하기 어렵다.

- **과도한 상속·증여세 부담과 국민 재산권 보호**

앞서 살펴본 주주환원 부재의 원인이 단순히 기업 문화나 제도 미비에만 있지는 않다. 보다 근본적으로는 대주주에게 부과되는 과도한 상속·증여세 부담이 큰 요인으로 작용한다. 실제 기업 현장에서 오랜 시간 관찰해 보면 상당수 대주주가 오히려 주가 상승을 꺼리는 경향을 보인다. 주가가 오를수록 상속세와 증여세 부담이 기하급수적으로 늘어나기 때문이다. 이것이 기업의 자발적 주주환원 노력을 위축시키고 장기 성장 전략마저 제약하는 결과를 낳는다. 최근에 노동자들의 권익 증대를 위한 조치로 '노란봉투법'이 통과되었다. 동시에 대주주에게도 상속세 완화라는 적절한 조치가 이루어진다면 시장이 최소한의 균형을 유지할 수 있을 것으로 생각한다.

창업자가 평생을 바쳐 일군 기업조차 안정적으로 후계자에게 승계하기 어려운 구조 속에서 기업은 본연의 혁신이나 투자보다는 상속세를 회피하기 위한 비생산적 설계에 지나치게 많은 자원을 소모하게 된다. 기업의 성장 잠재력을 갉아먹고 국가 경쟁력에도 장기적인 부담을 준다. 이러한 문제는 대기업 총수나 소수 재벌만의 고민에 머무르지 않는다. 일반 가계에서도 상속·증여세는 일상적으로 체감되는 무거운 부담이다. 부모가 자녀의 결혼이나 주거를 지원하려고 해도 상당 부분이 과세 대상이 되고, 부부 간의 재산 이전 역시 세금 장벽에 가로막힌다. 한쪽 배우자가 사망했을 때 공동명의 주택마저 상속세를 감당하지 못해 매각해야 하는 사례도 있다. 과거에는 부모의 도움으로 자녀가 내 집 마련을 시작하는 것이 자연스러운 흐름이었으나, 이제는 세금 때문에 가족의 자산 이전이 왜곡되고 있다. 국민의 재산권과 행복추구권을 직접적으로 침해하는 결과다.

단순히 '부자 감세'라는 정치적 구호로 단순화할 수는 없다. 그 과정에서 자칫 중산층의 건전한 자산 형성과 축적 기회까지도 위축될 수 있기 때문이다. 중산층은 민주주의 사회의 핵심 기반이자 사회적 안정의 토대다. 이 점에 이의를 제기할 사람은 없을 것이다. 그런데 세금 부담이 과중하면 사람들이 자산을 축적해 중산층으로 진입할 기회가 줄고, 이미 중산층에 있는 가계도 하향 압박을 받는다. 중산층의 축소와 약화는 곧 사회적 균형을 흔들고 민주주의의 건강한 운영 기반을 잠식한다. 어떤 경우에라도 중산층이 무너져서는 안 된다. 따라서 이에 대해 다각도로 고민해 봐야 한다.

세제는 국가 재정을 확보하기 위한 수단만이 아니라 경제 주체들이 장기적인 안목으로 투자하고 재산을 이전할 수 있는 신뢰 기반이어야 한다. 상속·증여세의 합리화, 기업 승계 공제 확대, 부부간 증여 제도 개선은 소수 부유층의 특혜가 아니라 건전한 중산층을 두텁게 하고 경제의 활력을 키우는 제도적 장치다. 세 부담이 완화되어 기업이 혁신에 투자하고 가계가 원활히 자산을 이전할 수 있다면 경제의 '파이'는 커지고 세수도 건전하게 확보될 수 있다.

결론적으로 상속·증여세 제도의 개편은 한국 주식 시장 성장 동력 회복과 중산층 강화를 통한 민주주의 기반 강화라는 두 가지 과제를 동시에 해결하기 위한 핵심 열쇠라 할 수 있다.

- **기업 성장의 동력: 보상 구조와 전문성**

오늘날 기업의 성장을 좌우하는 3요소는 자본, 노동, 그리고 기술(생산성)이다. 나는 그중에서도 가장 핵심적인 요소는 자본이라고 생각한다. 아무리 뛰어난 기술이라도 적절한 자본을 만나지 못하면 결코 성공할 수 없다. 알파고가 구글을 만나 구체적인 비즈니스로 발전하고, 오픈AI(OpenAI)가 마이크로소프트라는 자본을 등에 업고 성공의 역사를 써 내려간 것이 대표 사례다.

자본의 역할을 억제하고 노동의 가치를 정치적 구호처럼 앞세우는 환경에서는 장기적인 기업 성장을 기대하기 어렵다. 물론 자본의 힘이 지나치게 강조되면 부의 불평등과 빈부 격차가 확대되는 부작용이 존재한다. 그렇다고 해서 자본의 기능을 억누르면 성장 자체가 불가능하다. 성장이 없는 분배는 허상일 뿐이다. 성장이 있어야만 노동도 보상받고 기술도 진화할 수 있다.

자본은 성장을 가능하게 하는 핵심 동력이다. 문제는 그 자본이 어떻게 사람과 기술을 만나느냐에 따라 기업의 미래가 달라진다는 점이다. 한국 기업의 현실을 보면 안타깝게도 두 가지 구조적 문제가 존재한다. 첫째, 정치적·문화적으로 자본의 역할이 억압되는 환경이다. 둘째, 자본을 가진 사람들이 전문가와 인재의 가치를 제대로 인정하지 않아 동기부여와 보상 체계가 취약한 기업 문화다. 이 둘이 동시에 작동하면서 한국 기업의 성장 잠재력을 갉아먹고 있다.

대다수 한국 기업의 보상 체계는 여전히 연봉과 현금 보너스 중심이다. 업종을 불문하고 큰 차이가 없다. 특히 은행업은 공공성을 이유로 경직된 보상 구조를 유지하고 있다. 반면 증권업은 과감하게 성과급 제도를 도입해 인재 유입과 성장을 동시에 이끌어 냈다. 불과 20여 년 전만 해도 자산운용업이 증권업보다 더 유리한 보상 체계를 가졌으나, 규제 개선과 라이선스 집중이 증권사 중심으로 설계되면서 판도가 뒤바뀌었다. 결국 인센티브가 더 나은 곳으로 인재가 이동하고 인재가 모인 쪽이 업계의 주도권을 쥐게 된다.

보상 체계와 관련 국내에서도 주목할 만한 사례가 있다. M증권은 국내 증권사 가운데 최고경영진에게 스톡옵션을 지급했다. 그 결과 최근 몇 년간 업계에서 가장 가파른 성장세를 기록했다. 다양한 요인이 복합적으로 작용했겠지만, 핵심 인재를 끌어들여 성과를 공유하는 보상 시스템이 성공을 이끈 핵심 요인임은 부인할 수 없다.

미국의 테크 관련 기업들은 전 세계에서 가장 빠른 성장을 기록한 기업군이다. 구글, 애플, 테슬라, 메타와 같은 기업들은 경영진뿐 아니라 개발자와 중간 관리자에게까지 스톡옵션을 지급한다. 회사의 성과를 직원 개인의 보상과 연결시켜 모든 구성원이 '주인의식'을 갖고 일하도록 설계하는 것이다. 연봉이 높아서가 아니라 회사의 성공이 곧 나의 성공이라는 의식이 자리 잡기 때문에 직원들은 회사의 문제를 자신의 문제로 여기며 몰입한다. 그 결과 미국 테크 기업들은 혁신과 창의성을 폭발적으로 끌어올려 세계 시장을 지배하게 되었다. 성과를 나누는 구조가 글로벌 경쟁력을 만든 것이다.

반대로 한국에서는 성과 공유 제도가 도입되더라도 종종 왜곡되거나 악용되었다. 일부 기업은 분할 상장과 과도한 IPO 가격 책정, 그리고 상장 직후 경영진의 스톡옵션 매도라는 방식으로 제도를 자기 이익 추구의 수단으로 활용했다. 직원과 투자자 모두에게 배신감을 주며 신뢰를 붕괴시키는 방법이다. 보상 제도의 본질은 단기 이익을 챙기는 것이 아니라 장기적 성장과 혁신을 촉진하는 것임을 잊어서는 안 된다.

보상 구조의 한계 못지않게 심각한 문제는 비전문가가 경영을 책임지는 구조다. 금융업계에서 이 문제가 특히 두드러진다. 업의 본질에 대한 이해가 부족한 경영진 아래에서는 회의가 전략 논의의 장이 되지 못한다. 성과 부진에 대한 지적은 숫자를 두고 "앞으로 어떻게 할 것인가?"라는 공허한 질책으로 끝나고, 구체적인 해결책은 제시되지 않는다. 만약 비전문가가 경영하는 금융기관 CEO 주재 회의를 일반 대중에게 공개한다면 어떨까? 아마 수많은 사람들이 구경하러 몰려들 것이다. 그 장면은 '너무나 웃기면서도 동시에 슬픈 현실'이기 때문이다. 드라마 작가가 상상으로도 도저히 만들지 못할 수준의 황당한 장면들이 실제 회의에서 반복되고 있다. 중세 노예들은 채찍을 맞았지만 오늘날 임원들은 채찍 대신 말로 노예 취급을 당하고 있는 곳이 꽤 있을 것이다. 이것이야말로 한국 기업의 민낯이며 비전문가 경영이 남긴 가장 큰 폐해 중 하나다.

결론은 성과를 나누고 전문성을 존중하자는 것이다. 미국의 대표적 테크 기업들은 창업자나 기술 전문가가 중심이 되어 산업을 선도하고 혁신을 만들어 내고 있다.

반면 한국 기업의 다수는 여전히 자본을 정치적으로 억압하는 환경과 자본가가 전문가와 인재를 가볍게 보는 문화라는 이중의 문제를 안고 있다. 이 구조 속에서는 보상도, 전문성도, 주인의식도 자라기 어렵다. 그러나 성과를 공정하게 나누고 전문성을 존중하는 기업에는 인재가 모이고 혁신이 일어나며 기업은 성장한다. 한국 기업이 글로벌 경쟁에서 살아남기 위해 이 벽을 넘어야 한다.

오늘날 테크 시대를 이끌고 있는 미국의 대표 기업들을 보라. 구글, 애플, 테슬라, 메타 같은 기업들은 창업자나 기술 전문가가 직접 경영하며 그들의 전문성과 혁신 역량을 토대로 세계 시장을 선도하고 있다. 반대로 한국의 주요 기업들은 이미 창업자의 시대를 지나 세대교체가 이루어졌고, 지금은 비전문가 중심의 관리형 리더십이 주를 이루고 있다. 비즈니스를 '관리의 문제'만으로 취급하는 구조는 기술 중심으로 빠르게 재편되는 글로벌 산업 환경과는 본질적으로 어울리지 않는다.

이러한 맥락에서 한국 주식 시장의 투자 가치를 가늠해 보면 안타깝게도 성장 동력은 둔화되고, 제도는 여전히 후진적이며, 이익은 일부만 나누어지는 구조가 지속되고 있다. 여기에 비전문가 경영까지 겹쳐 한국 시장은 중·장기적으로 투자 매력을 잃어 가고 있다. 물론 제도 개선을 통한 단기 반등이나 순환적 상승은 가능하지만 근본적 체질 개선 없이는 그 흐름이 오래가지 못한다.

공정성만을 내세우며 효율성과 경쟁을 외면하는 방식으로는 미래를 만들 수 없다. 빈부격차 해소는 중요한 사회적 과제이지만 그것은 성장을 이끌어 내는 기업의 역할과는 별개로 다루어져야 한다. 한국 자본 시장이 장기적 투자 매력을 회복하기 위해서는 '효율성과 경쟁을 중시하는 문화'와 '전문성 중심의 리더십과 성과 공유형 보상 구조의 정착'이라는 두 가지 대전환이 반드시 필요하다.

다음은 ChatGPT가 미국을 붕괴(destroy America)시키는 방법으로 제시했던 다섯 가지 방법이라고 한다. 첫 번째, 사회를 분열시켜라(Divide society). 두 번째, 교육을 약화시켜라(Weaken education). 세 번째, 건강을 악화시켜라(Damage public health). 네 번째, 사회적 유대를 무너뜨려라(Break community bonds). 그리고 다섯 번째, 미디어를 통제하라(Control media). 이 내용을 우리 사회에 적용시켜 보면 우리의 미래를 어느 정도 가늠해 볼 수 있을 것이다.

## 05
# 글로벌 시장 분석의 결론

지난 수년 동안의 글로벌 시장의 흐름은 우리에게 중요한 교훈을 준다. 투자에서 진정한 성과는 단기적인 국면 변화나 단기 호재를 좇는 데서 나오지 않는다. 2025년 초 중국 증시가 AI, 전기차, 로봇 등 일부 첨단 산업을 앞세워 강세를 보였다. 유럽 주식 시장도 2025년 들어 큰 폭의 상승세를 기록하고 있다. 한국 역시 신정부 출범 이후 제도 개혁 기대감으로 시장이 호조세를 나타내고 있다. 그러나 이러한 단기적 흐름은 어디까지나 바람과 같다. 바람은 예측 불가능하고 언제든 방향을 바꿀 수 있으며, 때로는 역풍으로 다가온다.

빙산을 움직이는 것은 바람이 아니라 바닷속 해류다. 바다 위에 떠 있는 얼음 조각은 바람 따라 요동치지만 해류를 따라 움직이는 빙산은 느려도 꾸준히 또 멀리 흘러간다. 투자를 단기적인 뉴스와 변동성에 의존하면 얼음 조각처럼 표류하다 끝날 가능성이 크다. 반대로 구조적 성장이라는 해류를 따라가면 시간이 지날수록 장기적인 성과를 얻을 수 있다. 이러한 관점에서 단기 국면에 따라 중국이 좋아 보인다고 투자하고 그때그때 좋아 보이는 곳으로 옮겨 다니는 방식은 결국 투자자로 하여금 표류를 반복하게 만든다. 투자는 현재의 분위기가 아니라 미래의 성장성에 기반해야 한다. 그리고 글로벌 시장에서 그 미래 성장의 중심에 있는 곳은 단연 미국이다.

미국은 단순히 현재 이익을 내는 시장이 아니라 세계 기술 생태계와 소비 시장의 중심이다. AI, 반도체, 클라우드, 빅데이터 등 미래 산업의 심장부를 장악한 기업들이 미국에 집중되어 있다. 이들은 전 세계인의 일상과 경제 구조를 재편해 나가고 있다. 그 경쟁력은 단기 유행이나 정책에 흔들리지 않는다. 미국의 개방적이고 경쟁적인 혁신 시스템, 자본 시장의 효율성, 안정적인 중산층 기반은 앞으로도 장기 성장을 뒷받침할 것이다. 따라서 합리적인 장기 투자 전략은 일시적 호재에 따라 움직이는 것이 아니라 구조적 성장이 가장 확실한 미국 시장에 투자하는 것이다. 그중에서도 세계 경제의 미래를 만들어 가는 테크 기업과 테크 기업이 기술 구현을 위해 반드시 필요한 반도체, 특히 AI 관련 반도체를 제공하는 기업에 장기적으로 투자하는 것이 가장 효율적으로 부를 축적할 수 있는 방법이다.

4장

# 성공 투자를 가로막는 일곱 가지 함정

How to Invest

한 유튜버가 돈 버는 비법을 알려 주겠다며 자신의 채널에서 열정적으로 설명하고 있었다. 궁금해서 들어 봤다. 투자의 성공은 "정보와 마켓 타이밍에 달려 있다"라고 한다. 어쩌란 얘기인가? 정보와 사고파는 타이밍을 알려 주겠다는 건가? '싸게 사서 비싸게 팔아라'라고 하는 것과 무엇이 다른가? 언뜻 그럴듯해 보이지만 투자자에게는 아무런 실질적 도움이 되지 않는 이야기다. 회당 조회 수가 수만에서 수십만을 돌파하는 또 다른 여성 유튜버가 돈 버는 방법을 설명하고 있어 들어 봤다. 무슨 이야기를 했는지 여기서 언급하지는 않겠다. 역시 말도 안 되는 소리였지만 엄청난 조회 수가 나온다.

그들이 내세우는 공통된 메시지가 있다. 바로 '단기간에 돈 버는 방법'이다. 사람들은 단기에 돈을 번다는 말에 혹한다. 왜 사람들은 이와 같은 얼토당토않은 이야기에 열심히 귀 기울이는 것일까? 이유는 단순하다. 사람들은 기다리기 싫어하고 당장, 빨리, 돈을 벌고 싶어 하기 때문이다. 인간은 유전적으로도 단기 대응에 훈련되어 왔다. 원시시대부터 위협으로부터의 단기 대응에 늦으면 생명을 유지하시 못하고 사라져야 하는 척박한 환경에서 살아남았다. 그리고 단기 대응에 대한 유전자는 여전히 남아 있다.

그래서 일부 유튜버들은 이 본능을 자극하는 "단기간에 돈을 벌 수 있다"라는 달콤하게 포장된 말로 조회 수와 구독자를 늘려 광고 수익을 챙긴다. 다시 말해 그들의 조언은 투자자에게는 도움이 되지 않아도 유튜버 본인에게는 돈을 버는 가장 확실한 방법이 되어 준다.

"사람들이 듣고 싶어 하는 달콤한 거짓말을 해야 성공하고, 사람들이 듣기 싫어하는 진실을 말하면 망한다." 이것이 투자 강연, 유튜브, SNS 마케팅의 전략이라고 한다. 많은 개인 투자자들이 '단기간에 돈 버는 비법' 같은 달콤한 거짓말에 끌린다. 물론 모든 유튜버가 거짓말을 한다는 이야기는 아니니 절대 오해하지 않기 바란다. 나도 유튜브를 자주 시청한다. 주로 사실관계를 전달하거나 지식에 관한 콘텐츠를 본다. 양자컴퓨터, AI, 도서 소개, 인문학 이야기에 시간을 많이 할애하고 또 많은 도움을 받고 있다.

주식 투자 관련 유튜버들이 하는 달콤한 이야기의 대부분은 장기적 관점에서 보면 잘못된 것들이다. 그들이 제시하는 방법은 대체로 내가 이어서 설명하려고 하는 투자의 잘못된 습관에 관련된 것들이다. 어쩌다 한두 번 수익을 낼 수는 있겠지만 그건 실력이라기보다는 일종의 베팅 혹은 운이라 지속성이 보장되지 않는다. 그 방법으로는 한두 번 돈을 벌 수는 있어도 부자가 될 수 없다.

이 점에서 오크트리 캐피탈(Oaktree Capital)의 창업자 하워드 막스가 남긴 말을 되새겨 볼 필요가 있다. "I don't know how to make money fast. But I do know how to lose money fast: by trying to make money fast(나는 어떻게 하면 빨리 돈을 벌 수 있는지는 모른다. 하지만 어떻게 하면 빨리 망하는지는 안다. 그것은 바로 빨리 돈을 벌려고 하는 것이다)." 투자란 한두 번의 성공으로 인생을 바꾸는 게임이 아니다. 내가 돈이 필요할 때 돈을 쓸 수 있도록 장기적으로 꾸준히 준비해 나가는 여정이다. 중간에 한두 번 대박을 터뜨려도 그 과정에 큰 실패가 끼어 있다면 장기적으로 부를 쌓을 수 없다.

나는 투자를 골프에 비유해 자주 설명한다. 골프는 18홀을 다 마친 뒤 전체 스코어가 낮아야 잘 친 경기다. 따라서 매번의 샷에서 큰 실수를 줄이는 것이 아주 중요하다. 그런데 초보자일수록 티박스에만 올라서면 예전에 한 번 멋지게 날린 '행운의 샷'을 떠올린다. '이번에도 그때처럼만 치면 된다'는 마음으로 힘껏 휘두른다. 가끔 잘 맞을 수도 있다. 하지만 공이 OB로 날아가거나 러프나 벙커에 빠지면 스코어는 엉망이 되어 버린다.

투자도 똑같다. 유튜브에 떠도는 단기 투자 수익 비법을 믿고 무턱대고 휘두르는 투자 한두 번으로 골프의 '행운의 샷'처럼 돈을 벌 수도 있다. 하지만 그런 방식으로는 결코 18홀 전체 스코어를 잘 끝마칠 수 없다. 아마추어 골프 마니아들이 맹신하는 '그분'이 오신 날이라 그날은 온종일 잘 맞을 수도 있다. 그런데 골프는 오늘 한 게임만 하는 게 아니라 앞으로도 계속해야 하는 게임이다. 투자도 마찬가지다. 한두 번의 화려한 샷이 아니라 수많은 샷 가운데 큰 실수를 줄임으로써 전체를 잘 마쳐야 한다. 그리고 경기는 다음에도 계속 이어진다.

여러분이 진짜 원하는 것은 한순간의 수익이 아니라 인생 후반에도 꿋꿋하게 쓸 수 있는 지속 가능한 부일 것이다. 그렇다면 단기적인 정보나 타이밍을 좇기보다는 긴 호흡으로 내 돈이 꾸준히 자라도록 설계하는 투자가 필요하다. '빨리 돈을 벌려는 욕심'은 잠깐은 달콤할 수 있지만 오랜 시간이 지난 후에 돌아보면 가장 위험한 스윙이었음을 깨달을 것이다. "홀 매치 게임도 있잖아" 하고 항변할 수도 있다. "그래, 네 마음대로 해라. 네 인생이다."

앞에서 투자를 크게 두 단계로 나누어 설명했다. 첫째는 무엇에 투자할 것인가를 결정하는 투자 대상 선정의 '논리적 과정', 둘째는 선택한 대상이 가치를 실현할 때까지 기다리는 '심리적 인내의 과정'이었다. 심리적 인내의 과정은 시간의 복리 효과를 얻기 위한 필수 요건이다. 두 과정 모두가 성공적인 투자를 위해 반드시 필요하며, 어느 하나만으로는 온전한 성과를 기대하기 어렵다. 실제로 많은 투자자들이 시장의 변동성에 흔들려 투자 성과를 놓치고 마는 감정적 영역에서의 실패로 인해 투자 실패의 결과를 맞이한다. 그러나 실제로는 투자에서 반복되는 실수 대부분이 처음에 잘못된 대상을 선택하는 데서 비롯된다. 즉 논리적 판단의 오류다. 다시 말해 '기다림의 실패'보다 더 흔한 것이 '선택의 실패'다.

지금부터 투자자가 논리적 판단 과정에서 범하기 쉬운 실수들, 즉 '투자에서 하지 말아야 할 것들'을 중심으로 정리해 보고자 한다. 투자 성과를 높이기 위해 반드시 짚고 넘어가야 할 가장 중요한 주제이다.

## 01
# 전망과 예측에 의한 투자

### (1) 예측에 의존하려는 인간의 속성

인간은 본능적으로 예측하고, 상상력을 발휘하는 존재다. "지각은 현실과 맞아떨어진 우리의 상상력(Perception is the imagination that agrees with reality)"이라는 말이 있듯이, 투자에서도 본능적 예측이 자연스럽게 작동한다. 우리의 뇌는 일종의 '예측 기계'인 셈이며 그 예측은 완전한 객관적 사실보다는 개인이 가진 지식과 경험, 그리고 타고난 성향에 더 크게 영향받는다. 그래서 많은 투자자들은 소위 전문가라는 이들의 분석과 전망을 통해 미래를 알고 싶어 하고, 그들의 말에서 심리적 안도감을 얻으려고 한다.

문제는 과거의 예측이 번번이 틀렸음에도 불구하고 사람들의

'미래를 알고 싶어 하는 욕구'는 전혀 줄어들지 않는다는 점이다. 철학자 니체는 "확실성을 추구하는 것은 일종의 정신적 병리 현상"이라고 했고, 작가 짐 콜린스는 『Be 2.0』에서 "어떤 일이 일어날지는 누구도 예측할 수 없으며 통제할 수도 없다"라고 쓰며 예측의 한계를 강조했다. 실제로 시장에서 흔히 들을 수 있는 "내년에 시장이 어떻게 될 것인가?", "어떤 종목이 최고의 수익률을 낼 것인가?"와 같은 질문은 대개 무의미하다. 자칭 전문가들의 전망이 맞을 확률은 50%에도 미치지 못하는 게 현실이다. 하지만 사람들은 진실이 아닐지라도 '확실한 이야기'를 듣기 원한다.

나는 자산운용사에서 일하면서 확실성을 앞세우기보다 '확률'을 기반으로 운용하고 마케팅을 한다. 그래서 투자자 교육에서도 확실한 답을 제시하기보다는 확률을 통해 더 나은 가능성을 보여 주는 것을 목표로 삼는다. 하지만 대부분의 투자자들은 논리적 영역인 확률이 아닌, 감정적 영역인 확실성을 요구한다.

주식 시장에서 단정적이고 선동적인 이야기를 하는 사람들이 우연히 한 번쯤 맞춰서 주목받지만, 그들의 투자 조언은 실패로 끝나는 경우가 많다. 그럼에도 이런 이들이 주목받는 이유는 사람들의 불안을 달래 줄 '그럴듯한 이야기'를 하기 때문이다. 그런데 자세히 보면 자신의 생계를 위한 스토리텔링에 불과한 경우가 많다. 나는 이 책을 통해 달콤한 거짓을 원하는 사람이든 혹은 불편하더라도 진실을 알고 싶은 사람이든 모두에게 내가 생각하는 진실에 가까운 해답을 제시하고자 한다. 나의 개인적 이해관계와 상관없이 모두가 여기 공감하고 더 나은 투자 성과를 거두기를 바라서다. 아무런 예측도 하지 마라는 게 아니다. 실제로 의사결정을 하다 보면 어디까지가 예측이고 또 예측이 아닌지가 불명확하다. 상식적이고 합리적인 수준의 예측은 문제될 게 없다. 가령 통화량이 늘면 물가가 오르고 가격도 오른다, 경기는 호황과 불황을 반복한다 등은 기본적이고 상식적인 내용이다.

그러나 개별 주식이나 특정 시장의 단기적 움직임을 예측하려는 시도는 대체로 의미가 없다. 따라서 나는 특정 자산군이 지닌 기대 수익과 위험이라는 본질, 그리고 세상의 변화를 이해하는 것을 바탕으로 가장 단순하고 합리적인 방식으로 투자하기를 권한다. 특히 내가 테크 투자를 강조하는 이유는 해당 기업들이 기본적으로 우리 시대의 생활에 가장 깊숙이 들어와 있고, 앞으로도 이 상태가 지속될 것이라는 합리적인 판단의 결과다. 이들 기업이 창출하는 수익과 성장 자체가 그들의 현재와 미래를 보여 주는 가장 확실한 증거라고 생각하기 때문이다.

## (2) 예측과 전망의 실패 사례들

투자자들이 흔히 빠지는 실수가 시장의 전망과 예측을 바탕으로 투자 판단을 내리는 것이다. 역사적으로 어떤 실패 사례가 있었는지 살펴보자.

- **앨런 그린스펀의 경고**

1996년 12월 5일 당시 미국 연방준비제도(Fed) 의장이었던 앨런 그린스펀은 나스닥 지수가 약 1,290포인트일 때 "비이성적 과열" 상태에 있다고 공개적으로 경고했다. 그의 발언에도 불구하고 시장은 곧바로 하락하지 않았고, 2000년 3월까지 무려 5,048포인트까지 상승했다. 약 291%의 놀라운 상승률이다. 낮은 금리로 인한 유동성, 기술 기업의 실적 호조, 그리고 닷컴 버블의 기대감이 맞물린 결과였다. 명망 있는 중앙은행 총재의 신중한 경고조차 시장의 방향을 바꾸지 못한다는 사실을 보여 주는 사례다. 투자 판단은 누구의 전망이 아닌 시장 구조와 자본 흐름의 근본적인 이해에 기반해야 한다.

- **IMF의 경기침체 예측 성과**

IMF는 세계 경제의 '총괄 컨트롤타워'로 여겨진다. 오른쪽 표는 세계 경제의 수장이라고 불리는 IMF가 1988년부터 194개국에서 총 469회의 글로벌 경기침체를 관측하는 동안 경기침체를 1년 전에 예측한 사례는 4번, 6개월 전에 예측한 경우도 13번에 불과했음을 보여 준다. 이 둘을 합해도 고작 17번이다. 예측 성공률은 3%대다. 경기침체가 이미 시작된 시점에 '진행 중'임을 인지한 비율조차 45%에 그쳤다. 전 세계의 수많은 데이터와 전문가를 거느린 기관조차 경기 전망에 실패하는데 개인이나 금융 회사가 이를 바탕으로 투자 방향을 제시한다는 것은 얼마나 불확실한 일일까?

- **실전에서 벌어지는 경기 예측**

한 방송에서 어느 주식 투자 유튜버가 "대기업이 신규 채용을 줄이

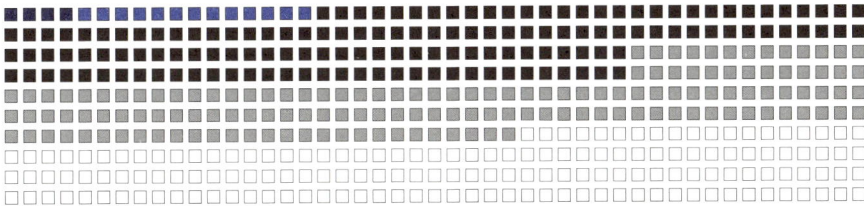

*경기침체는 실질 GDP의 연간 감소로 정의

고 조기퇴직을 유도하면 경기침체가 온다"라고 했다. 시장을 조금만 아는 투자자가 들어도 어색한 이야기지만, 주식 초보자들에게는 그럴싸하게 들릴 수 있다. 이 주장이 정말 타당하다면 IMF는 이런 조언자들을 고용해 예측 정확도를 높여야 할 것이다. 예측이 얼마나 자의적이며 사후 해석에 불과한지를 보여 주는 사례다.

• **증권사들의 연간 주식 시장 전망**

연말이 되면 증권사마다 '내년 주가 전망' 보고서를 발표한다. 하지만 그 정확도는 대부분의 투자자가 체감하듯 낮다. 많은 보고서가 너무 낙관적이거나, 현 지수에 일정 플러스 마이너스 지수대로 표시하거나, 지나치게 광범위한 범위를 제시함으로써 사실상 의미 없는 전망이 되고 만다. 실제로 나중에 검증해 보면 어처구니없는 경우가 많다. 전망은 종종 시장을 예측하는 것이 아니라 시장의 심리를 반영하는 거울에 불과하다.

- **전문가 예측: 누리엘 루비니와 짐 로저스 사례**

2006년 뉴욕대 교수였던 누리엘 루비니는 미국 주택 시장 붕괴를 경고했다. 2008년에 금융위기가 발생하면서 그는 '닥터 둠(Dr. Doom)'이라는 별명을 얻었다. 그러나 이후 수년간 반복된 그의 경기 침체 경고가 대부분 빗나갔고, 시장은 꾸준히 회복세를 이어 왔다. 루비니는 유로존 해체를 예측했으나 유로존은 현재까지 유지 중이다. 그런데도 아직까지 그의 시장에 대한 코멘트에 귀 기울이는 사람들이 있다. 한 번 예측이 맞으면 전문가로서의 신뢰가 오랫동안 유지되어서다. 마찬가지로 짐 로저스는 1990년대 원자재 슈퍼 사이클과 중국의 부상을 정확히 예측했다. 그러나 이후 미국 붕괴론, 러시아 투자 낙관론, 비트코인 비관론 등 그의 예측은 크게 빗나갔다. 그의 발언 역시 여전히 인용되고 회자된다. 예측이 한 번 크게 맞았다는 '이력'만으로 사람들은 계속 그들의 이야기에 귀를 기울인다.

- **또 다른 예측 실패 사례**

2020년 코로나19 이후의 시장 예측 또한 대표적인 예측 실패 사례에 해당한다. 많은 전문가들이 팬데믹으로 인해 증시가 장기 침체에 빠질 것이라고 전망했지만 미국 증시는 사상 최고치를 경신했다. 이렇게 예측은 또 한 번 실패했다. 영화 《빅 쇼트(Big Short)》의 실제 주인공인 마이클 버리는 어떤가? 2008년 금융위기를 예측해 많은 돈을 벌고 유명세를 얻었지만, 이후 테슬라 쇼트 포지션과 암호화폐 붕괴론 등 다수의 예측이 빗나갔다. 이처럼 탁월한 한 번의 예측이 미래 예측의 정확성을 보장하지 않는다.

## (3) 예측과 직업 정확성은 별개

'예측과 전망'을 업으로 삼는 사람들이 있다. 금융 시장에는 수많은 이코노미스트, 전략가, 애널리스트가 존재한다. 또 매일 그들의 리포트와 인터뷰가 쏟아진다. 그들 대부분은 자신들의 예측이 틀릴 수 있다는 사실을 누구보다 잘 안다. 그럼에도 '전망과 예측'은 그들의 본업이다. 그들 중에는 한 번의 적중으로 '예언가'처럼 떠오른 이들도 있고, 한두 번 맞힌 사례만으로 평생 전문가로 포장되기도 한다. 이후에는 전망이 빗나가더라도 각종 변수와 외부 충격을 핑계 삼아 '면피'가 가능하다. "예기치 못한 지정학적 리스크가 생겼다"거나 "중앙은행의 급작스러운 정책 변경 때문"이라는 식의 설명이 늘 준비되어 있다. 예측이 빗나간 책임을 애초에 짊어지지 않아도 된다.

예상대로 흘러가는 미래와, 새로운 변수로 전혀 다른 방향으로 전개되는 미래 중 어느 쪽이 더 진짜 미래의 모습에 가까울까? 정답은 너무도 자명하다. 우리가 살아가는 세상은 항상 복잡하고 예측 불가능한 변수로 가득하다. 그런데도 수많은 투자자들이 여전히 전문가들의 예측에 의존해 투자를 결정한다. 경제지와 방송에 반복 등장하는 이들의 자신감 넘치는 발언이 투자자에게 잘못된 신뢰를 심어 주기 때문이다. 확실성을 원하는 심리와도 맞아떨어져 지속되고 있는 현실이다. 그러나 전망에 따라 움직이는 투자는 장기적으로 좋지 않은 성과로 귀결되는 경우가 대부분이다. 시장은 일관된 방향성을 가지지 않으며, 수많은 단기 변수에 의해 요동치기 때문이다.

더욱 근본적인 문제는 이 예측 산업이 스스로 책임지지 않는 구조 속에서도 번성하고 있다는 점이다. 예측이 빗나가도 책임지지 않고 운 좋게 적중하면 마치 통찰력을 가진 것처럼 포장된다. 이러한 환경에서 그들의 조언은 투자자에게 오히려 '잡음'이 될 수 있다. 그들은 투자 리스크를 대신 짊어지지 않는다. 그러나 투자자는 실제 돈을 걸고 손실을 감당해야 한다. 결국 예측은 그들에게는 '의견'이고 돈벌이지만 투자자들에겐 '결과'로 돌아온다. 예측은 유혹적이나 불확실한 예측에서 확실성을 기대하거나 여기 의존한 투자는 불확실성을 더 키울 뿐이다. 진정한 투자자는 미래를 정확히 예측하려 하기보다 불확실성을 전제로 한 합리적인 원칙과 전략을 세우는 데 집중해야 한다.

나는 여러분에게 시장에 대한 예측도 전망도 필요하지 않은 투자를 제시하려고 한다. 투자의 타이밍도 정보도 필요하지 않다. 투자의 기본 원칙과 세상의 변화에 대한 이해만 있으면 시장에 전혀 관심 두지 않고서도 성공적인 투자로 부자가 될 방법이 있다. 나는 이 방법을 제안한다. 나와 이 책에 좀 더 시간을 투자해 주길 바란다.

## (4) 판매사와 투자자

나는 과거 미국의 자산운용사 DFA(Dimensional Fund Advisors)와 협업한 경험이 있다. 이 회사는 독특한 원칙이 있었는데, 자사 펀드를 판매하려면 IFA(Independent Financial Advisor, 독립 재무 자문인)가 반드시 일정 교육 과정을 이수해야 했다. 또한 고객에게도 기본적인 투자 소양을 갖추도록 요구했다. 예를 들어 고객이 "올해 가장 유망한 펀드는 무엇입니까?"라고 묻는 순간, 그 고객에게는 펀드를 판매하지 않았다고 한다. '가장 유망한 펀드'를 미리 알 수 없는데 그것을 알 수 있다고 전제하는 질문을 한다는 것은 고객이 아직 투자 준비가 되어 있지 않은 상태라고 보았기 때문이다. 우리에게는 낯설고 의아하게 들릴 수 있다.

국내 대부분의 WM(자산관리) 사업은 정반대 방식으로 운영된다. 많은 PB들이 전망에 기대어 특정 상품을 추천한다. 잘 팔릴 때는 위험 관리나 한도보다 "팔 수 있을 때 최대한 팔자"는 사고가 우선된다. 흔히 "물 들어올 때 노 저어라"라는 말이 쓰이지만 물이 빠지고 나면 배가 갯벌에 갇힐 수도 있다. 나는 이 방식이야말로 절대 따라서는 안 된다고 생각한다. 고객에게도 위험하고 판매사 전체에도 치명적일 수 있다. 특정 상품 판매에 지나치게 집중했다가 문제가 발생하면 회사 전체의 비즈니스가 위축될 수 있기 때문이다. 따라서 판매사는 단기 전망이 아니라 상품의 리스크-리턴 프로파일을 바탕으로 반드시 사전에 계획된 비중 관리를 해야 한다.

예측과 전망에 의존한 투자는 투자자의 장기적인 부 축적에 도움되지 않는다. 그럼에도 수많은 판매사들이 여전히 이 방식을 고수한다. 특히 최고 경영진이 예측과 전망에 기반한 방향을 설정할 때, 그 파급력은 조직 전체를 일사불란하게 움직이게 한다. 설사 결과가 맞더라도 이 방법은 절대로 옳지 않다. 앞에서도 계속 강조했듯 투자는 한 번의 성공으로 끝나지 않고 지속되어야 하기 때문이다.

그럼에도 이러한 관행이 계속되는 이유는 분명하다. 예측이 맞앞을 경우 고객의 지지를 얻고, 설사 실패하더라도 회사는 수수료로 돈을 벌 수 있다. 그리고 고객 역시 손실을 보더라도 다른 대안을 찾기 어려우므로 남아 있는 경우가 많다. 결론적으로 시장 전반이 이와 같은 구조로 운영되니 투자자에게는 선택지가 없는 셈이다. 하지만 이 방식으로는 장기적으로 부를 축적하기 어렵다. 투자자는 이런 회사를 떠나야 한다. 그래야 시장이 변할 수 있다. 누군가 먼저 고객의 신뢰를 최우선 가치로 두고, 예측이 아닌 원칙과 철학에 기반한 비즈니스로 전환한다면 시장을 바꿀 수 있다. 물론 이 방식이 고객가치 증대에 어떻게 기여하는지를 분명히 이해해야 하고, 또 실제로 작동하여 신뢰와 성과를 동시에 쌓아 나가는 데에는 시간이 필요하다. 하지만 장기적으로는 고객과 회사 모두를 위해 옳은 길이다.

운용사 대표로서 내가 추구하는 방향은 '회사 수익 극대화'가 아니라 '고객가치 추구', 즉 고객의 장기적인 부의 축적이다. 자산운용업은 단순히 자산을 쌓는 비즈니스(building AUM)가 아니라 신뢰를 쌓는 비즈니스(building trust)가 되어야 한다. 이것이 내가 지향하는 '고객가치 중심'의 경영 철학이다. 이 철학이야말로 시간이 흐를수록 더 큰 비즈니스를 만들어 내리라 확신한다.

## 02
# 정보에 의한 매매

투자는 방향과 시간의 함수다. 우리에겐 언제나 시간이 있고 방향은 선택의 문제다. 선택은 논리와 지식의 영역이다. 대부분의 투자자들은 투자하기 전에 정보를 찾고, 이를 기반으로 의사결정을 수행한다. 그런데 정보는 시간이 지나면 무가치하다. 모든 사람이 알고 있는 정보는 이미 가치가 없다. 그럼에도 불구하고 소멸성 정보(분기 실적 등 시간이 흐르면 소용없는 정보)를 활용해 단기적인 이익을 노리는 투자자가 많다.

반면 시간이 흘러도 유효한 정보는 정보가 아니라 지식이다. 지식은 영속적이며 책 속에 있다. 축적될수록 가치가 높아지고, 다른 지식과의 상호작용을 통해 시너지를 창출해 낸다. 책을 읽어 지식을 쌓아 자신만의 지적 영역을 확보한 후에 신문기사나 리서치 페이퍼를 읽으면 보다 깊이 있는 해석이 가능하다. 기본적인 지식 축적 없이 리서치 페이퍼나 기사에 의존한 정보는 결코 가치 창출로 이어지지 않는다.

"더 벌고 싶으면 더 읽어라(Earn more, learn more)." 여러분이 직접 이해하고 투자를 실행하고 싶다면 관련 분야의 독서를 권한다. 일시적인 모멘텀이나 가격 불균형에 집중하는 투자나 전달받은 정보에 의존하는 투자를 자제하고, 지식에 기반한 투자를 하기 위해서는 독서부터 하라는 말이다. 다만 이는 시간적 여유가 있는 경우에 해당한다. 본업이 따로 있으면 자기 분야에 관한 독서로 자신의 영역에서 성공을 이루는 것이 주된 목표가 되어야 하고, 부를 축적하는 것은 '미래 성장에 장기 투자'하는 합리적인 투자 방법을 선택하면 된다. 누구든 자기 일에서의 성공을 위해 독서는 필수다. 모두에게 소중하고 가치 있는 말이지만 누구도 깊이 귀 기울이지 않는 말이기도 하다. 이 말을 믿지 않아서인지 성공을 하고 싶지 않아서인지 게을러서인지 모르겠다.

정보에 의존한 투자 중 내부정보의 경우 미국은 2000년 FD(Fair Disclosure, 공정공시)법이 시행되어 내부정보 이용이 사실상 불가능해졌다. 한국의 경우 2016년 한미약품과 CJ엔터테인먼트 사건 이후 공정공시 제도가 강화되어 내부정보 유출이 사실상 불가능해졌다. 이를 어겨 발각되면 정보를 제공한 자와 정보를 받은 자 두 당사자 모두 법적 처벌을 받는다. 이처럼 내부정보를 이용할 수 없게 된 상황에서 정보의 가치는 더욱 쓸모없어졌다. 누군가 뭐가 좋더라, 하는 것은 정보조차도 되지 않는다.

## 03
# 평균회귀

평균회귀(mean reversion)는 자산의 가격이나 수익률이 장기적으로 보면 평균으로 돌아가려는 경향이 있다는 투자 이론이다. 통계학에서 사용되는 개념으로 일정 기간 평균을 벗어난 데이터가 시간이 지나면서 다시 평균으로 돌아오는 패턴을 보이는 현상을 의미한다. 가치투자자들이 많이 활용하는 전략이다.

산업이나 기업의 구조적 변화나 강한 모멘텀이 있는 경우 자산가격의 평균회귀는 무의미해진다. 이 평균회귀를 믿는 투자자들이 범하는 가장 흔한 오류는 '한 번 오른 가격이 언젠가는 다시 온다'는 강한 믿음이다. 그래서 플러스가 난 종목을 매도하고 손실이 난 종목은 끝까지 보유하는 커다란 실수를 저지른다. 평균회귀를 믿기 때문이기도 하고 투자를 잘못했음을 인정하기 싫은 심리적 저항이

작용해서이기도 하다.

주식 시장이 성장 모멘텀을 가지지 못하면 평균회귀가 적용될 수 있다. 성장주 투자, 테크주 투자에는 평균회귀가 적용되지 않는다. 우리나라 주식 시장이 지속적인 성장을 하지 못하고 박스권을 유지하고 있어 일반 투자자들이 평균회귀에 더 집중하는 건 아닐까 싶기도 하다.

## 04
# 단기 투자

일반 투자자뿐만 아니라 금융기관 종사자들조차 예측과 전망을 통해 단기적인 투자 수익을 추구하려는 경향이 강하다. 이들은 반복적으로 단기 투자를 시도하며, 투자수익률($r$)을 높이려고 한다. 우리나라에 단기 투자 문화가 고착된 이유에는 한국 주식 시장이 지난 수년간 뚜렷한 성장 추세를 보이지 못하고 좁은 박스권에서 등락을 반복해 온 탓도 있다. 정체된 시장 구조가 투자자로 하여금 장기 투자에 대한 인내심을 잃게 만들었고, 단기 매매를 통한 수익 추구 행태를 고착화시켰다. 이러한 환경에서는 장기 투자를 권장하는 조언이 현실적으로 와닿지 않는다. 투자자 입장에서는 언제 오를지 모르는 시장에 장기 투자하는 것보다 단기 변동에 올라타 수익을 실현하는 편이 더 합리적으로 느껴진다. 결과적으로 시장 전체가 예측과 전망, 그리고 단기 대응에 기반한 투자 문화로 흐르게 만든다.

그동안 국내 일반 투자자들이 부를 축적하지 못한 것은 국내 주식 시장의 정체와 잘못된 투자 문화, 이 둘의 합작품이라고 생각한다. 그러나 투자자들에게는 해외 시장이 열려 있다. 시장이 성장하든 안 하든 단기 투자로는 부를 축적하기 어렵다. 무엇보다 본업에 열중해야 할 사람들이 주식 시장에 집중해서 단기 투자에 열 올린다면 주식 투자뿐만 아니라 자기 일에서도 성공할 가능성이 낮아진다. 예측할 수 없는 시장에서 단기 수익을 얻기 위한 시도가 반복될수록 실패 확률은 높아진다. 또 한 번 "미래의 성장에 장기 투자하라"라는 말이 떠오른다.

리스크 측면에서도 단기 투자는 바람직하지 않다. 투자에서 리스크를 완전히 피할 수는 없지만 리스크는 투자 기간에 따라 그 의미와 영향이 달라진다. 단기적으로는 예측 불가능한 사건이나 시장의 급격한 변동이 주요 리스크가 된다. 하지만 투자 기간을 길게 보면 단기 급락은 큰 흐름 속에서 잠깐 생겼다 사라지는 작은 파동이다. 예를 들어 한국 주식 시장은 2020년 팬데믹 초기 몇 주 만에 30% 이상 급락했다. 하지만 불과 1~2년 뒤에 보면 이때의 급락은 차트 위에 잠시 움푹 파였다가 곧 메워진 작은 흔적에 지나지 않는다. 미국 시장도 마찬가지다. 금융위기 시기에 주가는 단기간에 폭락했지만, 이후 비교적 짧은 시간 안에 회복하며 더 높은 성장 흐름으로 이어졌다. 특히 성장주 투자는 단기 뉴스나 이슈에 민감하게 반응해 상대적으로 변동성이 크지만 이 또한 시간이 흐르면서 장기적인 성장 흐름 속에서 희석되는 경우가 많다. 시간이 리스크의 체감을 완화시키는 것이다.

물론 장기 투자에서도 구조적 변화나 새로운 리스크가 나타날 수 있다. 그러나 역사적으로 보면 단기적 충격이나 예외적 사건의 상당수는 장기 흐름에서 일시적인 '소음(noise)'으로 판명되곤 했다. 문제는 투자 대상이 장기적으로 성장할 수 있느냐다. 그래서 더욱 장기적으로 성장을 이어 갈 대상이어야 하고, 또한 시장이 폭락해도 망하지 않을 대상이어야 한다. 그래야만 일시적인 변동성에서도 투자자가 안심하고 기다릴 수 있다. 다시 한번 "미래 성장에 장기 투자하라"는 투자 철학의 중요성이 부각된다.

현재 금융 시장의 구조 역시 단기 대응 중심이다. 금융기관의 비즈니스 모델과 고객 행태, 양측의 영향 때문이다. 금융기관 입장에서는 단기 성과와 수익이 평가와 직결되며, 고객 역시 작은 수익 하락이나 시장 변동에도 쉽게 이탈하려는 경향이 있다. 고객의 불안을 달래기 위해서라도 단기 대응이 반복될 수밖에 없다. 이러한 악순환을 끊기 위해 금융기관들은 고객에게 시장의 변동성과 그 불가피성에 대해 사전에 충분히 교육하고 안내해야 한다. 아울러 당장의 수익에만 집중할 것이 아니라 비록 단기적으로는 회사가 이익을 덜 보더라도 고객가치에 집중하는 비즈니스를 실천함으로써 장기적으로 더 많은 고객을 확보하는 전략을 써야 한다. 그래야 궁극적으로는 회사의 수익 성장까지 이끌어 내는 성과를 거둘 수 있다. 이런 전략을 추구하는 회사가 결국 큰 시장을 차지할 수 있다.

고객이 시장의 단기 변동을 '회피해야 할 위험'이 아니라 '통과해야 할 과정'으로 인식할 때 비로소 장기 투자에 대한 신뢰가 자리 잡을 수 있다. 많은 투자자들은 장기 투자의 필요성을 머리로는 이해하면서도 실제 투자에서는 단기 성과에 쉽게 흔들린다. 특히 한국 주식 시장은 구조적으로 장기적인 성장 기반이 약했기 때문에 아무리 장기 투자의 가치를 강조하더라도 투자자들이 체감하기 어려운 경우가 많았다. 결국 투자자 스스로 장기 투자를 통한 성과가 실현되는 경험을 축적해야만 투자 행태가 근본적으로 바뀔 수 있다.

장기 투자를 통해 수익을 실현하기 위해서는 '지속 성장이 가능한 시장'이 필요하다. 그런 시장이어야만 투자자가 장기적으로 투자하고 기다릴 수 있다. 현재 지속 성장이 가능한 대표 시장은 미국 시장이다. (이와 관련해서는 2장에서 충분히 살펴보았다.) 일시적으로 트럼프 정부의 관세 정책 부작용이나 지정학적 잡음이 있을 수 있으나, 미국은 여전히 세계 최고의 혁신과 자본 시장을 갖춘 나라다. 이미 국내 투자자들은 서학개미라는 이름으로 미국 시장에 대한 투자를 확대하고 있다.

국내 자산운용사들에게는 제도적 구조가 제약 요인으로 작용하고 있다. 정부의 과세 정책이 국내 자산운용사나 투자자에게 오히려 불리하다. 예를 들어 해외 직접 투자의 경우는 22% 분리과세를 적용받지만 국내 상장된 해외 투자 ETF는 수익이 일정 수준을 넘으면 종합과세가 적용되며, 손익 통산조차 허용되지 않는다. 결과적으로 투자자들이 국내 금융상품보다 해외 직접 투자에 나서도록 '밀어내는(pushing out)' 효과를 발생시킨다.

국내 운용사가 해외 주식이나 채권 등 해외 기초자산을 상품화하는 과정에서 명확한 규정이 마련되지 않아 제도 관련 담당자 임의로 제한이 가해지는 경우도 있다. 의도와 달리 운용사의 활동을 위축시키고 투자자에게는 추가적인 거래비용과 불편을 초래할 수 있다. 앞으로는 투자자 보호와 건전한 시장 발전이라는 본래 목적을 지키면서도 투자자들이 보다 원활하게 글로벌 자산에 접근해 부를 창출할 수 있도록 제도와 제도의 적용이 속히 보완되어야 한다.

## 05
# 마켓 타이밍

주식 투자를 하다 보면 누구나 한 번쯤은 마켓 타이밍의 유혹에 빠진다. "너무 올랐다"는 판단에 매도한 다음 "좀 더 떨어지면 다시 사자"고 기다리다 운이 좋으면 며칠 사이에 큰 수익을 챙기는 짜릿한 경험도 할 수 있다. 매우 드물지만 1년을 기다려야 얻을 수 있는 수익을 며칠 만에 얻기도 한다. 마켓 타이밍이 성공했을 때의 쾌감은 대단하다. 마치 시장을 정복한 듯한 착각마저 들 수 있다. 하지만 그 달콤한 기억은 대부분 일시적인 행운이며 지속 가능한 투자 전략이 아니다. 마켓 타이밍이 왜 실패할 수밖에 없는 전략인지 알아보자.

## (1) 시장 예측은 전문가도 못 한다

앞에서 살펴본 것처럼 역사적으로 수많은 경제학자와 투자 전문가들이 주가의 방향을 예측하려고 했음에도 지속적으로 성공한 사례는 거의 없다. 1970년 노벨경제학상을 받은 폴 새뮤얼슨은 "월스트리트의 예측은 주사위를 던지는 것보다 못하다"라고 말한 바 있다. 일반 투자자가 수많은 정보와 감정 그리고 변수로 얽힌 시장의 방향을 정확히 맞히는 것은 불가능에 가깝다.

## (2) 한 번의 실수가 전체 성과를 망칠 수 있다

마켓 타이밍의 핵심은 언제 팔고 언제 다시 살 것인가다. 문제는 매도 후 주가가 계속 오르는 경우다. 이런 상황에서 투자자는 매수 타이밍을 놓치고, 불안감에 쫓겨 더 높은 가격에 다시 매수한다. 이후 주가가 조금이라도 하락하면 이번에는 또 떨어질까 봐 성급하게 매도에 나서다 결국 고점에 사고 저점에 파는 최악의 결과를 얻는다. 주식 투자를 하는 사람이라면 누구나 경험해 보았을 것이다. 이런 과정이 반복되면 수익을 추구하는 투자가 아닌 불안과 공포에 쫓기는 매매가 된다. 전체 계획은 완전히 망가지고, 투자 자체가 우울해진다.

## (3) 복리의 마법을 놓치는 기회비용

장기 투자의 가장 큰 장점은 '복리 효과'다. 그러나 잦은 매매로 투자금이 시장에 머무는 시간이 줄어들면 복리 효과도 줄어든다. 시장에 머물지 않고 잠시라도 비켜나 있던 시기 동안 상승의 대부분이 발생한 경우가 많다. 예를 들어 미국 S&P 500의 지난 30년간 수익률 가운데 상위 10번의 '최고 수익일'을 놓치기만 해도 전체 수익률이 절반 이하로 줄어든다. 최고의 수익 구간은 예측할 수 없고, 언제 올지도 모르기 때문에 항상 시장에 머물러 있어야 한다는 것이 결론이다. 투자 대상 선정의 중요함을 다시 한번 알 수 있다. 결론적으로 처음부터 장기 보유할 수 있는 자산에 투자해야 한다. 워런 버핏의 명언을 옮겨 보자. "10년을 보유할 주식이 아니면 하루도 보유하지 마라." 그리고 존 보글은 "시간을 맞추려 하지 말고 시장에 머물러라(Stay the course)"라고 조언했다. 나의 투자 모토는 "미래 성장에 장기 투자하라"이다. 미래 성장은 기술주에 있다. 그러니 기술주에 장기 투자해야 한다. 그것도 종목이 아닌 변동성을 이겨 내는 데 도움되는 포트폴리오인 ETF를 통해 투자하라는 것이다.

결론적으로 마켓 타이밍은 운이 좋을 땐 짜릿하지만 대부분은 투자 전략 전체를 흔들고 실패로 이끈다. 시장의 일시적 등락에 일희일비하지 않고 미래 성장이 있는 자산에 장기적으로 투자하는 것이 부를 축적하는 가장 확실한 방법이다. "시장에 머무르는 시간(Time in the market)이 시장을 맞추려는 시도(Market timing)보다 훨씬 중요하다(Time in the market beats timing the market)." 우리가 잘 아는 피터 린치와 하워드 막스가 강조하는 말로, 장기 투자 철학의 핵심 원칙을 요약한 문구다.

## (4) 일시적으로 저평가되었다고 생각하는 종목에 투자

일시적으로 저평가된 종목을 매수하는 것은 단기적으로는 수익을 낼 수 있으나 장기적으로는 불확실성이 크다. 저평가라는 개념 자체가 주관적일 뿐만 아니라 저평가 상태가 지속될 경우 정상적인 투자 기회를 놓칠 수 있어서다. 그리고 전업 투자자가 아니면 저평가 여부를 판단하기도 쉽지 않다. 전문 투자자조차도 어려운 영역이다. 흔히 저 PER과 저 PBR이 저평가 근거로 제시되지만 본질적으로 성장성이 낮다는 의미와 연결되는 경우가 많다. 우리나라가 PBR이 1배 수준이라 싸다고 하는 것은 어디까지나 현재 기준 판단이다. 투자는 현재의 가격이 아니라 미래의 성장성을 보고 해야 한다. 우리나라 기업의 미래 성장성이 어떠할 것 같다고 생각하는가가 투자 판단의 기준이 되어야 한다.

저평가된 종목에 투자하는 것에 대해 나는 이렇게 말하고 싶다. "투자는 불균형인 가격을 찾아내 수익을 창출하는 것이 아니라, 시간을 들여 성장의 과실을 취득하는 것이다." 물론 장기 투자라고 해서 세상의 변화에 둔감해서는 안 된다. 세상이 끊임없이 변함에 따라 투자자 역시 여기 맞춰 생각과 사고방식을 업데이트해야 한다. 이를 위해 꾸준한 독서가 필요하다. 다만 불변의 원칙과 시대 변화에 따라 유연하게 수정해야 할 관점을 구분하는 지혜가 필요하다.

## 06
# 선동에 의한 투자

주식 시장에는 언제나 선동가들이 존재해 왔다. 그들은 특정 종목이나 산업에 대한 과도한 기대를 감정적으로 부추긴다. 또한 이성보다 탐욕과 공포를 자극하는 방식으로 투자자들을 유인한다.

## (1) 선동이 쉽게 먹히는 이유

선동이 쉽게 먹히는 이유는 첫째, 선동은 논리가 아닌 감정에 호소한다. 둘째, 실제로 그들이 추천하는 종목이 단기적으로 급등하는 경우도 있기 때문이다. 선동가들이 부추긴 종목이 오르면 투자자들은 "그들의 말이 맞았다"며 착각에 빠지게 되고, 이는 뒤늦은 추격 매수로 이어진다. 그러나 시간이 지나서 보면 대부분 큰 손실로 마무리된다. 기업의 실적이나 펀더멘털이 뒷받침되지 않은 상승은 결국 무너지기 마련이다. 피해는 고스란히 개인 투자자의 몫이다. 물론 초기에 올라타고 남보다 먼저 빠져나와 수익을 실현하는 사람들도 있다. 그러나 투자자 전체로 보면 거의 전부가 커다란 손실을 입는다. 더 심각한 문제는 선동을 주도했던 사람들은 아무 일 없었다는 듯이 유유히 빠져나가고 피해는 몽땅 개인 투자자가 떠안는다는 것이다.

대표적인 사례가 2022~2023년에 있었던 2차전지 관련 종목이었다. 이들은 유튜브, 방송, 도서 등을 통해 강하게 추천되어 대중의 관심이 집중되었다. 특히 한 종목은 1년 만에 주가가 6배 정도 상승하며, 한때 코스닥 시총 1위에 도달하는 기록적인 급등을 보였다가 이후 70% 이상 하락했다. 또 다른 선동 종목은 '배터리 관련주'로, 약 19배 상승하여 시총 9조 원을 돌파했다. KOSPI 200 지수에 편입되기까지 했다가 지금은 상장 폐지 심사 대상이 될 만큼 추락했다. 이런 종목은 급등 뒤 급락하는 전형적인 패턴을 보인다. 선동에 의한 투자 후유증은 수많은 개인 투자자에게 손실로 남았다.

## (2) 선동은 왜 반복되는가?

선동이 먹히는 데는 인간의 보편적 심리가 크게 작용한다. 무엇보다 짧은 시간에 큰돈을 벌고 싶은 욕망과 탐욕이 주된 요인이다.

- FOMO(놓칠까 봐 불안한 심리): '지금 안 사면 늦는다'라는 조급함

- 확증 편향: 듣고 싶은 말만 듣고 불편한 사실은 무시

- 권위 맹신: '경력이 있는 전문가가 말하니 맞을 것이다'라는 맹신

- 집단행동 심리: 다수가 하면 옳다고 느끼는 편승 본능

위와 같은 심리는 개인의 이성을 마비시키고 펀더멘털이 아닌 군중의 감정에 의해 주가가 움직이는 왜곡된 시장을 만들어 낸다.

해외에서도 2021년 미국에서 게임스탑(Gamestop) 사태가 벌어졌다. 온라인 커뮤니티에서 조직된 개인 투자자들이 공매도 세력에 맞서 게임스탑 주가를 1500% 이상 끌어올린 사건이다. 이른바 '밈 주식' 열풍으로, 선동과 투기의 대표 사례로 꼽힌다. 결과적으로 후발 투자자들은 큰 손실을 입었다.

유사한 사례로 정치인 테마주에 대한 투기적 선동 투자가 있다. 선거 시즌마다 되풀이되는데, 특정 정치인과 연관성이 있다고 여겨지는 기업의 주가를 급등시키는 현상이다. 선거가 끝나면 대부분이 예외 없이 급락하며 본래의 가격 수준으로 되돌아간다. 투자자들은 결과를 알고도 투자에 뛰어드는 것으로 보인다. 남들보다 먼저 빠져나가면 된다는 생각을 하고서. 본질적으로 투자가 아니라 단기 차익을 노린 투기다. 결국엔 대가를 치를 가능성이 크다. 이런 투자는 한 번은 성공할 수 있을지 몰라도 반복해서는 결코 성공할 수 없으며, 투자자로서 반드시 경계해야 할 유혹 중 하나다.

선동에 의존하는 것은 절대 투자 전략이 아니다. 시장의 유행 뒤에는 어김없이 선동가가 존재한다. 감정에 휘둘리는 순간 먹잇감이 되고 만다. 투자는 본질적으로 논리에 기반하고 시간을 들여야 한

다. 시간의 경과에 따라 발생하는 변동성에서 휘둘리지 않을 수 있게 감정 관리가 중심이 되어야 한다.

## 07
# 순환매 투자와 가치주 투자

나는 2022년 회사를 옮기며 투자에 대해 한 가지 분명한 철학을 새로 정립했다. 바로 "미래 성장에 장기 투자하라"다. 이 철학의 핵심은 미래의 성장은 특정 산업이나 자산군에 균등하게 배분되지 않는다는 사실에 기반한다. 그 중심에 있는 산업이 테크 산업이라는 판단에서 출발한다. 다시 말해 성장은 평균적으로 오지 않으며, 집중되어 나타난다. 즉, 시장 전체에 대한 투자가 아니라 테크 기업과 관련된 산업이나 테마에 투자하는 것이다. 일반 제조업과 구분되는 테크 기업의 특징은 뒤에서 자세히 설명하겠다.

이 생각의 반대편에 있는 것이 전통적인 가치주 투자다. 가치 투자가 의미 없는 전략이라고 단정할 수는 없다. 다만 미래의 성장이 가치주에 있지 않다는 점은 분명하다. 가치 투자는 과거 제조업 중심 시대에 기업의 실적이 평균 밸류에이션에 회귀한다는 가정에 기반한 전략이었다. 당시에는 단기적인 저평가와 재무 안정성이 주가 회복을 이끌 수 있었다. 그러나 디지털 기술이 산업의 핵심이 되고 자본과 인재가 소수 기업에 집중되며 스케일이 성과를 좌우하게 된 오늘날의 시장에서는 평균회귀의 법칙이 제대로 작동하지 않는다.

마찬가지로 나는 순환매 투자 또한 지양해야 할 투자 방식이라고 본다. 시장에는 다수의, 자칭 전문가들이 여전히 주식 시장의 '균형적 성장'을 전제로 하여 섹터 로테이션, 가치주·성장주 전환, 경기순환주 중심의 전략을 권유한다. 이들은 시장이 고르게 움직인다는 전제를 바탕으로 특정 시점에 유리한 자산군을 선택해 수익을 추구하려고 한다. 경기순환주 투자는 결국 경기 흐름 예측과 타이밍 맞추기에 의존해야 한다. 이것이 바로 이 장에서 강조하는 절대 하지 말아야 할 두 가지, 즉 '예측'과 '시장 타이밍'에 해당한다.

경기 흐름에 대한 예측은 앞에서 IMF도 정확성에 대한 확률이 얼마나 낮은지를 보며 알아봤다. 즉 경기순환주 투자는 본질적으로 예측에 기반한 투자이며 결국 '타이밍 게임'에 불과하다. 그뿐만 아니라 경기 순환의 호황기 후반에는 이익이 최고 수준으로 증가하지만 PER은 낮아지고, 불황기 후반에는 이익이 급감해 PER이 높아지는 특성이 있다. 따라서 PER이 낮을 때 팔고 PER이 높을 때 사야 하는 기존 가치주 투자와는 다른 투자 기준을 적용해야 한다.

이런 전략도 단기적으로 한두 번은 맞을 수 있다. 하지만 장기적으로 보면 평균수익률을 오히려 훼손시키기 쉽다. 한 번의 실수가 이전의 수익을 모두 상쇄시킬 수 있다. 더욱 심각한 것은 다시 시장에 진입하지 못하게 만들어 좋은 투자 기회를 상실하는 것이다. 투자에서 가장 흔히 저지르는 실수이자 가장 회복하기 어려운 실패다.

투자는 본질적으로 수익을 얻기 위해 의도적으로 리스크를 감수(risk-taking)하는 행위다. 그러나 그 리스크가 무조건적이어서는 안 된다. 시간이 지날수록 수익 실현 가능성이 높아지는 구조적 리스크이어야 한다. 또 그것이 투자자가 심리적·재무적으로 감당 가능한 수준인지에 대한 이해가 선행되어야 한다. 좋은 투자는 단순한 위험 회피나 예측 게임이 아니라 기대 수익에 합당한 리스크를 이해하고 받아들이는 '적극적 행위'이어야 한다.

이런 관점에서 보면 순환매 전략은 본질적으로 약점을 안고 있다. 시장은 항상 균형적으로 움직이지 않음에도 투자자들은 경기 흐름을 예측하고, 특정 시점에 유리한 자산군으로 옮겨 가려 한다. 실제로 2021~2022년에 인플레이션과 금리 인상을 이유로 많은 이들이 가치주와 경기민감주 중심의 로테이션을 시도했지만, 2023년 다시 테크 중심의 성장주가 시장을 주도하면서 성과를 내지 못했다. 이런 전략은 '타이밍 게임'에 불과하며 장기적으로는 평균 수익률을 훼손한다.

비슷한 맥락에서 가치 투자의 한계도 분명하다. 오른쪽 그래프는 워런 버핏, S&P 500, 그리고 나스닥 100의 성과를 보여 준다. 워런 버핏은 전통적인 가치 투자의 대명사로 오랫동안 존경받았지만, 2000년대 이후 테크 기업 중심으로 재편된 시장에서는 상대적으로 낮은 성과를 보였다. 특히 과거 20년과 30년을 보면 나스닥 100의 성과가 워런 버핏의 포트폴리오보다 훨씬 높은 수익률을 기록했다.

전통적 가치 투자는 제조업 중심 시대에는 통했지만 자본과 인재가 소수의 테크 기업에 집중되고 스케일이 성과를 좌우하는 오늘날의 시장에서는 경쟁력을 상실한다는 사실을 보여 준다.

대표적인 테크 기업인 애플, 마이크로소프트, 엔비디아 같은 기업들은 기술 혁신을 통해 지속적인 성장을 이루었고, 여기 장기 투자한 투자자들은 충분한 보상을 받고 있다. 이는 미래 성장은 평균적으로 분산되지 않고 특정 산업과 기업에 집중된다는 사실을 증명한다.

내가 계속하여 주장하는 "미래 성장에 장기 투자하라"는 단순한 슬로건이 아니다. 세상의 변화, 시장의 본질, 리스크의 구조, 그리고 자본의 흐름을 이해한 데서 비롯된 철학이다. 순환매 투자나 가치주 전략은 시대가 변했음에도 과거의 성공 경험에 머무는 방식이다. 투자의 본질은 시간이 만들어 내는 복리 효과를 활용하는 데 있으며 그 시간은 성장 가능성이 가장 높은 영역에 집중되어야 한다.

지금까지 성공 투자를 가로막는 일곱 가지 함정을 살펴보았다.

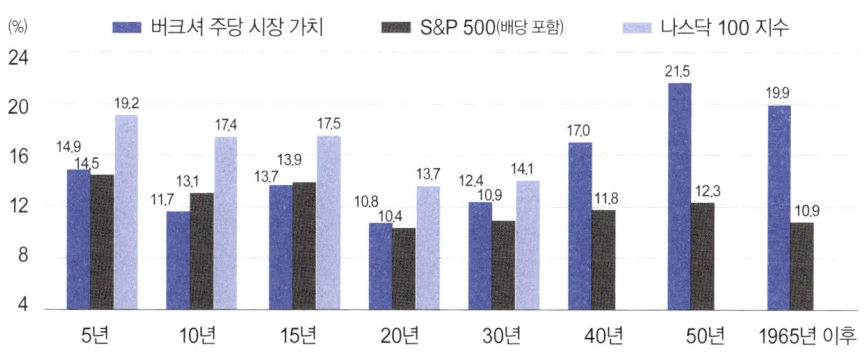

흥미로운 점은 이들이 낯선 전략이 아니라는 사실이다. 대부분의 투자자가 지금 이 순간에도 활용하고 있는 방식들이다. 내가 이런 전략들을 잘못된 함정이라고 말하여 기분이 상할 수도 있겠다. 이 전략들은 실제로 단기적으로는 성과를 내기도 한다. 그러나 이들의 공통된 한계는 분명하다. 투자의 판단이 '현재'에 맞춰져 있고, 매번의 거래가 독립적인 승부처럼 여겨진다는 점이다. 투자는 매번의 '승부'에서 이기기 위한 게임이 아니다. 투자 자금은 단발적 성과가 아니라 미래의 어느 시점에서 큰 수익을 만들기 위해 가장 효율적인 방법으로 활용되어야 할 소중한 자원이다. 매번의 매매에서 얻고 잃는 불확실한 전략에 머무르는 방법은 장기적 복리 효과를 스스로 훼손한다. 지속 가능한 투자, 장기적으로 복리를 키워 나가는 투자는 무엇일까? 답은 명확하다. 현재가 아닌 미래에 초점을 맞추는 것. 인류의 발전을 과거에서 현재로, 그리고 미래로 이끌어 갈 가장 중요한 동력인 테크 기업에 투자하는 것이다.

지금까지 여러분이 익숙하게 활용해 온 일곱 가지 함정을 극복해야만 여러분의 투자가 비로소 진정한 부의 축적의 길로 이어질 수 있다. 투자는 한두 번의 단기 성과가 아니라 '시간'과 '방향'이라는 두 축 위에서만 결실을 맺는다. 그렇다면 미래를 향한 올바른 방향, 즉 '기술에 투자한다'는 것은 구체적으로 무엇을 의미하며, 왜 그것이 장기적으로 가장 타당한 전략인가? 다음 장에서 이에 대한 답을 본격적으로 살펴보겠다.

5장

# 기술주에 투자하라

How to Invest

## 01
# 나의 투자 철학의 전환: 미래 성장에 장기 투자하라

투자는 숫자를 맞추는 계산 게임이 아니다. 미래를 내다보는 안목 게임이다. 나는 2022년 새 회사로 자리를 옮기던 시기에 그 사실을 다시금 절실히 깨달았다. 당시 인생의 새로운 전환점에서 나만의 투자 철학을 정립할 필요가 있었다. 결론은 단순하면서도 분명했다.

"미래 성장에 장기 투자하라."

나는 미래 성장을 '기술주(테크)'에서 보았다. 그리고 이 믿음은 지금까지 단 한 번도 흔들린 적이 없다.

- **제조업과 가치 투자에서 테크 투자로**

전통적인 제조업 투자나 가치 투자 방식을 부정하라는 뜻은 아니다. "제조업에 투자하지 마라", "가치 투자는 쓸모없다"라고 단정적으로 말하고 싶지 않다. 다만 세상은 언제나 그 시대를 이끄는 기술을 중심으로 움직여 왔고, 그 기술을 적용하는 기업들이 당대 최고의 부를 창출했다. 자본 시장에서 진정한 부를 쌓기 위해서는 결국 그 흐름을 따라야 한다.

2000년대 이후 세상은 제조업 중심에서 테크 시대로 본격적으로 전환되었고, 인터넷의 도입이 출발점이었다. 인터넷은 인류의 생활 방식을 근본적으로 바꾸었다. 그리고 스마트폰은 모든 산업의 디지털화를 촉발했다. 여기에 인공지능(AI)이 더해지면서 우리는 또 하나의 거대한 변곡점 앞에 서게 되었다. 인터넷과 AI는 이 시대를 지배하는 기술이고, 단순한 기술 혁신이 아니라 인간의 삶을 완전히 재편할 문명적 기술이 될 것이다. 머지않아 양자컴퓨터까지 우리 일상에 들어오면 변화의 속도는 상상을 넘어설 것이다.

### • 투자는 리스크를 감수하는 행위

투자는 본질적으로 수익을 얻기 위해 의도적으로 리스크를 감수하는 행위다. 따라서 리스크를 줄이는 데만 몰두하는 가치 투자보다는 미래 성장을 이끌 기업에 과감히 투자하고, 그 과정에서 동반되는 리스크를 받아들이는 것이 훨씬 더 합리적이다.

나는 이 철학을 한 문장으로 압축한다. "If you want wealth, take risks(부를 원한다면 리스크를 감수하라)."

이 철학은 특히 젊은 세대에게 중요하다. 그들은 '시간'이라는 가장 큰 자산을 가지고 있기 때문이다. 시간은 리스크를 분산시키고 기회를 극대화하는 힘이 있다. 젊을수록 더 많은 리스크를 지고, 더 큰 기회를 추구할 수 있는 이유가 여기 있다.

- **중요 전제: 리스크와 수익의 균형**

이때 중요한 전제가 기대 수익과 감당 가능한 리스크의 균형이다.

- 내가 감수할 만한 리스크에 상응하는 수익을 제공할 수 있는가?
- 지금 내가 감당할 수 있는 리스크의 수준은 어디까지인가?

이 두 질문에 답할 수 있어야 한다. 그러나 일반 투자자들이 직관적으로 이해하기 쉽지 않다.

- **리스크 테이킹 기반의 장기 투자**

내가 강조하고 싶은 것은 단순하다. 리스크를 피하는 것이 아니라 감당 가능한 수준의 리스크를 인식하고 받아들이자. 그 위에 세워진 철학이 바로 리스크 테이킹 기반의 '미래 성장에 장기 투자'다. 그리고 나는 미래 성장이 테크 기업에 있다고 확신한다. 오늘날 자본 시장에서 진정한 부를 만들어 낼 가장 현실적이고 효과적인 방법은 테크 기업에 장기 투자하는 것이다. 리스크와 기대 수익의 균형을 갖춘 현실적이고 최선의 투자 전략이지만, 투자 이후 상당한 변동성을 동반한다는 점을 반드시 이해하고 시작해야만 한다.

## 02
# 인류 역사와 기술 진보

인류의 발전은 기술의 발전과 함께해 왔다. 경제 성장은 언제나 기술 발전과 함께 이루어져 왔으며, 인간이 욕망을 가지고 있는 한 기술은 끊임없이 진보할 것이다. 기술이란 단순히 도구가 아니라 인간이 자연을 인간의 목적에 맞게 활용하여 새로운 가치를 창출하는 능력이다. 전기라는 현상은 자연에 존재하는 물리 현상이지만 그것을 다루는 법을 알았을 때 비로소 기술이 되었다. 이처럼 기술은 발전의 원동력이자 우리가 인류의 업적에 대한 자부심과 흥분을 느낄 수 있는 이유이기도 하다. 앞으로도 기술의 발전을 통해 경제는 성장하고 인류의 역사는 지속될 것이다. 인류가 기술을 통해 발전시켜 온 인류의 역사를 간략히 살펴보자.

## (1) 불의 발견: 생존에서 문명으로

인류 최초의 위대한 기술은 불의 발견에서 시작되었다. 불은 따뜻함이나 빛 외에도 음식을 익혀 먹을 수 있게 했다. 이로 인해 인류의 생존 방식이 근본적으로 바뀌었다. 조리된 음식은 소화에 필요한 에너지를 줄여 뇌를 비롯한 다른 신체기관에 더 많은 에너지를 공급했다. 불은 식재료에 포함된 병원균을 제거하여 인류는 더 건강하게 오래 살 수 있게 되었다. 이처럼 불의 발견은 단순한 생존 기술을 넘어 인류의 삶의 질과 생존력을 근본적으로 끌어올린 문명의 전환점이었다.

## (2) 농업혁명

불의 발견과 더불어 시작된 도구의 진화는 사냥과 채집 생활을 더욱 효율적으로 만들었고, 이를 기반으로 인간은 점차 정착으로 향하는 첫걸음을 내디뎠다. 그 결정적인 전환점이 농업혁명이다.

약 1만 년 전 인류는 자연에 의존하던 방식에서 벗어나 스스로 곡물을 재배하고 가축을 기르기 시작했다. 농업은 인간을 일정한 지역에 머물게 했다. 그 결과 마을이 형성되고 정착 생활이 가능해졌다. 안정적으로 식량을 확보하면서 인구가 급격히 늘어났다. 이는 다시 분업과 계층 분화를 촉진했다. 지도자 집단이 등장하고 집단 내부의 규율과 질서가 필요해지면서 '국가'의 초기 형태가 자리 잡았다. 이제 기술은 생존 도구를 넘어 조직화된 사회의 기반으로 작용했다.

농업과 함께 발전한 대표 기술이 관개 시스템이다. 비옥한 토지를 효과적으로 활용하기 위해 물을 끌어오는 이 기술은 고대 메소포타미아와 이집트 문명의 흥망성쇠에 직접적인 영향을 미쳤다. 기술이 인간으로 하여금 환경에 적응하는 수준을 넘어 자연을 극복하며 인류 문명의 성립과 발전을 뒷받침해 왔음을 보여 준다.

## (3) 문자의 발명

시간이 흐르면서 인류는 생존만 고민하지는 않게 되었다. 사회가 복잡해지고 공동체가 커질수록 지식과 경험을 기록하고 그것을 다음 세대와 널리 공유할 수 있는 수단이 필요해졌다. 그 해답으로 등장한 것이 문자다. 문자의 발명은 인간의 생각과 지식을 축적하고 전달할 수 있게 해 준 혁명적 사건이었다.

초기 문자는 소수 엘리트의 전유물이었다. 이를 근본적으로 바꾼 혁신이 인쇄술이다. 동아시아에서는 중국에서 목판 인쇄가 발달했고, 고려에서는 세계 최초로 금속활자가 만들어졌다. 인류사 전체를 바꾼 결정적 사건은 15세기 독일의 구텐베르크가 발명한 금속활자 인쇄술이었다. 그는 종이, 잉크, 금속활자를 결합해 책을 대량으로 생산할 수 있는 체계를 구축함으로써 지식 전달 방식을 송두리째 바꾸어 놓았다.

인쇄술의 확산은 단순한 기술 혁신에 그치지 않았다. 성경이 대량으로 보급되면서 종교개혁이 촉발되었고, 새로운 과학 지식이 빠르게 퍼지면서 과학혁명이 가속화되었다. 더 나아가 계몽주의 사상은 인쇄물을 통해 대중에게 전파되며 근대 사회의 토대를 마련했다. 책과 지식이 소수 지배층의 전유물이 아니라 일반 시민의 손에 들어가면서 기술은 인간의 정신적 성장과 사회적 변화를 동시에 이끌었다.

### (4) 기하학·천문학의 발달과 측정기구의 발명

위의 과정에서 또 하나 주목해야 할 사실은 측량과 지도 제작, 그리고 기하학과 천문학 관련 기술의 발전이다. 농업 생산이 늘어나며 상업과 무역이 확장되자 인류는 더 정확한 거리 계산과 공간 인식 능력이 필요해졌다. 이를 위해 별의 움직임을 관찰하고 해시계와 물시계 같은 시간 측정기구를 개발하면서 과학적 사고가 축적되었다. 이는 훗날 해양 항해술과 나침반, 그리고 천문 관측기구로 이어져 대항해시대와 세계화의 서막을 여는 기반이 되었다.

중세와 근세 초기에 등장한 기계식 시계, 망원경, 현미경 등 정밀 기계 기술은 인간이 감각으로 접근할 수 없는 시간과 공간의 세계를 탐구할 수 있게 했다. 이 모든 기술적 진보는 결국 인간의 인지 능력을 확장시키고 자연을 이해하고 제어하는 데 있어 점점 더 정교한 도구를 제공했다.

## (5) 근대 기술의 시작: 증기기관과 산업혁명

인류는 불의 발견을 시작으로 농업 기술, 문자와 활자, 측량과 항해 기술, 정밀 기계의 발명까지 연이어 기술 도약을 이루었다. 이러한 발전은 문명과 사상의 진보를 가능하게 만든 근본적인 힘이 되었다. 마침내 18세기 중엽에 인류는 증기기관 발명이라는 또 하나의 거대한 전환점을 맞이한다. 노동력과 자연의 힘에 의존하던 시대를 넘어서 기계 중심의 산업 사회로 나아가는 서막이다.

제임스 와트에 의해 실용화된 증기기관은 기존의 노동력과 자연력(바람, 물)을 대체할 수 있는 동력을 제공함으로써 인간의 생산 방식과 양식을 근본적으로 변화시켰다. 증기기관은 대량생산 체제를 가능하게 했고, 이는 산업혁명의 핵심 동력이 되었다. 공장 중심의 생산은 농촌 중심의 경제를 도시 중심으로 바꾸었다. 그 결과 대규모 도시화와 함께 새로운 사회 구조가 탄생했다. 또한 증기기관은 철도와 선박 등 교통수단의 혁신을 이끌어 공간의 제약을 극복하고 물류와 인구 이동을 가속화시켰다. 이로써 세계 경제의 연결성이 비약적으로 확대되었으며 인류는 처음으로 전 지구적 시장을 경험한다.

무엇보다도 중요한 점은 증기기관의 발명이 산업혁명을 촉발했다는 사실이다. 산업혁명은 생산력의 비약적 향상과 사회 구조의 대전환을 가져왔다. 근대적 자본주의 체제, 공업 중심의 경제, 도시 문명, 국제 무역 확대 등 오늘날 우리가 살아가는 현대 세계의 토대를 마련했다. 증기기관은 인간의 물리적 노동을 해방시켰을 뿐만 아니라 자본주의 경제와 근대 산업 사회의 기틀을 마련한 원동력이다.

## (6) 전기의 발명

증기기관이 인류를 기계 중심의 산업 사회로 이끌었다면, 19세기 후반 전기의 실용화는 또 한 번의 근본적인 전환을 가져왔다. 에디슨과 테슬라를 비롯한 수많은 과학자와 발명가들의 연구와 경쟁 속에서 전기는 인류 문명에 새로운 차원을 열었다.

전기는 단순 에너지원이 아니었다. 조명, 동력, 통신 등 다양한 영역에 빠르게 퍼지며 산업과 사회 전반의 구조를 바꾸었다. 청정하고 효율적인 전기는 다양한 기계와 장치를 안정적으로 구동시켜 생산성과 안전성을 획기적으로 향상시켰다. 무엇보다 전기의 등장은 인간의 생활 패턴을 송두리째 바꾸었다. 인류는 이제 어둠에 갇히지 않고 야간활동(invasion into the night)이 가능해졌다. 이는 노동 시간과 생활양식, 더 나아가 사회 리듬 전체를 재구성했다.

통신 기술의 발달 또한 전기 없이는 불가능했으며 전신, 전화, 라디오, 텔레비전 등 전기 기반의 정보 전달 수단은 세계를 실시간으로 연결하는 핵심 역할을 했다. 세계는 처음으로 하나의 동시적 공간으로 연결되었다. 이것이 국가 간 경제 활동, 정치, 문화 교류의 속도를 비약적으로 가속화시켰다. 전기는 단순한 동력 이상의, 인류를 정보화 사회로 이끄는 기반이자 현대 문명의 필수 인프라였다. 오늘날 반도체, 인터넷, 인공지능(AI) 등 우리의 삶을 지탱하는 핵심 기술 모두가 전기의 토대 위에서만 존재할 수 있다.

## (7) 원자력의 발명

20세기 중반, 전기에 이어 인류가 손에 넣은 또 하나의 강력한 에너지원은 원자력이었다. 극히 소량의 연료로 막대한 에너지를 생산할 수 있는 효율성과, 낮은 탄소 배출이라는 장점을 바탕으로 한 원자력은 전력 생산의 핵심 축으로 자리 잡았고 인류의 삶의 질 향상에 크게 기여했다. 불의 발견이 생존을 가능하게 했고, 증기기관이 산업혁명을 열었으며, 전기가 정보화 사회의 기초가 되었듯 원자력은 현대 문명의 새로운 성장 동력이 되었다.

원자력은 찬란한 효용성과 함께 위험성을 내포한다. 불이 화재를 일으키고 증기기관이 폭발을 불러왔던 것처럼 원자력 역시 체르노빌과 후쿠시마와 같은 사고를 통해 방사능 위험의 어두운 상흔을 남겼다. 그러나 동시에 관리 가능한 기술로 꾸준히 발전해 왔으며, 오늘날에도 여러 국가가 여전히 필수 에너지원으로 활용하고 있다. 특히 디지털 시대와 AI 혁명은 막대한 전력 수요를 동반한다. 데이터센터, 슈퍼컴퓨터, AI 모델의 훈련과 활용은 모두 전기 기반이다. 앞으로 전력 소비는 기하급수적으로 늘 것이다. 이런 상황에서 원자력은 인류가 확보한 가장 효율적이고 현실적인 에너지 중 하나다.

원자력을 위험하다고 회피할 것이 아니라 사용은 하되 위험성을 줄이고 안전성을 높이는 기술 개발을 지속해야겠다. 인류의 역사가 곧 에너지 확보를 둘러싼 투쟁의 역사였듯 에너지 기술의 진보 없이는 문명의 진보도 불가능하다. 원자력은 그 연속선 위에서 계속하여 중요한 역할을 맡고 있다.

### (8) 인터넷과 디지털 혁명

20세기 후반 컴퓨터와 인터넷의 등장은 인류를 디지털 시대로 이끌었다. 컴퓨터는 연산 능력을 폭발적으로 확장시켰고, 인터넷은 인류를 하나의 네트워크로 연결했다. 단순한 생산성 향상을 넘어 경제와 사회와 문화 전반을 재편하며 새로운 문명을 창조했다. 인터넷에 의한 디지털 혁명과 AI는 별도의 장에서 다룬다.

### (9) 인공지능(AI): 또 다른 문명의 재편 기술

21세기 들어 인공지능은 단순히 정보를 처리하는 수준을 넘어 인간의 인지적 노동을 대체하고 확장하는 단계로 진화했다. AI는 검색, 번역, 이미지 생성, 자율주행 등 생활 전반에 스며들고 있다. 앞으로 인간의 사고와 사회 시스템을 근본적으로 바꾸는 문명적 기술로 자리 잡을 것이다.

 인류 역사 발전의 궤적을 되돌아보면 하나의 분명한 사실이 드러난다. 새로운 기술이 등장할 때마다 그것을 먼저 받아들이고 활용한 계급, 집단, 산업이 당시의 권력과 부를 독점해 왔다는 점이다. 기술은 단순한 도구가 아니라 문명 성장의 엔진이자 부의 창출의 새로운 메커니즘이었다. 증기기관을 활용한 공장과 철도 기업이 산업혁명의 승자가 되었고, 전기의 상용화를 이끈 전기 및 통신 기업이 근대의 부를 지배했다. 인터넷과 디지털 혁명 속에서 가장 큰 가치를 창출한 기업들 역시 새로운 기술을 누구보다 먼저 적용한 기업들이었다. 지금 이 시대에 디지털 기술과 인공지능(AI)은 과거의 증기기관, 전기, 인터넷이 그랬듯이 또 하나의 거대한 부의 전환점을 만들어 내고 있다. 결론은 분명하다. 인류 역사상 가장 큰 부와 성장은 언제나 새로운 기술을 적용하고 도입한 기업들에게 돌아갔다. 오늘날에는 그 역할을 디지털과 AI 기업들이 차지하고 있다.

## 03
# 디지털 시대와 테크 기업

## (1) 디지털 시대의 개막

인류 문명의 진보는 언제나 새로운 에너지와 기술의 발명에서 비롯되었다. 불의 발견이 생존을 가능하게 했고 농업혁명은 정착 생활과 사회의 기초를 마련했다. 증기기관의 발명은 산업혁명을 이끌며 대량생산 체제를 가능하게 만들었고 전기는 인간 활동의 시간과 공간을 확장하며 정보화 사회의 기반을 닦았다. 20세기 중반의 원자력은 효율성과 잠재적 위험을 동시에 지닌 에너지원으로 현대 문명의 새로운 성장 동력이 되었다.

전기의 발명 이후 인류의 삶에 가장 큰 영향을 미친 사건은 단연 인터넷의 등장이었다. 1990년대 PC를 통해 보급된 인터넷은 정

**기술 진보에 따른 세상의 변화**

보 전달 방식의 혁신적 전환과 새로운 산업의 개막을 이끌었다. 이어 2000년대 초반에 접어들면서 인터넷을 기반으로 한 비즈니스가 본격적으로 성장했다. 이에 세계 경제의 중심은 제조업에서 테크 기업으로 이동하기 시작했다. 아마존은 전자상거래의 가능성을 현실로 만들었고 구글은 검색과 광고 플랫폼을 통해 정보 활용의 방식을 완전히 바꾸었다. 야후와 이베이 역시 각각 포털 서비스와 온라인 경매를 통해 새로운 인터넷 비즈니스 모델을 개척했다. 이처럼 2000년대 초반의 인터넷 기업들은 테크 시대의 본격적인 개막을 이끌었다.

2007년 이후 스마트폰 등장은 또 한 번의 결정적 전환점이 되었다. 스마트폰은 인터넷을 손안으로 가져와 누구나 언제 어디서나 인터넷에 연결될 수 있는 시대, 즉 '디지털 시대'를 열었다. 이제 인터넷은 인간의 일상, 사회적 관계, 산업과 경제 구조 전반을 지탱하는 새로운 인프라로 완전히 자리 잡았다. 현재의 우리는 스마트폰 없이는 하루도 살아가기 힘든 세상에 살고 있다. 그만큼 디지털 기술은 인간 문명의 기반이 되었다.

정리하면 '인터넷은 테크 시대의 문을 연 기술'이었고, '스마트폰은 그 시대를 디지털 문명으로 정착'시킨 결정적 매개체였다. 불과 20여 년 전만 해도 상상하기 어려운 변화다. 불, 증기기관, 전기, 원자력에 이어 인류 문명을 다음 단계로 끌어올린 또 하나의 거대한 도약이었다.

### (2) 제조업 vs 테크 기업

제조업이 매출을 늘리기 위해서는 반드시 물리적 자본이 필요하다. 공장을 짓고 설비를 확충해야 하며 원재료를 구매해 제품을 생산하고 판매해야 비로소 매출이 발생한다. 매출 성장과 이익 창출은 늘 '투입 자본의 크기'와 밀접하게 연결되어 있다. 이로 인해 매출과 이익이 늘더라도 1차 함수적(산술급수적) 성장에 머물고 만다.

테크 기업은 성격이 다르다. 매출을 늘리는 데 필요한 핵심 자산은 아이디어(사람), 컴퓨터, 전기 세 가지다. 물리적 설비와 원재료라는 한계에서 벗어나 지적 자본과 디지털 인프라만으로 성장을 이끌 수 있다. 일단 소프트웨어, 반도체, 플랫폼 같은 기술적 성과물이 만들어지면 추가적인 생산비용은 규모 확대와 무관하게 상대적으로 낮다. 사용자가 늘어날수록 수익이 기하급수적으로 증가하는 네트워크 효과까지 더해져, 테크 기업의 수익 창출 구조는 2차 함수적(기하급수적) 성장을 보임으로써 마진율에서 차이가 극명하게 드러난다.

물론 세상의 모든 기업이 제조업 아니면 테크 기업으로 단순 구분되지는 않는다. 예를 들어 포스코나 하인즈 같은 기업은 원재료와 물리적 설비에 크게 의존하는 전형적인 제조업 기업이다. 반면 엔비디아, 애플 같은 기업은 기술 집약적 성격이 강한 전형적 테크 기업이다. 그 외의 대부분은 제조 기업과 테크 기업 스펙트럼 상 어딘가에 위치한다.

　오늘날 트럼프 미국 대통령은 관세 부과를 내세워 해외 기업에게 미국에 공장을 세우도록 압박하고 있다. 트럼프가 강조하는 미국 내 제조업 강화는 정치적·지정학적·전략적 차원의 조치일 뿐, 경제 구조의 중심축이 테크 기업에서 제조업으로 회귀한다는 의미는 아니다. 이 조치의 목적은 첫째, 중국 견제 효과다. 현재 세계 제조업 강국은 단연 중국이다. 미국이 자국 내 제조업 투자를 장려하고 해외 기업의 생산 기지를 미국으로 불러들이는 것은 공급망에서 중국 의존도를 줄이고 경제적·전략적 위험을 완화하려는 의도가 크다. 둘째, 경제 안보 강화다. 반도체, 배터리, 방위 산업 등 국가 안보와 직결되는 전략 품목을 해외에만 의존하는 것은 리스크가 크다. 미국은 제조업의 '리쇼어링(reshoring)'을 통해 국가 안보와 산업 기반을 지키려고 한다. 실제로 미국 기업들의 수익과 성장 동력을 이끄는 주체는 여전히 애플, 마이크로소프트, 엔비디아, 아마존 같은 테크 기업들이다. 제조업 재조정은 보완적 조치일 뿐, '테크 시대'라는 구조적 흐름은 흔들지 않는다.

## (3) 우리 삶 속 테크 기업

우리 생활과 인터넷이 얼마나 긴밀하게 연결되어 있는지는 스마트폰 화면만 보아도 알 수 있다. 대체로 가장 많이 사용하는 앱이 첫 화면에 배치되고 사용자의 필요에 따라 다운로드한 앱들은 중요도에 따라 뒤쪽 화면으로 배치된다. 여러분의 스마트폰 첫 화면에는 어떤 앱들이 자리 잡고 있는가? 한국인이라면 네이버, 카카오, 증권사 앱, 은행 앱이 있을 가능성이 크다. 여기에 취향과 생활 패턴에 따라 유튜브, 구글 크롬, 인스타그램, 페이스북, 애플의 앱스토어, 챗GPT 같은 글로벌 플랫폼 앱들이 있을 것이다.

한국에만 국한되지 않는다. 국가별로 현지 생활에 꼭 필요한 로컬 앱(예: 중국의 위챗, 일본의 라인, 동남아의 그랩 등)은 다르지만, 전 세계 공통으로 가장 많이 사용되는 앱들은 거의 미국 중심의 빅테크 기업들이 제공하는 서비스다. 아마존의 경우 앱 사용보다는 브라우저 접속이 더 많지만 그 역시 생활 필수 플랫폼으로 자리 잡았다.

결국 전 세계인의 스마트폰 첫 화면에는 (지역별 특수성을 제외하면) 구글, 메타, 애플, 아마존, 마이크로소프트 같은 미국 빅테크 기업들의 서비스가 있다. 이는 단순한 생활 편의를 넘어 현대 자본주의의 핵심 동력이 이들 빅테크 기업에 의해 움직이고 있음을 여실히 증명한다. 다시 말해 빅테크 기업들은 이미 각국 정부나 전통 제조 기업을 뛰어넘어, 우리 일상과 경제 구조를 지배하는 '현대 자본주의의 실질적 지배자'가 되었다.

## (4) 혁신 기술과 빅테크의 자본력

세상을 주도 중인 테크 기업들의 지배가 언제까지일지는 모르지만 당분간 유지될 가능성이 크다. 왜일까?

AI가 처음으로 우리나라 대중에게 충격을 안긴 사건은 알파고였다. 인공지능이 인간과 맞붙은 분야로 바둑이 선택된 이유는 단순하다. 바둑은 인간이 즐기는 게임 중에서도 경우의 수와 전략의 복잡성이 가장 높은 게임이기 때문이다. 누구도 인공지능이 단기간에 바둑에서 인간을 능가하리라고 예상하지 못했다. 그래서 알파고의 승리에 전 세계가 크게 놀랐다. 그러나 이 혁신적 기술이 실제로 수익을 창출할 수 있는 비즈니스로 발전하기 위해서는 막대한 자본이 필요했다.

알파고를 선보인 당시에 딥마인드(DeepMind)는 영국 기업이었다. 이후 알파고를 비즈니스로 구체화하기까지 추가로 수조 원대의 투자가 필요했다. 영국 기업들 가운데는 이를 감당할 여력이 있는 기업이 없었다. 결국 거대 자본을 투입할 수 있는 빅테크 기업인 구글이 딥마인드를 인수했다. 최근 몇 년 사이 일상 가장 깊숙이 파고든 혁신적인 앱은 ChatGPT다. 이를 개발한 오픈AI는 독립 스타트업이지만 뒤에는 마이크로소프트라는 빅테크 기업의 대규모 투자와 인프라 지원이 있었다. 중국의 딥시크 역시 마찬가지다. 한 천재적 개인의 성과라기보다는 정부 차원의 지원과 엔비디아 칩을 대량으로 확보해 활용한 결과라고 보는 쪽이 더 타당하다.

이 사례들은 하나의 공통된 사실을 말해 준다. 혁신 기술은 아이디어만으로 완성되지 않는다. 그것이 시장에서 성과를 내기 위해서는 천문학적인 투자와 글로벌 인프라가 필요하며, 이 역할을 감당할 수 있는 주체는 빅테크 기업뿐이다.

## (5) M7 시대

- **애플(Apple)**

세상은 언제부터 디지털화되었을까? 나는 진정한 의미에서의 디지털 시대는 2007년에 애플이 스마트폰인 아이폰을 세상에 내놓으면서부터라고 생각한다. 스마트폰의 탄생으로 '누구든 언제 어디서나 인터넷에 접속할 수 있는 세상'이 되었다. 이 순간이야말로 오늘날 우리가 살아가는 디지털 세상의 본격적인 개막이었다.

아이폰은 전화기를 한순간에 손안의 컴퓨터로 바꾸어 놓았다. 스마트폰은 물건을 사고, 이메일을 확인하고, 지도를 보고 길을 찾고, 사진을 찍고 바로 공유하는 등의 다양한 역할을 하는, 우리의 일상 전체를 지배하는 삶의 필수 도구로 전환되었나. 알람이 울리며 침대에서 일어나는 것부터 금융 거래, 주식 투자, 쇼핑, 택시 호출, 음식 배달, 건강 관리까지 우리 생활 대부분이 스마트폰을 통해 이루어진다. 친구와의 소통, 업무, 여가, 심지어 사랑 표현까지도 스마트폰이 매개한다. 스마트폰 없이는 단 하루도 생활하기 어려운 시대다. 스마트폰은 현대인의 삶을 좌우하는, 없어서는 안 될 생활의 중심축이다.

아이폰의 등장은 세상의 작동 방식을 근본적으로 바꾼 문명사적 전환이었다. 동시에 애플의 대단함은 아이폰을 통해 새로운 비즈니스 생태계라는 또 하나의 혁신을 열었다. 이 생태계에서는 누구나 앱을 만들어 그것을 전 세계에 제공함으로써 비즈니스를 영위할 수 있다. 여기서 발생하는 수익은 일정 비율로 애플과 나눈다.

대표 사례가 구글이다. 2023년 구글은 자사의 검색 엔진을 아이폰 기본 검색창으로 유지하기 위해 애플에 약 200억 달러(한화 약 26조 원)를 지불했을 것으로 업계는 추정한다. 양사가 공식적으로 금액을 밝히지 않았지만 애플이 만들어 낸 디지털 생태계의 영향력이 얼마나 막강한지를 단적으로 보여 주는 대목이다.

애플은 디지털 시대를 연 개막자이며, 기술 혁신과 비즈니스 모델 혁신을 동시에 달성한 드문 기업이다. 하드웨어와 소프트웨어 플랫폼을 유기적으로 결합시켜 인류의 생활 방식을 바꿔 놓은 혁신의 상징이다. 그렇기에 애플은 지금까지 글로벌 시가총액 1~2위를 다투며 세상을 움직이는 가장 강력한 기업으로 자리하고 있다.

- **엔비디아(NVIDIA)**

현재의 최첨단 기술은 단연 AI(인공지능)다. 불과 1~2년 전까지만 해도 성과도 없는데 투자 과열 아니냐는 의구심이 있었지만, 더 이상 그 누구도 AI의 가치를 의심하지 않는다. AI는 이미 검색, 번역, 추천 시스템 등 일상 곳곳에 스며들어 있다. 앞으로 인간의 사고와 노동, 나아가 사회와 경제 구조 자체를 근본적으로 바꿔 나갈 기술로 자리매김 중이다.

이 거대한 변화를 가능하게 하는 핵심 부품이 GPU(그래픽 처리 장치)다. AI가 방대한 데이터를 학습하고 추론하기 위해서는 초고속 병렬 연산 능력이 필요한데, 이를 담당하는 엔진이 GPU다. 이 시장에서 엔비디아는 사실상 독점적 지위를 확보하고 있다. AMD나 인텔 등도 GPU를 생산하고 성능을 개선하고 있지만, 우수한 칩을 만드는 것만으로는 엔비디아를 뛰어넘기 어렵다. 왜냐하면 엔비디아는 하드웨어를 넘어 전 세계 연구자들과 기업들이 사용하는 CUDA 기반의 AI 개발 생태계를 구축해 두었기 때문이다. 이 생태계는 기술 우위 이상의, 강력한 진입 장벽이 되어 엔비디아의 지배력을 더욱 공고히 하고 있다.

앞으로 AI는 자율주행, 로봇, 헬스케어, 금융, 교육 등 거의 모든 산업으로 확산될 전망이다. 그만큼 GPU 수요는 기하급수적으로 늘 수밖에 없다. 이 거대한 미래의 수요를 사실상 엔비디아가 장악하고 있다. 결론적으로 엔비디아는 단순 반도체 제조업체가 아니라, AI 시대라는 거대한 패러다임 전환의 주역이자 핵심 인프라 기업이다. 엔비디아가 글로벌 시가총액 1~2위를 오르내리며 세상을 움직이는 가장 영향력 있는 기업 중 하나인 것은 당연하다.

- **마이크로소프트(MS)**

스마트폰이 보편화되기 전에 사람들은 주로 PC를 통해 인터넷에 접속했다. 그 PC 시대의 절대 제왕이 MS(마이크로소프트)였다. 윈도우 운영 체제와 오피스 소프트웨어는 전 세계 컴퓨터 사용 환경의 표준이 되었고, 이 기반 위에서 마이크로소프트는 수십 년간 안정적인 수익을 창출해 내며 글로벌 IT 기업의 최상위권을 지켜 왔다.

마이크로소프트는 소프트웨어 기업에만 머무르지 않는다. 오히려 클라우드와 AI라는 미래 성장 동력을 선점하며 또 한 번의 도약을 이끌고 있다. 대표적인 예가 애저(Azure)다. 애저는 AWS(Amazon Web Services, 아마존 웹서비스)와 함께 글로벌 클라우드 시장을 양분하여 기업들의 핵심 인프라로 자리 잡았다.

마이크로소프트는 AI 시대의 선두주자이기도 하다. 우리가 너무나 잘 알고 있는 ChatGPT를 만든 오픈AI의 최대 투자자다. 마이크로소프트는 투자 차원을 넘어 오픈AI의 기술을 자사 제품군 전반에 통합하고 있다. 이는 단순히 신기술 도입이 아니라 수십억 명의 자사 프로그램 이용자 기반에 AI를 곧바로 확산시킬 수 있는 압도적인 네트워크 효과를 의미한다.

마이크로소프트는 과거 PC 시대를 지배한 소프트웨어 제국에서 클라우드와 AI 시대를 선도하는 인프라 기업으로의 변신에 성공했다. 덕분에 오늘날에도 미국 주식 시장 시가총액 5위권 안에 안정적으로 자리 잡았다. 과거의 영광이 아닌 미래 성장의 확실성을 기반으로 한 기업 가치를 인정받고 있다.

• **구글**(Google)

오늘날 인터넷을 통해 개인이 접근할 수 있는 정보의 양은 인터넷 이전 시대에 한 국가가 보유했던 정보량에 맞먹는다고 한다. 우리는 이미 일상의 매 순간에서 인터넷을 통해 정보를 검색하고 지식을 확장하면서 삶을 영위한다. 이 정보의 관문(gateway) 역할을 전 세계에서 가장 강력하게 수행한 기업이 구글(알파벳)이다.

구글은 방대한 데이터를 수집, 관리, 분석하는 플랫폼 기업으로 인류의 정보 접근 방식을 근본적으로 바꿔 놓았다. 전 세계 인터넷 사용자의 90% 이상이 구글 검색을 통해 정보를 찾는다. 이 과정에서 쌓인 데이터는 구글이 광고 시장을 지배하는 원천이 된다. 구글은 광고 수익을 통해 막대한 현금을 창출하는 동시에 유튜브, 안드로이드, 지메일 등 다양한 서비스로 생태계를 확장하면서 이미 우리 일상 속 디지털 생활 인프라가 되었다. 구글 역시 AI 시대의 핵심 주자라는 점에 주목해야 한다. 구글은 일찍이 딥마인드를 인수해 인공지능 연구를 선도했다. 최근에는 제미나이(Gemini)라는 생성형 AI 모델을 통해 마이크로소프트의 오픈AI와 정면 승부를 벌이는 중이다.

결론적으로 구글은 검색이라는 정보의 관문을 장악하고, 광고를 통해 안정적인 수익을 창출하며, 동시에 AI라는 미래 성장 동력에 막대한 투자를 하고 있는 기업이다. 현재 미국 주식 시장 시가총액 상위 5위 안에 자리한다.

- **아마존(Amazon)**

인터넷상에서 발생하는 방대한 데이터를 저장, 보관, 관리하는 핵심 인프라는 클라우드다. 우리가 사용하는 수많은 앱과 온라인 서비스 뒤에는 방대한 클라우드 서버가 존재한다. 이를 가장 체계적으로 운영하는 기업이 아마존이다. 아마존의 클라우드 서비스인 AWS(아마존 웹서비스)는 전 세계 수많은 기업과 기관의 디지털 운영을 뒷받침하면서 막대한 수익을 창출하고 있다. 실제로 AWS가 벌어들이는 영업이익은 아마존 전체 수익의 절반 이상을 차지한다.

아마존의 강점은 클라우드에만 있지 않다. 아마존은 인터넷 시대의 대표 기업으로서 온라인 쇼핑 전자상거래를 통해 소비자들의 구매 방식을 완전히 바꾸었다. 동시에 인터넷 기업임에도 인간의 가장 원초적인 노동인 물류 배송 시스템까지 과학적으로 혁신했다. 첨단 자동화 창고, 로봇 물류, 드론 배송 등은 아마존이 단순한 쇼핑몰이 아닌 글로벌 공급망 혁신 기업임을 증명한다.

현재 아마존은 한쪽으로는 클라우드(AWS)라는 디지털 시대의 핵심 인프라를, 다른 한쪽으로는 이커머스와 물류라는 현실 세계 기반의 서비스를 동시에 장악하고 있다. 그래서 전자상거래 기업을 넘어 디지털과 물리적 세계를 아우르는 하이브리드 혁신 기업으로 자리매김하며 오늘날 미국 주식 시장 시가총액 5위권에 속한다.

- **메타**(Meta)

인간은 본질적으로 사회적 동물이라 다른 사람과의 교류가 필요하다. 과거에는 직접 만나거나 편지를 주고받았다. 요즘은 SNS라는 온라인 공간에서 소통한다. 이 거대한 네트워크의 중심에 있는 기업이 메타다. 메타는 페이스북과 인스타그램을 통해 전 세계 최대 소셜 플랫폼을 운영하며, 동시에 왓츠앱 메신저를 글로벌 비즈니스 플랫폼으로 확장하고 있다. 이를 대화 앱이 아니라 결제 상거래 고객 서비스까지 통합한 슈퍼 앱으로 진화시키려는 게 메타의 계획이다.

최근 메타는 AI 인재 확보를 위해 막대한 자금을 투자하고 있다. 이는 연구·개발 차원을 넘어 광고, 콘텐츠 추천, 검색, 커머스, 챗

봇 등 자사 플랫폼 전반에 AI를 심기 위한 전략이다. 메타는 자체 LLM(Large Language Model, 대규모 언어 모델)인 LLaMA(라마)를 개발하여 공개했고, 이를 기반으로 SNS 플랫폼 내 대화형 AI와 광고 최적화 서비스를 강화하고 있다. AI는 메타가 보유한 세계 최대 소셜 네트워크 데이터를 기반으로 개인화 서비스와 수익 모델을 극대화하는 핵심 도구가 되고 있다.

메타의 행보는 과거의 SNS 기업을 넘어 AI 데이터 플랫폼이 융합된 미래형 테크 기업으로 도약하려는 시도로 볼 수 있다. 미국 주식 시장 시총 6위권에 올라 있다.

- **테슬라**(Tesla)

제조업 시대의 상징이자 우리가 살고 있는 시대의 가장 큰 산업인 자동차 산업의 패러다임을 근본적으로 바꾼 기업이 테슬라다. 내연기관 중심의 100년 역사를 단숨에 뒤흔들며 전기차 대중화를 이끌고 있다.

테슬라는 전기차 제조사에 머물지 않는다. 그들이 수행하는 모든 혁신의 핵심은 완전 자율주행(FSD, Full Self-Driving)이다. 전 세계 수백만 대의 테슬라 차량이 수집·학습하는 데이터는 테슬라를 AI 기반 이동 서비스 플랫폼으로 발전시키고 있다. 장차 로보택시 네트워크로 진화해 새로운 서비스 매출을 창출할 계획이다. 또한 자율주행 기술을 로보틱스와 연결해 휴머노이드 로봇 '옵티머스(Optimus)' 개발에 나섰다. 자율주행차가 '도로 위의 로봇'이라면 옵티머스는 '산업과 가정의 로봇'으로 더욱 확장된 개념이다. 여기에 배터리, 에너지 저장 장치, 태양광 발전까지 결합해 자율주행 네트워크를 뒷받침할 지속 가능한 에너지 인프라까지 구축하고 있다.

테슬라는 자동차를 넘어 '모빌리티', '로보틱스', '에너지'가 유기적으로 연결된 미래 산업을 설계하는 기업이다. 이러한 비전과 혁신 덕분에 글로벌 시가총액 7위권에 올라 있다.

지금까지 살펴본 엔비디아, 마이크로소프트, 구글(알파벳), 아마존, 메타, 애플, 테슬라 7개 기업은 '매그니피센트 7(Magnificent 7, M7)'이라 불린다. 이들은 전 세계 기술 산업과 소비 패턴을 주도하는 핵심 집단이다. 단지 돈을 많이 버는 테크 기업이 아니다. 우리 생활 깊숙이 들어와 인터넷, 스마트폰, 클라우드, 전기차, 자율주행, 로보틱스 등 생활과 산업의 구조를 바꾸는 혁신을 만들고 있다. 특히 오늘날의 가장 첨단 기술인 AI(인공지능)를 뒷받침하는 인프라를 제공하고, 동시에 AI를 최전선에 적용해 새로운 비즈니스를 발전시키고 있다.

앞으로 세상이 어떤 방향으로 변하든 그 변화의 한복판에는 M7이 있을 것이다. 변화를 따라가는 존재가 아니라, 변화를 설계하고 주도하는 기업들이기 때문이다. 바로 이 지점에서 M7은 AI 시대에 인류의 미래를 함께 만들어 가는 핵심 성장 동력으로 평가된다. 결론적으로 빅테크 기업들에 대한 투자가 여러분의 투자 포트폴리오에 필수로 자리 잡아야 한다.

## (6) 빅테크 M7 투자 전략: 미래 성장에 장기 투자하라

내가 강조해 온 투자 철학의 핵심은 단순하다. "미래 성장에 장기 투자하라", 그리고 "미래 성장은 테크 기업에 있다". 이 두 가지 명제를 가장 잘 증명하는 존재가 오늘날의 빅테크 기업들, 즉 매그니피센트 7(M7)이다. 엔비디아, 애플, 마이크로소프트, 구글, 아마존, 메타, 테슬라가 여기 속한다. 시가총액이 크다는 이유만으로 주목받는 게 아니다. 앞서 살펴봤듯이 디지털 시대를 이끌어 온 플랫폼 기업이라서다. 또 AI, 클라우드, 스마트폰, 전기차 및 자율주행, 로보틱스 등 세상의 패러다임을 바꾸는 혁신을 이끌어서다. 논리적으로 볼 때 미래 성장을 담보할 가장 확실한 조건을 갖춘 투자처라 할 수 있다.

- **개별 투자보다 M7 전체에 투자하라**

투자에 있어 나는 개별 투자보다 M7 전체에 투자하라고 말한다. 물론 개별 기업에 투자하면 더 큰 수익을 얻을 수도 있다. 동시에 해당 기업의 리스크도 고스란히 감당해야 한다. 진짜 문제는 시간의 흐름에 따른 변동성이다. 애플의 MDD(최대낙폭) 사례에서 보았듯, 우량 기업이라고 해도 투자자들은 단기 조정기 때 감정적으로 흔들려 매도하기 쉽다. 따라서 나는 M7 전체에 분산투자하는 것이 제일 합리적이라고 본다. 개별 기업 리스크를 줄이면서도 장기적으로는 테크 산업 성장의 과실을 고스란히 담을 수 있기 때문이다.

ACE 미국빅테크TOP7 Plus(465580, 앞으로는 'ACE빅테크TOP7'으로 호칭)는 이 철학을 바탕으로 만든 상품이다. 나는 이 ETF 상품을 직접 개발해 상장시켰다. 포트폴리오 구성은 다음과 같다.

- 시총 1~5위(엔비디아·애플·MS·구글·아마존): 각 15%
- 시총 6~7위(메타·테슬라): 각 10%
- 시총 8~10위: 합산 5%(ETF 규정상 최소 10종목 이상 편입 필요)

2023년 9월 15일 상장 이후 ACE빅테크TOP7은 2025년 8월 중순 기준 약 100%의 수익률을 기록 중이다.

하지만 많은 투자자들은 2025년 초 중국 시장이 오르자 중국으로 향했고, 2025년 2분기 이후 한국 시장이 강세를 보이자 다시 한국으로 몰렸다. 이런 과정에서 ACE빅테크TOP7에 꾸준히 투자하던 투자자들은 때때로 소외감을 느꼈을지도 모른다. 그러나 지금 되돌아보면 단기 유행을 좇아 이동했던 투자자들이 거둔 성과는 무엇을 선택했느냐에 따라 클 수도 있고 그렇지 않을 수도 있다. 반면 미국 빅테크 중심의 시장은 신고가를 경신하며 장기 상승 흐름을 이어 나가고 있다.

이 차이는 현재의 흐름에만 매달린 투자와 미래의 성장을 바라보며 장기적으로 투자한 결과의 차이다. 나는 늘 강조해 왔다. "투자는 현재가 아니라 미래를 보고 해야 한다." 물론 타이밍이 완벽했다면 먼저 중국에 투자해 상승 시 매도하고, 다시 한국에서 수익을 낸 뒤, 미국 빅테크로 돌아오면 단순 장기 투자보다 더 높은 성과를 얻는다. 그러나 운에 의존하는 투자는 도박과 다르지 않다. 단기 투자에서 몇 번의 성공은 근거 없는 자신감만 부추겨 잘못된 습관을 만들고, 이 습관은 장기적으로 실패로 귀결될 가능성이 높다. 나는 이렇게 말해 주고 싶다. "내 돈은 반드시 성공하는 방법으로 투자해야 한다." 나는 단호하게 말한다. 진정한 성공 투자의 길은 순간순간의 이익 실현에 있는 것이 아니라 "미래 성장에 장기 투자하는 것", 그 이상도 이하도 아니다.

- **다른 빅테크 ETF와 환헤지 문제**

국내에는 KODEX, TIGER, SOL 등의 빅테크 ETF 상품들도 상장되어 있다. 여러분이 살펴보고 선택하면 된다. 이 중에는 환헤지형 상품도 있다. 그러나 나는 장기 투자라면 환헤지 상품은 피하라고 권한다. 이유는 간단하다. 환헤지는 무료가 아니다. 연 1.5~2.0%의 비용이 발생하며, 장기 투자 시 이 비용이 매년 누적되어 수익률을 크게 갉아먹는다. 미래 성장을 바라보고 미국 빅테크에 투자하는 상품은 환헤지 하지 않는 것이 훨씬 합리적이다. 펀드도 마찬가지다.

- **M7에 대한 다양한 의견**

M7이 오늘날 전 세계 시장을 주도하고 있는 것은 분명한 사실이나 일각에서는 두 가지 우려를 제기한다.

① **주가가 너무 올랐다는 우려**
② **새로운 기업에 의해 대체될 가능성에 대한 우려**

먼저 주가가 너무 올랐다는 우려부터 알아보자. 아래는 M7과

S&P 500 중 M7을 제외한 493종목의 EPS 비교표다.

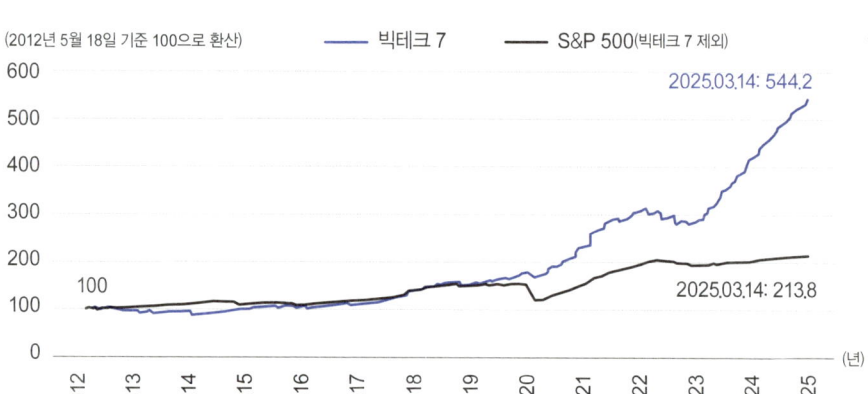

EPS 기준으로 보면 2019년 이후 M7과 493종목 간의 차이가 뚜렷하다. 많은 이들이 "M7의 주가가 과도하게 올랐다"라고 지적하지만 M7의 주가 상승은 EPS의 가파른 성장이 뒷받침된 결과다. 다시 말해 실적이 빠르게 성장해 왔기 때문에 주가 역시 상대적으로 더 높게 올랐다.

M7과 S&P 500 기업 중 M7을 제외한 나머지 493종목 간의 주가 추이를 보면 12개월 선행(forward) EPS는 2019년부터 현저하게 차이 나기 시작했지만, 주가는 이보다 선행해 2015년 중반부터 차별화되었다. 그리고 2022년 이후 약 1년간 M7이 493종목보다 훨씬 큰 하락 폭을 보였으나 이후 하락분을 커버하고도 남을 만큼 더 나은 상승률을 기록하고 있다. 이에 대한 해석은 M7이 493종목보다 변동성이 커 조정 시 더 하락하고 상승 시에는 더 상승해서라고 할 수

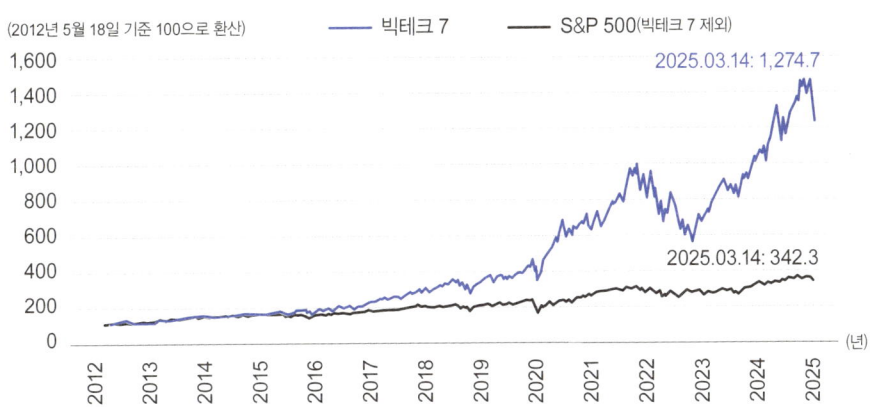

**빅테크 7과 S&P 500(빅테크 7 제외)의 주가 추이**

있다. 너무나 당연한 결과다.

한편으로 현재 시장의 대세가 된 기업들은 출현한 지 오래되었으니 새로운 기업이 나타나 기존 빅테크 기업들을 밀어낼 수 있지 않을까 하는 지적을 할 수 있다.

우리 일상에 필요한 대부분의 서비스는 스마트폰에 앱으로 자리 잡고 있다. 따라서 새로운 서비스(앱)가 성공하려면 사람들의 스마트폰 화면에 새롭게 자리 잡아야 한다. 일상생활이 이미 굳어져 고정되어 가고 있다는 이야기다. 인터넷은 수백억 달러를 보유한 거대 기업들이 장악한 시장이다. 이들과 경쟁해서 새로운 네트워크를 구축하기란 상당히 어렵지 않을까. 설사 새로운 기술을 가진 기업이 출현하더라도 거대한 빅테크 자본과 결합해야 안착할 수 있다. 앞에서 살펴봤듯이 알파고를 만든 딥마인드는 구글에 인수되었고, ChatGPT를 만든 오픈AI는 마이크로소프트가 최대 주주다. 새로운 혁신도 결국 빅테크의 생태계 안으로 흡수되는 구조다.

그럼에도 불구하고 블록체인을 이용해 사용자 모두가 소유자가 되는 방식 등으로 미래에 새로운 혁신을 만들 여지는 있다고 본다. ACE ETF의 종목을 구성하는 지수는 사전에 정해진 룰에 따라 시가총액 상위 기업만으로 ETF 편입 종목을 구성하기 때문에 시총 순위에서 밀려난 기업은 빼내고 새로운 종목을 편입시킨다. 따라서 기존 종목이 시총에서 밀려나면 자동으로 탈락하고 새롭게 부상한 기업이 편입된다. 고등학교에서 우수반을 편성하는 기준과 유사하다. 매월 또는 분기마다 시험을 봐서 일정 순위 안에 드는 사람은 우수반에 남고 일정 순위에 들지 못하는 사람은 탈락한다. 즉 항상 세상을 주도하는 최고의 기업들로만 포트폴리오를 구성하겠다는 것이 ACE빅테크TOP7의 취지다.

ACE빅테크TOP7은 현재 세상을 주도하는 7개 테크 기업으로 구성되어 있으며, 미래에 이들 종목 중 시총을 기준으로 탑 7에서 밀려나면 포트폴리오에서 탈락하고, 새로 시총 순위 7위 안에 들어온 기업으로 교체된다. 종목들 간에도 그들이 모르는 사이에 치열하게 경쟁을 벌이는 셈이다. 한마디로 항상 최고의 기업에 투자하는 것이 투자 종목 구성의 원칙이다.

## 04
# 디지털 시대와 반도체

반도체는 우리가 투자해야 할 핵심 대상이다. 그래서 반도체에 관해서는 좀 더 자세히 설명하여 여러분의 이해를 돕고자 한다. 이 책에서 이야기하는 세부 내용을 전부 기억할 필요는 없지만 '반도체가 정말 중요하구나'라는 인식은 반드시 새겨야 한다.

디지털 기술이 단순한 소프트웨어 혁신만으로 가능했던 것은 아니다. 그 배경에는 눈에 잘 보이지 않는 핵심 인프라, 바로 반도체 산업이 있었다. 반도체는 디지털 세상의 모든 기술을 현실에서 구현하게 해 주는 기반이자 스마트폰, 클라우드, 전기차, AI 같은 혁신의 출발점이기도 하다. 한마디로 반도체 없이는 어떤 디지털 기술도 작동할 수 없다. 인터넷도, 스마트폰도, 자율주행차도, 인공지능도 모두 반도체라는 두뇌로 돌아간다. 그래서 테크 시대 모든 기업의 성장은 반도체 산업의 발전과 궤를 같이할 수밖에 없다.

## (1) 반도체란 무엇인가?

반도체를 이해하는 가장 쉬운 방법은 그것을 전자기기의 두뇌라고 생각하는 것이다. 반도체는 전류의 흐름을 제어하거나 증폭시키며 정보를 저장하고 연산하는 기능을 한다. 전자기기에게 '어떻게 일해야 하는지'를 가르쳐주는 매뉴얼이자 지휘자인 셈이다.

## (2) 반도체 제조 과정 이해

반도체 산업은 너무나 중요해서 일반 투자자들도 기본 내용을 이해할 필요가 있다. 독자들이 쉽게 이해할 수 있도록 소설에 비유해 설명하려고 한다. 반도체가 점점 더 많은 기능을 수행해야 한다는 것은 한 권의 소설책 안에 더 방대하고 복잡한 내용을 담아야 하는 상황과 비슷하다. 그렇다면 같은 크기의 책에 어떻게 더 많은 내용을 담을 수 있을까?

- **종이**(메모리): 책에 더 많은 글자를 담기 위해 종이를 더 얇게 만들고 글줄을 더 많이 만들어야 한다. 반도체에서는 같은 면적 안에 더 많은 트랜지스터를 집적하는 공정 미세화와 데이터를 더 많이 담을 수 있도록 하는 메모리 고도화에 해당한다.

- 소설 내용 작성(설계): 종이나 인쇄 품질이 좋아도 소설 내용이 부실하면 의미가 없다. 반도체도 마찬가지다. 어떤 회로가 어떤 역할을 어떤 순서로 수행할지를 정밀하게 설계해야 한다. 이 단계에서 반도체의 두뇌 역할을 하는 로직(logic) 구조가 결정된다.
- 인쇄(파운드리): 창작된 소설을 종이에 인쇄하는 과정에 해당한다. 반도체 산업에서는 파운드리(foundry)라고 부른다. 아무리 뛰어난 설계라도 실리콘 웨이퍼 위에 정밀하게 구현되지 않으면 무용지물이다. 즉 메모리나 로직 칩에 회로도를 실제로 구현하는 제조 공정이다.
- 인쇄 장비: 촘촘한 글자를 종이에 새기려면 정밀한 펜과 잉크가 필요하다. 반도체에서는 노광 장비, 식각 장비, 증착 장비 등이 사용된다. 특히 네덜란드 ASML이 독점 공급하는 EUV(극자외선) 노광기는 현재 반도체 미세화 공정의 핵심 장비다.

책 = 반도체 칩
- 소설 내용 = 회로 설계
- 인쇄 과정 = 파운드리 제조
- 종이 = 메모리·반도체 집적도
- 펜·잉크 = 반도체 장비

## (3) 반도체의 실제 산업 공정

실제 산업에서는 반도체를 8대 공정으로 분류한다. 소설책에 비유한 4대 공정은 내가 중요도를 감안해 축약한 것이다.

① 웨이퍼 제작(Si 웨이퍼 준비)

② 산화(oxidation): 웨이퍼 표면에 절연막 형성

③ 포토리소그래피(photolithography): 회로 패턴을 웨이퍼에 전사

④ 식각(etching): 불필요한 부분 제거

⑤ 이온 주입(ion implantation/doping): 웨이퍼에 불순물 주입

⑥ 박막 증착(deposition): 절연체, 금속 박막 증착

⑦ 금속 배선(metallization): 전류가 흐를 수 있도록 회로 연결

⑧ 패키징(packaging/test): 완성된 칩을 절단, 패키지화, 검사

설계도를 기반으로 웨이퍼 제작에서 금속 배선까지가 전공정(front-end)이고, 웨이퍼를 잘라 칩을 패키징하는 과정이 후공정(back-end)이다.

## (4) 반도체의 시대적 역할과 기능

- **생활의 전자화**

반도체는 전자화의 기초 기술로 등장해 인간의 생활을 근본적으로 바꾸었다. 라디오, 텔레비전, 계산기 같은 아날로그 기기에 적용되면서 소형화와 대중화를 이끌었다. 이어서 개인용 컴퓨터의 보급으로 정보 처리 능력이 비약적으로 확장되었다. 이러한 기반 위에서 인터넷과 통신망이 발전하며 세상은 본격적으로 디지털 네트워크로 연결되기 시작했다. 반도체는 단순 전자부품을 넘어, 아날로그 시대를 디지털 시대로 열어 준 촉매 역할을 했다.

- **디지털 사회의 심장**

디지털 시대에 접어들며 반도체는 인류 문명의 심장으로 뛰기 시작했다. 스마트폰은 반도체 없이는 작동할 수 없는 대표 기기로, 전 세계인의 생활 방식을 바꾸었다. 클라우드 데이터센터 역시 수많은 반도체 서버 칩 위에서 구동되며 우리가 사용하는 검색 SNS 동영상 플랫폼의 기반을 이루고 있다. 여기 더해 반도체는 금융거래, 전자상거래, 온라인 결제 시스템을 지탱하는 보이지 않는 인프라이기도 하다. 또한 위성, GPS, 5G 통신망 등 글로벌 연결망을 가능하게 하며 물리적 공간을 뛰어넘는 디지털 사회의 심장이다.

- **인류 문명의 엔진**

현재 우리는 AI 시대의 문턱에 서 있다. 인공지능은 단일 기술을 넘어 모든 산업과 사회 전반을 재편할 새로운 패러다임으로 자리 잡고 있다. 그러나 이 거대한 전환 역시 결국 반도체 덕분에 가능했다. AI가 학습하고 추론하며 인간과 소통하는 모든 과정의 바탕에는 고성능 반도체가 자리한다. 자율주행과 로보틱스, 헬스케어와 생명과학, AI+X(Physical AI) 시대에 이르기까지 AI가 광범위하게 인간 문명에 스며들고 있다. 단지 디지털 확장의 연속이 아니라 AI라는 지능이 더해져 인간 문명의 작동 원리 자체가 바뀌는 패러다임의 전환점이다. 이 모든 혁신을 가능하게 하는 '연료'이자 '엔진'이 반도체다. 이 과정에서 반도체는 '인류 성장의 엔진'이 될 것이다.

## 05

# AI 시대와 반도체

지금까지 살펴본 흐름에서 한 가지 분명한 사실을 확인할 수 있다. 인류가 경험한 모든 디지털 기술 혁신은 반도체가 있었기에 가능했다는 점이다. 가전과 PC, 인터넷과 스마트폰, 그리고 클라우드까지 각 시대의 패러다임 전환마다 반도체가 중심에 있었다. 그리고 지금 우리는 또 다른 거대한 전환점, 즉 AI 시대의 개막을 맞이하는 중이다. AI는 증기기관, 전기, 인터넷 같은 범용 기술(general purpose technology)의 계보에 있다. 다만 인공지능은 디지털 기술의 연장 이상의, 인간의 사고와 창의적 활동까지 대신하거나 확장하는 혁신 기술이다. 이 역시 반도체가 없다면 존재할 수 없다. AI가 학습(learning)하고 추론(inference)하는 모든 과정은 GPU(Graphics Processing Unit)라는 고성능 반도체 위에서 이루어진다. GPU는 수

많은 연산을 병렬로 처리하는 능력 덕분에 'AI 혁명의 심장'이라 불린다. 앞으로 테크 기업들의 성장은 반도체 산업, 특히 GPU와 HBM 메모리를 중심으로 한 첨단 반도체의 진화와 불가분의 관계를 맺을 수밖에 없다.

## (1) AI 기술의 등장

인터넷은 전기를 기반으로 정보를 전송하고 교환하는 기술이었다. 스마트폰의 등장은 인터넷을 통해 전 세계가 실시간으로 연결되는 계기를 마련했다. 그 결과 디지털 기술은 인간의 삶과 경제 전반에 깊숙이 스며들어 새로운 산업들을 창출했다. 이 과정에서 구글, 애플, 아마존, 메타, 마이크로소프트 같은 플랫폼 기반 빅테크 기업들이 디지털 시대의 주역으로 부상하며 세계 경제 질서를 주도하게 되었다. 그리고 이제 인공지능(AI) 시대라는 또 다른 전환점에 서 있다. AI는 디지털 시내를 한 단계 진화시키는 수준을 넘어 완전히 다른 세계를 창조하는 기술로 평가받는다.

인류가 발명한 기술 대부분이 인간의 육체노동을 줄이고 효율을 높이는 방향으로 발전했다. AI는 인간의 정신노동까지 대체·보완한다. 기존의 검색 기능은 이미 있는 정보를 찾아 그대로 보여 주는 역할에 머물렀다. 반면 AI는 사전에 학습한 지식(pre-trained)을 바탕으로 새로운 답을 스스로 생성(generative)하는 능력을 갖추었다. 즉 정보 '창출'까지 가능하다. 한계도 존재한다. AI는 스스로 답을 만들어 내는 과정에서 사실과 다른 내용을 생성하는 오류

(hallucination 현상)를 일으키기도 한다. 이 때문에 신뢰성 측면에서 사용자의 주의가 필요하다. 또한 검색 대비 전력 소모가 10배 이상 많아 대규모 상용 서비스에 있어 효율성 문제가 제기되기도 한다.

그럼에도 불구하고 AI가 급성장하게 된 가장 큰 배경은 언어 이해 능력의 비약적 발전이다. 과거의 컴퓨터는 형식언어(수학적 언어)만 이해할 수 있어서 인간과의 소통이나 실생활 영역의 문제 해결에는 한계가 있었다. 그러나 최근 등장한 대규모 언어 모델(LLM)은 인간이 사용하는 자연어(natural language)의 의미와 맥락을 이해하는 수준에 도달했다. 그 결과 AI는, 인류가 축적해 온 방대한 지식과 정보를 학습·응용할 수 있게 되었다. 나아가 책과 논문, 전문가 지식, 산업 현장 데이터 등 흩어져 있던 지식을 연결하고 통합하면서 일종의 인류의 집단 지성(human collective intelligence)을 구현하는 단계로 진입하고 있다.

## (2) AI의 발전 과정

AI의 진화는 크게 세 단계로 설명할 수 있다.

- **1단계: 프론티어 AI**

프론티어 AI(Frontier AI)는 최근 몇 년 사이 등장한 오픈AI의 ChatGPT 시리즈, 구글의 제미나이, 메타의 라마 같은 대표적인 최첨단 범용 모델을 지칭한다. 이들은 인간의 지적 능력에 근접하거나 일부 영역에서는 인간을 능가하는 수준으로 발전하고 있다. 정보 검색이나 자동화 수준을 넘어서 복잡한 지식 노동을 보조하거나 일정 부분 대체할 수 있는 능력을 갖춘 것이다. 프론티어 AI의 등장은 AI가 더 이상 특정 산업의 보조 도구에 머무르지 않고 사회 전반을 바꿀 수 있는 잠재력을 지님을 보여 준다.

- **2단계: AI 에이전트**

프론티어 AI의 진화는 자연스럽게 AI 에이전트(AI Agent) 개념으로 이어졌다. AI 에이전트는 스스로 목표를 설정하고 계획을 수립하며, 외부 도구를 활용해 이를 능동적으로 실행할 수 있다. 여러 작업을 순차적으로 혹은 병렬적으로 처리할 수 있으며, 더 나아가 AI 에이전트끼리 상호 연결될 경우 사람의 개입 없이도 복합적인 서비스 제공이 가능하다. 예를 들어 한 에이전트가 여행 일정을 설계해서 다른 에이전트로 하여금 항공권 예약이나 숙박 예약까지 자동으로 이어서 처리하게 하는 식이다. 이러한 진화는 AI가 인간의 도우미를 넘어 인간의 지적 노동 영역이던 '스스로 사고하고 행동하는 주체'로 발전하고 있음을 증명한다.

- **3단계: 피지컬 AI**

AI 에이전트가 더 이상 가상 세계에 머무르지 않고 물리적 세계로 확장된 개념이 피지컬 AI(Physical AI)다. 로봇, 자율주행차, 드론, 스마트 가전, IoT 기기 등 현실 세계에서 직접 작동하는 AI 기술을 뜻한다. 피지컬 AI는 AI가 단순히 '생각하는 존재'에 머물지 않고 '행동하는 존재'로 진화했음을 상징한다. 즉 데이터를 계산하고 정보를 만들어 내는 데 그치지 않고 실제 세상에서 자동차를 움직이고, 로봇팔을 작동시키고, 드론을 날리는 등 현실 속 행동으로 연결되는 단계다. 향후 산업과 사회 전반의 패러다임을 근본적으로 바꿀 결정적 단서다.

• **AGI와 ASI**

현재의 AI는 아직 특정 과제에 특화된 단계에 있다. 하지만 궁극적으로는 인간과 동등한 AGI(Artificial General Intelligence, 범용AI), 나아가 인류의 지능을 능가하는 ASI(Artificial Super Intelligence, 초지능 AI)로 진화할 수 있다는 전망이 제기되고 있다. 인류의 미래와 직결되는 중요한 주제다.

## (3) 제조업과 AI(AI+X)

20세기에 세계 경제를 이끈 산업은 제조업이었다. 그러나 2000년대 중반 이후 인터넷과 스마트폰을 기반으로 한 디지털 시대가 열리면서 구도가 빠르게 바뀌었다. 이제 세상을 주도하는 힘은 공장에서 나오는 제품이 아니라, 소프트웨어와 플랫폼을 기반으로 한 빅테크 기업들이 가지고 있다. 이들이 창출하는 이익은 전통 제조업을 훨씬 앞섰다. 그런데 벌써 또 다른 전환점이 도래하고 있다. AI의 등장이다. AI는 제조업에서도 빠르게 접목되며 변화를 일으키는 중이다. 제조업에 AI가 결합되면 단순한 효율성 향상을 넘어서 과거에는 상상하기 어려웠던 새로운 경쟁력이 창출된다. 이른바 'AI+제조업 시대'가 열리는 것이다.

한국과 중국의 자동차 산업을 비교해 보자. 내연기관 자동차나 일반 전기차 영역에서는 한국의 기술력이 중국보다 앞서 있다. 하지만 자율주행 전기차처럼 AI가 핵심이 되는 영역에서는 중국이 방대한 데이터와 강력한 알고리즘, 그리고 AI 플랫폼 역량을 바탕으로 빠르게 우리나라를 앞서 나가고 있다. '차를 잘 만드는 능력'만으로는 경쟁력을 유지하기 어려워진 것이다. 가치 창출의 중심이 물리적 제품에서 '데이터와 지식', 그리고 '정보 처리 능력'으로 이동하고 있음을 보여 주는 사례다.

특히 한국은 제조업의 풀 라인업을 갖춘 세계적으로 몇 안 되는 국가다. 다만 앞으로의 경쟁력은 제조 역량에만 달려 있지 않다. AI를 활용할 수 있는 능력을 얼마나 빠르게 확보하느냐가 관건이다. 자동차 회사는 자율주행 기술, 금융 회사는 고객 데이터 분석을 통한 마케팅과 상품 개발, 제조업체는 공정 최적화에 AI를 어떻게 접목하느냐가 기업의 경쟁력은 물론이고 국가 경제의 미래까지를 좌우할 것이다. 우리나라를 포함한 일부 국가에서는 '소버린 AI(Sovereign AI)' 개념을 내세워 AI 기술 주권을 외부(빅테크)에 의존하지 않겠다는 흐름도 있다. 중요한 것은 이러한 계획이 실제로 얼마나 효과적으로 구현되고 실행될 수 있느냐다. 제조업 강국인 한국에서 AI는 경쟁이 아닌 생존의 문제다. 제조업에서도 AI를 제대로 활용하지 못하면 글로벌 경쟁에서 완전히 밀려날 수 있다.

AI의 발전은 사회 전체의 효율성과 풍요를 가져올 것이 분명하다. 이때 AI 인프라를 제공하는 기업(예: AI 관련 반도체 회사)과 이를 활용하는 테크 기업들이 가장 먼저 수혜자가 될 것이다. 동시에 개인의 역할은 대체되거나 축소될 위험도 뒤따른다. 새로운 일자리가 나타나겠지만 시간이 걸릴 것이고, 한번 밀려난 사람이 그 자리를 다시 차지할 가능성은 낮다. 이 점을 깨닫는다면 왜 AI가 우리 모두에게 중요한 이슈인지를 공감할 수 있을 것이다.

## (4) AI 시대의 생존 전략

이러한 시대적 변곡점에 선 개인은 어떻게 적응해야 할까?

- **지금 하는 일에 AI를 최대한 활용하라**

AI는 방대한 지식과 정보의 보고다. AI의 능력을 잘 이해하고 활용하는 사람은 AI의 어마어마한 잠재력을 이용해 자신의 업무 성과를 압도적으로 향상시킬 수 있다. AI는 스스로 지혜를 발휘하는 존재가 아니다. 사용자의 질문에 답하는 기계다. 따라서 AI의 잠재력을 충분히 이끌어 내기 위해서는 적절한 질문을 던질 수 있는 지식이 전제되어야 한다. 여기 관련된 기본 지식을 갖추는 것은 선택이 아닌 필수이며, 이를 위해서는 꾸준한 학습과 독서를 통한 지식 축적이 중요하다.

    AI를 일상과 업무에 효과적으로 적용하기 위해 반드시 기억해야 할 원칙이 있다. 펜실베이니아대 와튼스쿨 교수 이선 몰릭(Ethan Mollick)은 저서 『Co-Intelligence』(한국어판 제목은 '듀얼 브레인')에서 AI 활용을 위한 네 가지 지침을 제시했다.

① AI를 반드시 업무에 적용하라.

② AI가 준 답은 반드시 사람이 다시 점검하라(Human in the Loop).

③ AI에게 역할이나 성격(페르소나)을 부여하라.

④ 당신이 사용하고 있는 AI가 항상 '최악'임을 전제로 활용하라.

AI가 끊임없이 발전하고 있으므로, 현재의 한계에 안주하지 말고 더 나은 활용법을 계속 모색해야 한다는 의미다.

- **AI 관련 기업에 투자하여 미래의 성장과 수익을 함께하라**

AI가 산업뿐 아니라 세상 전반을 뒤흔드는 변혁의 한가운데에서 개인이 단순한 소비자에 머물지 않고 성장의 참여자가 되는 가장 직접적인 방법은 AI에 투자하는 것이다. AI 혁신을 주도하는 기업의 성장에 동참함으로써 개인의 미래를 준비할 수 있다.

## (5) AI 산업 투자 전략

AI 시대 투자 전략의 두 축은 'AI 인프라(AI 반도체 중심) 관련 기업에 투자'하는 것과 'AI를 활용해 사업하는 기업에 투자'하는 것이다.

- **AI 인프라 투자**(AI 반도체 투자)

AI 모델을 직접 개발하거나 이를 활용하는 기업 가운데 누가 장기적으로 승자가 될지는 아직 단정할 수 없다. 분명한 사실은 이들 모두가 공통으로 의존하는 인프라가 있다는 점이다. 바로 AI용 GPU 반도체다. GPU 칩을 공급하는 기업들은 AI 개발 기업(프론티어 AI)과 AI 활용 기업은 물론이고, '소버린 AI'를 추진하는 각국 정부까지도 고객으로 삼는다. 산업 전체가 성장하는 이상 AI 반도체 수요는 필연적으로 늘어날 수밖에 없다.

따라서 AI 시대의 가장 핵심적인 투자 전략은 AI 반도체에 투자하는 것이다. 현재 시장에서 독보적인 위치를 차지한 기업은 GPU 칩을 설계·공급하는 엔비디아이며, 이 GPU가 제대로 작동하기 위해 필요로 하는 초고속 메모리인 HBM을 주력으로 생산하는 기업은 SK하이닉스다. 엔비디아가 설계한 GPU 칩을 실제 생산(파운드리)하는 곳은 TSMC, 그리고 그 생산 과정에서 필수적으로 사용되는 극자외선(EUV) 노광 장비를 공급하는 기업은 ASML이다. 이 네 기업은 각각 메모리(SK하이닉스), 설계(엔비디아), 파운드리(TSMC), 장비(ASML)라는 반도체 4대 공정의 중심축을 이룬다. AI용 GPU 생산 과정에서도 사실상 대체 불가능한 역할을 수행한다. 한마디로 반도체 산업의 일반 공정과 AI 반도체 인프라, 양쪽 모두에서 중심 역할을 하는 기업군이다.

### • 반도체 맞춤형 지수와 AI 시대

나는 2022년 한국투자신탁운용으로 옮기며 첫 상품으로 반도체 ETF를 직접 설계해서 상장시켰다. GPU 중심의 AI 시대가 본격화되기 전에 투자자들이 반도체 지수를 좀 더 효율적이고 쉽게 이해할 수 있게 분류했다. 그래서 '메모리', '설계', '파운드리', '장비'의 4개 섹터로 분류했다. 앞에서 살펴봤듯이 반도체 공정은 8단계로 나누어진다. 이것을 4개 섹터로 분류하기까지 나는 꽤 많은 시간을 들여 반도체를 연구하여 상품을 만들었다. 그 결과가 각 섹터별 대표 종목에 20%의 동일 비중을 배분하고, 여기에 글로벌 반도체 시가총액 5~10위 기업을 합산(총 10종목)해 나머지 20%를 배분하는 방식이었다. 이 콘셉트를 독일의 글로벌 지수 제공 기업인 솔랙티브(Solactive)에 제안했고, 이로써 SGSI(Solative Global Semiconductor Index) 지수가 만들어졌다. 이를 기초 지수로 삼아 2022년 11월에 ACE 글로벌반도체TOP4 Plus(일부 투자자들은 '글반포'라고 칭한다)가 상장되었다.

첫 상장 당시에는 메모리 부문의 대표 종목으로 삼성전자가 포함되었으나 2023년 말 삼성전자의 리더십에 변화가 없다고 판단해 삼성전자를 SK하이닉스로 교체했다. 패시브로 운용되는 ETF는 매니저 마음대로 종목을 교체할 수 없었다. 지수가 바뀌어야 종목을 바꿀 수 있었다. 나는 솔랙티브를 6개월 동안 설득했고, 결국 그들도 우리 의견을 받아들여 2023년 7월에 지수 조정이 이루어졌다. 흥미로운 점은 애초 이 지수는 AI 반도체를 겨냥해 설계되지 않았다는 것이다. 반도체 산업의 가장 핵심인 4대 공정 대표 기업을 담기 위해 설계했는데, 이후 AI가 시대의 중심 기술로 부상하면서 결과적으로 AI 인프라에 최적화된 반도체 지수로 자리 잡았다.

- **기존 지수와 SGSI의 차별성**

일반 투자자들에게 친숙한 대표 반도체 지수로는 PHLX(필라델피아 반도체 지수), MVIS(마이크로 비전 지수), SGSI(ACE ETF 기초 지수), 그리고 몇 가지가 더 있다. 앞의 두 지수는 지수 공급자가 만든 지수이고, SGSI는 내가 제시한 콘셉트를 바탕으로 솔랙티브가 만든 지수다. 이런 지수를 맞춤형 지수(customized index)라고 한다. PHLX와 MVIS는 AI 시대 이전에 설계된 지수로, 구조상 AI보다는 제조업이나 디지털 시대의 반도체 산업을 더 잘 반영한다. 반면 SGSI는 설계 과정에서 반도체 핵심 4대 공정을 균형 있게 반영했는데, 결과적으로 AI 시대의 산업 구조 변화와도 잘 맞아떨어지는 특징을 보인다. 성과에서도 차이는 극명하다. 오른쪽은 세 지수의 성과 비교 그래프다.

ACE ETF는 SGSI를 사용했고, PHLX와 MVIS를 사용한 ETF도 상장되어 있다. SGSI가 기존 대표 지수(PHLX와 MVIS) 대비 상장 이후 전 비교 구간에서 수익률, 변동성, 그리고 샤프(sharpe) 비율에서 상대적으로 우위에 있다. 특히 수익률이 높으면 변동성이 높은 게 일반적인데, 변동성까지 낮은 것은 매우 드물다. SGSI는 반도체 산업 전반의 대표 종목이면서 한국(SK하이닉스), 대만(TSMC), 네덜란

**반도체 세 지수(SGSI, MVIS, PHLX) 성과 및 변동성 기대 수익률 비교**

| 2025. 08.19 기준 | 성과(%) | | | 변동성(%) | | | 위험 조정 수익률(%) | | |
|---|---|---|---|---|---|---|---|---|---|
| | SGSI | MVIS | PHLX | SGSI | MVIS | PHLX | SGSI | MVIS | PHLX |
| YTD | 21.5 | 13.2 | 7.6 | 36.7 | 44.9 | 46.8 | 0.51 | 0.23 | 0.10 |
| 1년 | 27.8 | 20.6 | 12.3 | 35.4 | 41.2 | 43.0 | 0.65 | 0.39 | 0.18 |
| 2년 | 121.0 | 107.0 | 70.2 | 32.5 | 37.3 | 38.3 | 3.40 | 2.58 | 1.56 |
| 2022. 11.15 이후 | 219.0 | 173.5 | 113.0 | 31.6 | 35.8 | 36.7 | 6.48 | 4.44 | 2.68 |

출처: 공개된 운용사 자료 기반

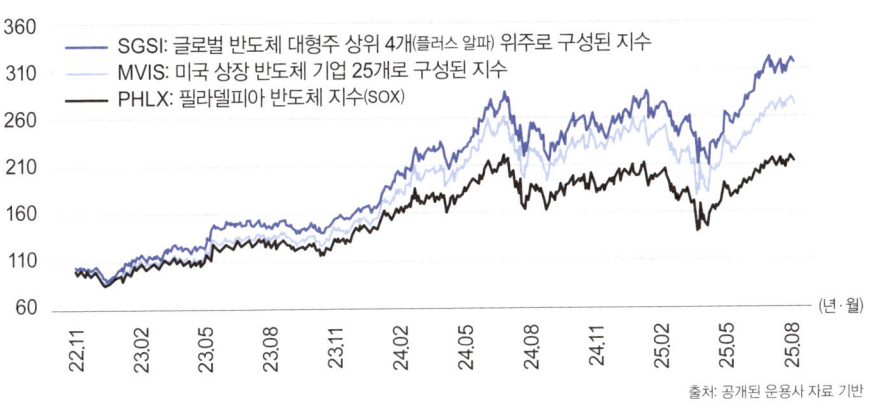

드(ASML), 미국(NVIDIA) 등 다양한 나라에 상장된 주식이라 환율 등 완충 효과가 있어 변동성이 낮을 수 있다. 각 지수를 기반으로 한 ETF의 수익률이 ACE ETF 상장 이후 약 2년 9개월 동안 100% 이상 차이 나는 경우도 있다. 이는 투자자 관점에서 지수 선택이 장기 성과에 큰 영향을 줄 수 있음을 보여 준다.

내가 이 책에서 소개하는 이유는 ACE 글로벌반도체 TOP4 Plus ETF 상품을 홍보하거나 광고하기 위함이 아니다. 이 책을 쓰는 궁극적인 이유(ultimate imperative)인 일반 투자자들이 잘 몰라서 놓치는 기회를 바로잡아 장기적으로 부를 축적하는 데 도움주기 위해서다.

물론 이 수치는 과거 데이터 기반이라 앞으로도 같은 결과가 이어진다는 보장은 없다. 하지만 여러분은 AI가 일시적인 바람이거나 유행에 따른 거품이라고 생각하는가? 빅테크 관련 기업들이 GPU를 수십만 장씩 사겠다는 계획을 발표했다. 최근 일론 머스크는 H100급 GPU 5천만 장에 해당하는 규모의 연산 능력을 확보하는 것이 목표라고 했다. 소버린 AI 정책도 정부가 기업 대신 GPU를 사겠다는 얘기의 다름 아니다. AI는 이제 시작이다. 기술 변화에 따른 시대 변화에 피해자가 아닌 수혜자가 되기 위한 첫 전략은 AI를 업무에 사용하는 것이고, 두 번째는 AI 산업의 핵심 인프라인 AI 반도체에 투자하는 것이다. 그리고 이 지수의 80%를 차지하는 4종목은 반도체 산업 전반에서도 가장 핵심이다. 한 가지 상품에만 투자하라면 나는 이 상품에 투자하겠다.

- **AI 활용 기업 투자**(빅테크 중심)

AI 시대에 주목해야 할 또 하나의 투자 전략은 혁신 성장 기업, 즉 빅테크에 투자하는 것이다. 이들은 이미 세계 경제를 이끄는 중심축이다. 막대한 자본과 우수한 인재를 바탕으로 AI 기술을 연구·개발하고, 실제 사업에 접목하면서 디지털 시대에 이어 AI 시대에도 혁신을 현실로 만들어 나가고 있다. AI는 디지털 기술의 연장선에 있는 만큼 디지털 산업의 중심에 있었던 빅테크 기업들이 당분간 AI 산업 또한 주도할 가능성이 크다. AI 시대의 성과를 공유하고자 한다면 AI 기술을 직접 개발하거나 이를 사업화할 수 있는 빅테크 기업에 대한 투자가 효과적인 전략이다.

다만 AI 반도체나 빅테크 같은 핵심 종목에 집중 투자하는 경우 변동성이 상대적으로 커 심리적 부담이 높아질 수 있다. 이런 투자자에게는 테크 기업 전반에 분산투자하는 방법이 대안이 될 수 있다. 대표 사례가 나스닥 100 지수다. 앞서 강조했듯이 지금은 제조업 중심 시대가 아니라 테크 중심 시대다. 미국 주식에 투자할 때도 테

| ETF명(운용사) | 코드 |
|---|---|
| ACE 미국나스닥100(한국투자) | 367380 |
| KODEX 미국나스닥100(삼성) | 379810 |
| RISE 미국나스닥100(KB) | 368590 |
| SOL 미국나스닥100(신한) | 476030 |
| TIGER 미국나스닥100(미래에셋) | 133690 |
| TIMEFOLIO 미국나스닥100(타임폴리오) | 426030 |

크 비중이 높은 나스닥 100이 좋다. S&P 500은 테크 기업이 많이 포함되어 있지만 비중이 상대적으로 낮다. 반면 나스닥 100은 테크 기업의 성장을 직접 담을 수 있는 대표 지수다. 장기 기대 수익률은 반도체나 빅테크 집중 투자에 비해 낮을 수 있다. 그러나 변동성이 상대적으로 낮아 장기 투자 과정에서의 심리적 부담을 줄일 수 있고, 실제로도 장기 투자를 실현할 가능성은 더 높아질 수 있다. 일반 투자자들에게 중요한 고려 요소다.

우리나라에는 현재 다수의 나스닥 100 ETF가 상장되어 있다. 대부분 패시브 방식으로 운용된다. 보수는 연 0.01% 이하로 매우 낮다. 이 가운데 TIGER 미국나스닥100 ETF가 가장 먼저 상장된 상품이다. 예외적으로 타임폴리오 미국나스닥100 ETF는 액티브 운용을 통해 상대적으로 높은 보수를 받고 있다. 모멘텀 전략을 활용해 상승장에 강한 면모를 보여 레버리지보다 나은 성과를 얻고 있어 최근 큰 주목을 받고 있다. 다만 하락장에서는 더 큰 하락 폭을 보일 수 있음을 명심해야 한다. 기타 환헤지형도 있지만 환헤지 비용이 많이 들고, 장기 투자용으로 적합하지 않아 여기서는 언급하지 않겠다.

## 06
# 테크 기업(기술주) 투자와 가치 평가

테크 기업은 대표적인 성장주라고 할 수 있다. 제조업 분석에는 재무제표 분석이 중요했으나 테크 기업 분석에서는 미래의 사업성이 더 중요하다. 따라서 기존의 제조업 가치 평가 모델은 대체로 성장주, 특히 테크 기업 평가 기준에는 적합하지 않다. 벤자민 그레이엄(=자산 가치)은 대공항 이후의 혼란기에 투자해 자산 가치 위주의 투자를 했고, 워런 버핏(=수익 가치)은 대공황의 상흔이 마무리된 평화 시기에 수익 가치 위주의 투자를 했다. 제조업 시대엔 가치 투자가 대세를 이루었지만 지금은 테크 시대(=미래 가치)다. 가치주가 아닌 기술주 위주의 성장주에 투자하는 것이 바람직하다.

장기적인 부의 축적을 통해 부자가 되기 위해서는 저평가된 주식이 아닌 미래에 성장할 테크 기업에 투자해야 한다. 이들에게는 현재가 아니라 미래에 이익을 창출할 능력이 중요하다. 가치주가 대개 미래가 확정된 기업이라면 성장주, 특히 테크 기업은 미래의 성장이 열려 있는 기업이다. 기존 밸류에이션 툴로 바라보면 주식이 비싸 보인다. 사실 이들 테크 기업들은 과거에도 비쌌고, 지금도 비싸다. 그러나 이전에 투자했더라면 더 많은 수익을 얻었을 테고, 그보다 더 과거에 투자했더라면 더 많은 수익을 얻었을 것이다. 더 이상 머뭇거리면 안 된다. 우리가 선택할 수 있는 가장 과거 시점인 '지금' 투자하는 것이 올바른 전략이다. "항상 지금 투자하라(The best time to invest is now)."

많은 사람들이 물어본다. 언제 매도하느냐고. 돈이 필요할 때 매도하면 된다. 또 다가올 위기를 두려워하지 마라. 위기는 절대로 예약된 순간에 오지 않는다. 다만 위기 시 완전히 망하지 않고 살아남을 수 있는 투자를 하고 있으면 된다. 위기 시 급락은 시간이 지나면 회복된다. 시간이 우리 편인 투자가 중요한 이유다. 대개 개인은 투자를 위해 종목을 연구하고 정보에 귀를 기울인다. 이에 비해 매니저는 산업의 변화를 주시하고 시장 시스템에 관심을 보인다. 그러나 큰돈을 움직이는 사람은 세상의 변화와 돈의 흐름에 주목한다고 한다. 나는 일반 투자자들이 개별 종목에 직접 투자하는 방법을 권하지 않는다. MDD(전고점 대비 하락율)에서 발생하는 감정적 동요를 이겨 내기 어려워 장기 투자하기 어렵기 때문이다. 그래서 ETF를 통한 투자를 권유해 왔다. 그래도 개별 종목에 직접 투자하고 싶다면 세상의 변화를 이해하는 안목을 갖추기를 권하고, 독서가 가장 좋은 방법이라고 생각한다. 책을 읽고 그 과정에서 지식이 축적되면 외부

로부터 주어지는 뉴스와 정보를 제대로 이해할 수 있는 프레임이 생긴다. 그렇지 못한 상태에서는 외부 정보에 휘둘리는 게 당연하다.

개별 기술주 투자 원칙에 관심이 많다면 아담 시셀이 쓴 『돈은 빅테크로 흐른다』를 추천한다. 이 책은 왜 빅테크에 투자금이 몰리는지와, 이들 기업에 투자할 때 어떤 기준으로 평가해야 하는지에 대한 새로운 안목을 제시한다. 테크 투자에 관심이 있다면 꼭 읽어 보길 추천한다. 투자에 관한 기초 지식만 있으면 쉽게 읽을 수 있게 쓰였다. 나는 저자를 초청해서 기자와 투자자 대상으로 세미나를 개최했었다.

## 07
# 기술주 투자의 위험성

테크 기업이 시장의 메인 투자 테마로 등장한 이후 두 번의 붐&버스트(boom&bust, 주가 버블과 폭락)가 있었다. 그리고 AI로 인한 현재의 주가 상승이 세 번째 붐&버스트가 아닐까 하는 우려가 있어 살펴보려고 한다. 차례대로 알아보자.

첫 번째는 1990년대 초, 인터넷의 등장과 함께 인터넷 시장의 규모가 수십억 달러로 예상되어 크게 성장할 것이라는 기대에서 시작된 버블이다. 닷컴 버블은 일반적으로 1995년부터 2000년까지의 인터넷 붐과 그 이후의 붕괴 기간을 포함한다. 1995~2000년 3월까지 나스닥 지수는 776포인트에서 5,048.62포인트로 6.5배 급등했다가, 2002년 10월 저점까지 1,114포인트로 고점 대비 78% 하락했다. 1995년 넷스케이프 상장을 시작으로 인터넷 기반 신사업 모델에 대

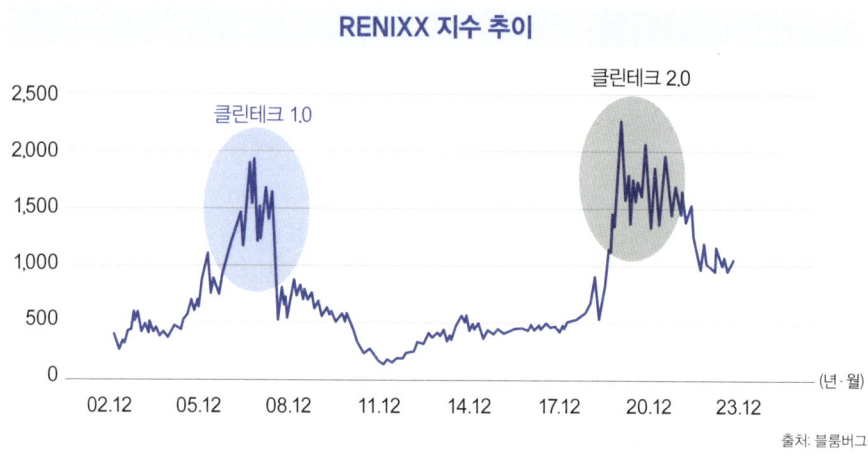

출처: 블룸버그

한 과도한 기대와 풍부한 유동성으로 IT, 통신, 반도체 등 기술주가 폭등했다.

2000년에 들어 금리가 인상되고 많은 닷컴 기업이 실질 수익을 창출하지 못한 채 과도한 지출만 지속하자 이런 방식의 경영은 지속 불가능하다는 인식이 시장 전반에 퍼지기 시작했다. 그 결과 거품이 빠르게 붕괴하면서 수많은 IT 및 인터넷 기업이 파산했다. 닷컴 버블은 역사상 가장 극적인 기술주 버블 중 하나로 기록되었다. 한때 5,000선을 넘었던 나스닥 지수는 급락 후 장기간 회복세를 보이지 못하다가 무려 15년이 지난 2015년에 이르러서야 비로소 5,000선을 회복한다.

두 번째는 클린테크(Clean Tech) 기업에 의한 버블 형성과 폭락이다. 클린테크 버블은 2000년대 중반부터 2010년대 초반까지 한 번, 그리고 2020년 전후로 또 한 번 발생했다(위의 그림 참고). 이 시장은 인터넷 시장보다도 훨씬 큰, 수조 달러가 예상되는 시장이었다. 사회적인 명분도 훨씬 컸다. 특히 2000년대 초반 기후 변화 문제와 에너지 위기가 대두되면서 태양광, 풍력, 전기차 등 친환경 기술에 관심이 급증했다. 미국 정부와 글로벌 투자자들이 대규모로 신재생에너지 기업에 투자했다. 중국도 신재생에너지 시장에 뛰어들면서 관련 주식이 급등하여 시장에 버블이 형성되었다. 태양광, 풍력 기업들에 대한 과도한 기대와 벤처 투자를 타고 이 시기에 RENIXX(Renewable Energy Industrial Index, 재생가능에너지산업지수)가 2006년 +42%, 2007년 +107% 상승했다.

태양광 패널, 바이오 연료, 연료 전지 등 일부 기술은 구체적인 해법을 제시하지 못했고 경제성도 기대보다 낮았다. 여기에 2008년 금융위기로 벤처 캐피털과 투자자들이 자금을 회수하기 시작하면서 신재생에너지 기업들이 자금난에 빠졌고, RENNIX는 64% 급락했다. 그리고 2020년 들어서는 정책(탄소 중립, 그린 뉴딜) 지원과 저금리에 따른 풍부한 유동성, 그리고 ESG 투자 열풍으로 RENNIX는 3배 정도 상승했다가 원가 부담, 경쟁 심화, 보조금 축소 등에 이어 금리 인상으로 상승분을 거의 반납하는 조정이 뒤따랐다. 청정기술 기업들 중 테슬라만이 2000년대에 출발하여 지금까지 번창하고 있다. 테슬라는 타사와 차별화되는 스포츠카 시장이라는 구체적인 시장에서 출발하여 전기차 시장 전반으로 사업을 확대하고 있다. 또 친환경으로 보이고 싶어 하는 사람들의 심리에 올라타 현재까지 성공 가도를 달리고 있다.

세 번째는 현재의 AI 기술 관련 버블 형성 여부다. AI 기술은 2010년대 초반, 연구 중심으로 이루어지다가 2016~2021년 상업화

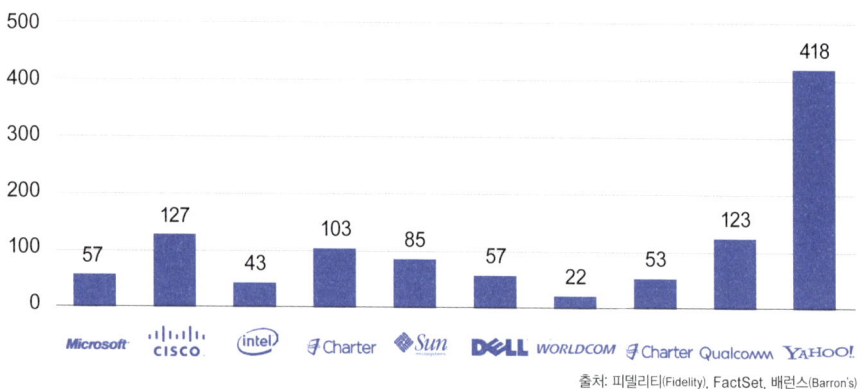

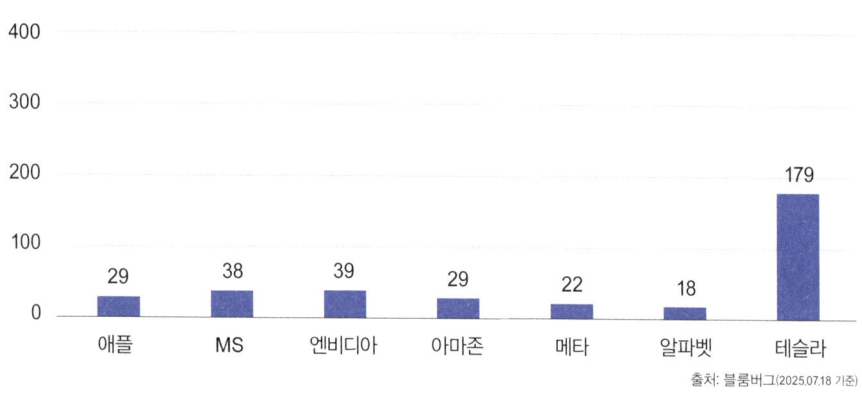

가 시작되어 2020년대 이후 빅테크 기업들의 핵심 사업으로 전환되었다. 특히 빅테크 기업들 위주로 투자가 집중되고 있는데 마이크로소프트의 코파일럿(Copilot), 구글의 제미나이, 오픈AI의 ChatGPT 등 AI 기술이 실제 업무 생산성에 기여하고 있으나 과연 투자한 만큼 또는 기대한 만큼 실제 이익으로 실현될지 여부에 우려가 있다.

특히 엔비디아, 마이크로소프트, 구글 등 주요 AI 관련 기업의 주가가 지난 1년간 크게 상승하여, 2000년대 닷컴 버블 당시처럼 버블 가능성에 우려가 있다. 그러나 2000년 닷컴 버블 당시와 현재 주요 기업(M7)의 밸류에이션을 비교해 보면 버블이라고 하기에는 그 수준이 낮다. 앞 페이지는 2000년 당시 닷컴 기업과 M7의 밸류에이션의 비교 그래프다. 테슬라 한 종목을 제외하고는 그다지 높다고 할 수 없다. 주가 상승은 있었지만 그만큼 EPS의 상승도 따랐기 때문이다.

이들은 미래에 대한 막연한 비전을 가진 기업이 아니라 과거에 가졌던 비전을 실현해서 수익을 창출하고 있는 기업들이다. 인터넷이 세상을 바꾸었을 당시 인터넷을 활용해 세상을 바꾼 바로 그 주역들이다. 여기에 새로운 AI가 접목되어 미래의 비전을 더하는 중이

|  | 시장 규모 | 상승 폭 | | | 하락 폭 | | |
|---|---|---|---|---|---|---|---|
|  |  | 시기 | 상승 | 요인 | 시기 | 하락 | 요인 |
| 인터넷 버블 (닷컴) | 수십억 달러 | 1995~ 2000년 3월 | 나스닥 약 +500% (776→5,048.62) | 인터넷 확산, 신사업 모델, 풍부한 유동성 | 2000.03~ 2002년 10월 | −78% (5,048.62→ 1,114) | 금리 인상, 실적 미흡·과도한 지출, 거품 |
| 클린테크 버블 1차 | 수조 달러 | 2006~ 2007년 | RENIXX: 2006년+42%, 2007년+107% | 기후·에너지 부각, 정책 지원 기대, 벤처 자금 유입 | 2008년 | RENIXX −64% | 2008 금융위기, 일부 기술 (태양광·바이오 연료·연료전지 등) 경제성 미흡, 투자 자금 회수 |
| 클린테크 버블 2차 | (-) | 2020~ 2021년 | RENIXX: 약 3배 내외 (지수·측정 구간에 따라 상이) | 탄소 중립·그린 뉴딜 정책, 저금리·유동성, ESG 열풍 | 2022~ 2024년 | 약 −50% 내외 (상승분 상당 부분 반납) | 원가 부담·경쟁 심화·보조금 축소, 금리 인상으로 밸류에이션 조정 |

다. 다만 승자와 패자가 갈릴 가능성이 있고, 단기적으로는 항상 조정이 있을 수 있다. 그러나 장기적으로는 여전히 유망하다.

세상의 발전 방향이 기술 발전으로 이루어진다는 것을 믿는다면 현재 테크 기업들이 버블이냐 아니냐는 그다지 중요한 이슈가 아니다. "투자의 방향이 맞다면 시간은 우리 편"이다. 오늘날 빅테크 기업들은 닷컴 버블 시대 이후에도 고평가 논란이 있었던 기업들이지만 시간이 지남에 따라 2000년대 초 고평가 시절 대비 대부분 수십에서 수백, 수천 배씩 올랐다. 엔비디아, 애플, 구글, 아마존, 마이크로소프트 등이 그들이다. 앞 페이지 표는 인터넷 버블과 클린테크 버블이 발생했던 시기와 상승·하락 폭, 그리고 원인에 대한 분석 내용이다.

6장

# 패시브 투자의 시작
## (액티브 투자의 몰락)

How to Invest

2000년대 초반 나는 액티브(active) 매니저로 자산운용사에 입사했지만, 곧 패시브(passive) 매니저로 전환했다. 계기는 존 보글의 책 번역 작업이었다. 이 책을 번역하기 위해 서울대 영문과 학생 네 명에게 외주를 맡겼고, 그들이 나눠 번역한 원고를 원서와 대조하면서 다섯 번 이상 읽고 꼼꼼히 수정해 나갔다. 그렇게 완성된 책이 연암출판사에서 출간한『성공하는 투자 전략 Index 펀드』다. 이후 원서에 추가된 내용을 포함해 새롭게 번역한『뮤추얼 펀드 상식』으로 새로 출간되었고, 지금도 서점에서 구매할 수 있다.

내 인생에서 가장 결정적인 영향을 준 책을 한 권만 꼽으라면 단연 이 책이 '원 픽(one pick)'이다. 오늘날의 투자 대세가 된 패시브 투자의 시초로, 펀드를 운용하는 사람과 판매하는 사람과 투자자 모두가 반드시 읽어 볼 가치가 있는 양서다. 나는 이 책을 번역, 수정하는 과정에서 운용 철학을 완전히 바꾸었다. 액티브 투자에서 패시브 투자로의 전환이었다. 이는 한국에서 본격적인 패시브 투자 시대를 여는 데 중요한 전환점이 되었다.

## 01
# 패시브 투자

패시브 투자란 매니저가 개별 종목이나 시장의 방향을 예측하지 않고, 시장 전체 또는 특정 인덱스를 그대로 추종하는 투자 전략이다. 개별 종목을 선별하거나 시장을 예측하려 하기보다는 전체 시장 또는 특정 지수(index)의 성과를 그대로 따라가는 방식이다. 대표적인 상품으로 인덱스 펀드와 ETF가 있다.

내가 운용사에서 액티브 매니저를 시작한 2000년대 초반에는 액티브 매니저들이 리서치 애널리스트들의 도움을 받아 적극적으로 운용하는 액티브 펀드가 대세였다. 이런 시장 환경 속에서 패시브 투자 철학은 기존의 시장 관행과 많은 충돌을 일으켰다. 그중 가장 받아들이기 어려웠던 것은 '시장에 대한 전망과 예측에 의존한 투자를 하지 마라'는 원칙이었다. 당시에는 시장에 대한 전망이나 예측이 투자의 기본 출발점이었다. 물론 아직도 많은 투자자들이 그렇게 하고 있다. 예측이 빗나가더라도 '예측은 원래 틀릴 수 있는 것'이라며 관행으로 받아들이는 분위기였다. 예측이 엉터리일 수 있다는 사실을 알면서도 계속 반복했고, 모두 거기 익숙해져 있었다. 시간이 흐르면서 이런 관행도 점차 변하고 있지만 여전히 많은 투자자들이 예측과 전망에 의존한 투자에 기대고 있다. 이 현실이 안타깝다.

먼저 패시브 투자 방식에 대해 알아보고, 그다음 액티브 투자에 대해 이야기하겠다. 패시브 투자가 무엇인지, 왜 의미 있는 접근법인지부터 설명한다.

패시브 투자 방식은 주식 시장이 효율적이라는 가정(Efficient Market Hypothesis, 효율적 시장 가설)에 기반하며, 효율적인 시장에서는 모든 정보(내부정보조차)가 이미 주가에 반영되어 있다고 본다. 따라서 패시브 투자는 장기적인 경제 성장과 기업 가치 상승을 믿고 투자하는 방식이다. 패시브 투자는 시간이 흐르면서 단순히 시장 지수를 추종하는 단계에서 발전하여 특정 요인을 체계적으로 활용해 시장수익률을 초과하려는 팩터 투자(factor investing)로 확장되었다. 팩터 투자는 주가나 자산의 성과를 설명하는 공통된 특성이 존재하며, 이를 전략적으로 활용하면 장기적으로 초과수익(알파)을 기대할 수 있다는 가정에 기반한다.

자산운용사와 지수 공급자들은 이러한 특성을 연구하여 대표적인 팩터를 정리했다. 일반적으로 다음 6개 주요 팩터(6 Key Driving Factors)를 중심으로 분류한다.

① **가치주/성장주**

② **대형주/중·소형주**

③ **퀄리티**

④ **모멘텀**

⑤ **고배당**

⑥ **저변동성**(low volatility)

위 6개 팩터는 처음에는 시장 평균을 초과하는 성과, 즉 알파(alpha)를 창출하는 요인으로 이해되었으나, 시간이 지나면서 특정 매니저의 능력에서 비롯된 초과수익이 아니라 시장 구조에 내재된 체계적인 위험 보상 요인임이 드러났다. 그래서 이제는 시장에 존재하는 새로운 형태의 베타(beta)로 인식되었고, '스마트 베타(Smart Beta)'라고 부르게 되었다.

스마트 베타 전략은 기본적으로 시장 지수를 기반으로 하되, 특정 팩터(가치, 모멘텀, 변동성, 배당, 퀄리티 등)에 더 많은 비중을 줌으로써 시장 대비 초과수익(알파)을 추구하는 전략을 말한다. 즉 패시브처럼 지수 추종 구조지만 지수 자체를 팩터를 반영한 '스마트한' 방식으로 설계함으로써 액티브처럼 차별화된 성과를 추구한다는 점에서 패시브와 액티브의 중간 형태라고 할 수 있다.

1963년부터 1990년까지의 미국 주식 시장 데이터를 기반으로, 중·소형 가치주에 장기 투자하면 시장 전체보다 초과수익이 발생한다는 실증적 결과를 처음 체계적으로 제시한 이가 유진 파마(Eugene Fama) 교수와 케네스 프렌치(Kenneth French) 교수다. 정리하면 다음과 같다.

- 규모 효과(SMB, Small Minus Big): 중·소형주가 대형주보다 초과수익
- 가치 효과(HML, High Minus Low): 가치주가 성장주보다 초과수익

이들은 중·소형주와 가치주에 초과수익을 창출하는 효과가 있음을 발견하고 기존의 시장 포트폴리오를 설명하던 CAPM에 두 개의 팩터(SMB, HML)를 추가하여 파마-프렌치 3팩터 모델(1993년 발표)을 제시했다. 이 업적과 이후의 금융·경제학 연구들로 유진 파마 교수는 2013년 노벨경제학상을 수상했다.

미국의 유명한 운용사인 DFA(Dimensional Fund Advisors)는 파마-프렌치 모델의 실증 연구를 자산운용에 실제 적용한 대표 사례다. DFA는 파마와 프렌치가 자문으로 참여하여 설립 초기부터 중·소형주와 가치주, 그리고 이후 연구된 팩터들을 체계적으로 반영한 포트폴리오를 구성하고 인덱스 펀드와 비슷하지만 팩터 노출을 의도적으로 조정하여 장기 초과수익을 추구하는 전략을 운용하고 있다. 다만 최근에는 이러한 팩터 투자 전략의 효과가 예전만큼 두드러지지 않다는 지적도 제기되고 있다. 여기 대응해 DFA는 ETF 시장에 진출했고, 2020년 11월 첫 ETF를 출시한 이후 업계 최대 규모의 액티브 ETF 발행사로 자리 잡았다.

2008년 글로벌 금융위기를 거치고 2010년대 중반부터 테크 기업이 시장을 주도하기 시작한다. 대표적으로 2013년 이후 FAANG(페이스북, 애플, 아마존, 넷플릭스, 구글) 등 대형 성장 테크 기업

이 시가총액 상위권을 장악하며 시장 수익의 대부분을 견인하자 이 시기부터 중·소형주와 가치주가 장기간 언더퍼폼(underperform)하는 현상이 나타났다. 현재 많은 연구자와 운용사는 시대 상황 변화에 따라 팩터 모델도 수정 및 보완이 필요하다고 보고 있다. 파마와 프렌치 역시 5팩터 모델이나 모멘텀, 퀄리티 등 다른 팩터 추가를 통해 이를 보완할 수 있다는 입장을 내놓았다.

## 02

# 액티브 투자

액티브 투자는 매니저가 시장 전망을 바탕으로 종목을 선별하고 앞서 언급한 팩터 중 한두 가지를 자신의 투자 철학에 맞게 활용하는 방식이다. 과거 액티브 매니저들 사이에서는 '중·소형 가치주 투자'가 대표 전략이었다. 이는 파마와 프렌치의 연구에 이론적 기반을 둔다.

최근 몇 년간의 미국 시장 환경을 살펴보면 인플레이션이 지속되고, 금리는 높은 수준에서 유지되고 있다. 기존의 투자 이론에 따르면 가치주에 유리한 시기다. 가치주는 단기적으로 현금 흐름이 발생하는 구조(단기채와 유사한 구조)이고, 성장주는 장기적인 미래에 현금 흐름이 발생하는 구조(장기채와 유사한 구조)이기 때문이다. 금리가 상승하면 할인율이 높아져 성장주의 미래 현금 흐름은 더욱 큰 폭으로 할인되며 현재 가치가 감소한다. 반대로 가치주는 단기 현금 흐름이 크므로 금리 상승에 덜 민감하다. 그러나 실제 투자 결과를 보면 2010년대 이후 중·소형 가치주는 지속적으로 언더퍼폼해 왔다. 오히려 성장주의 성과가 훨씬 좋았으며, 대형주가 중·소형주보다 더 높은 수익률을 기록했다. 이 역설적인 현상, 즉 기존 이론과는 다른 시장 흐름이 나타난 이유는 무엇일까?

현재는 디지털 시대로, 테크 기업들이 세상을 주도하고 있으며 최근엔 AI 기술 혁신을 주도한다. 이는 가치주보다는 생산성 향상을 이끄는 빅테크 성장주에 대한 선호를 높이는 결과로 이어졌다. 특히 '승자 독식' 구조가 강화되면서 장기적인 성장 가능성이 높은 기업들이 고평가(높은 밸류에이션)를 유지할 수 있었다. 다시 말해 시대의 패러다임이 제조업 중심에서 테크 중심으로 전환되고 있어서 이와 같은 흐름이 나타나는 것이다.

시대적 전환을 고려할 때, 오늘날과 같은 테크 시대에는 투자 원칙 역시 과거의 제조업 시대와 달라져야 한다. "투자는 경제 성장의 과실을 가장 효율적으로 취득하는 방법"이므로, 당장의 가치 투자보다 "미래 성장에 장기 투자하라"는 원칙이 더 설득력을 갖는다. 제조업 시대에는 가치주 투자가 적절했을지 몰라도 디지털 시대에는 성장주, 특히 테크주 중심의 장기 투자가 바람직하다는 말이다.

투자 철학 측면에서 보더라도 변화의 흐름은 분명하다. 과거 벤자민 그레이엄은 대공황 이후 경제가 불안정한 시대에 자산 가치 중심의 보수적인 투자 원칙으로 성공했다. 그의 제자 워런 버핏은 제2차 세계대전 이후의 평화기와 경제 성장기를 배경으로 이익 가치 중심의 투자로 전환했고, 이를 60년 넘게 유지하며 지금까지 명성을 유지하고 있다. 하지만 나는 그의 투자 철학이 2000년 이전까지인 약 35년간만 옳았다고 생각한다. 워런 버핏의 철학에 반기를 들겠다는 말이 아니다. 세상이 바뀌었으니 투자 방식도 바뀌어야 한다는, 현실적인 접근이 필요함을 말하고 싶은 것이다. 현재 우리는 테크 시대에 살고 있으니 그에 걸맞은 투자 철학이 필요하다. 그 변화는 이미 너무나 많은 데이터와 사례로 뒷받침되고 있다(4장 '성공 투자를 가로막는 일곱 가지 함정'에서 나스닥 100, S&P 500, 워런 버핏 성과 비교 참조).

한편 중·소형주가 언더퍼폼하는 또 다른 이유로는 금리 상승에 따른 리스크 회피 심리도 있다. 하지만 보다 구조적인 이유로 ETF나 패시브 투자 중심의 자금 흐름이 대형주에 집중되기 때문이라고 주장하는 사람들도 있다. 게다가 소프트뱅크(SoftBank)의 비전펀드, 세쿼이아(Sequoia), A16Z(Andreessen Horowitz, 앤드리슨 호로위츠), 타이거 글로벌(Tiger Global) 등 대형 VC들이 대규모 자금을 공급하면서 기업들은 상장을 미루고도 성장할 수 있게 되었다. 과거에는 중·소형주로 상장한 기업이 이후 급성장하며 투자자에게 초과수익을 제공하는 경우가 많았지만, 이제는 유니콘(unicorn)이나 데카콘(decacorn)으로 성장한 후에 상장하는 레이트-스테이지(late-stage) IPO 현상이 보편화되었다. 이 과정에서 벤처 자금이 이미 성장 단계의 과실을 선취했기 때문에 중·소형주로 상장해 폭발적으로 성장하는 사례는 드물어졌다. 그 결과 중·소형주는 투자자들에게 상장 후에도 이어질 성장 스토리를 제공하지 못하게 되었고, 투자 매력도 약화되었다.

이 모든 흐름은 중·소형주와 전통 가치 투자가 더 이상 시장에서 작동하지 않는 구조적인 이유를 설명해 준다. 그리고 이와 같은 변화에 대응하기 위해서는 새로운 시대에 맞는 새로운 투자 기준과 전략이 필요하다는 결론에 도달한다.

지금 우리는 제조업과 테크 기업이 공존하는 시대에 살고 있다. 5장 '기술주에 투자하라'에서 살펴봤듯, 기술주와 제조업이 창출하는 부의 방정식이 다르다. 역사를 되돌아보면 시대의 변화에 따라 등장한 새로운 기술을 활용하는 산업 또는 기업이 당대 부의 창출을 주도했다. 이제 투자도 제조업 시대의 투자 마인드를 벗어나, 디지털 시대에 맞는 투자 마인드와 전략이 필요하다.

## 03
# 자산운용 시장 패러다임의 전환

**(1) 나의 투자 철학 정립과 체계화**

내가 액티브 매니저에서 패시브 매니저로 경력을 전환하게 된 계기가 존 보글의 『성공하는 투자 전략 Index 펀드』를 번역, 출간하면서라고 했다. 이후 직접 인덱스 펀드를 만들고 ETF도 도입했지만 이 비즈니스가 성공하기 위해서는 많은 시간이 소요되리라 예상했다. 그때까지 회사에서 살아남기 위해서는 수익을 만들 수 있는 또 다른 수단이 필요하여 그 방안으로 ELS를 한국 시장에 처음 도입했다고도 이야기했다.

이 과정에서 나는 내가 하는 일에 대한 구체적인 비즈니스 모델이 필요함을 깨달았다. 그래서 2003년 처음 본부장이 되어 경영전략회의 발표를 준비하면서 'Change the Investment Paradigm'이라는 제목의 자료에 내 비즈니스 모델을 구체적으로 담아 발표했다. 이 페이퍼에서 나는 자산운용의 핵심 비즈니스 영역을 '상품 개발', '운용', '마케팅' 3개로 나누고, 앞으로는 운용이 아닌 상품 개발과 마케팅이 자산운용사의 KFS(Key Factor for Success, 핵심 성공 요인)이라고 결론지었다.

나는 이 발표를 '3개의 사과' 이야기로 시작했다. 선악과의 사과, 뉴턴의 사과, 파리스의 심판에 등장하는 사과다. 이 사과들은 세상의 흐름을 바꾼 사건의 상징이다. 그리고 발표의 마지막은 '야단법석(野壇法席)'으로 마무리했다. 들판에 제단을 세우고 율법, 즉 패시브 투자를 떠들썩하게 널리 알리겠다는 의미였다. 이 스토리라인 중 3개의 사과 이야기는 내가 직접 차용해 넣었고, 야단법석은 동료 중 누군가의 아이디어였는데 지금 생각해도 모두 절묘했다.

지금은 이런 비즈니스 모델이 많이 알려져 있다. 물론 내가 전 직장에 있을 때 같이 일하던 동료들에게 끊임없이 주입했고, 이제 그들이 시장 주도권을 쥐고 있으니 당연한 결과일 수도 있다. 그런데 지금 이 시장을 주도하는 주역들은 초기에 패시브 시장을 개척했던 이들이 아니다. 패시브 운용이 오랫동안 자금을 제대로 끌어모으지 못해 초기 멤버들은 떠났다. 지금 시장에서 주된 역할을 하는 이들은 2007년 이후 조인한 사람들이다.

## (2) 조직적 성장과 개인적 배움

지금 와서 돌아보면 당시 자산운용업의 본질을 세 가지로 정리했던 것은 스스로가 생각해도 기특하다. 회사가 '업의 본질'을 너무나 강조하던 시절이 나에게 이런 생각을 할 수 있게 만들어 준 것 같다.

나는 전 직장에서 회사를 업계 정상 수준으로 끌어올렸다고 생각한다. 입사 당시 계열사 자산을 제외한 위탁자산 기준으로 3~4위에 머물던 회사를 약 15년 만에 1위 수준으로 성장시켰다. 혼자만의 성과는 아니고 나와 함께했던 동료들이 노력한 결과다. 그 회사에서 CEO로 경력을 마무리하지는 못했으나, 회사 생활을 통해 나는 업의 본질을 끝없이 고민하는 자세를 배웠다. 지금까지도 스스로 업무와 관련된 핵심 개념을 정의하는 습관을 가지고 있다.

또 하나의 큰 배움은 그룹 차원에서 진행된 체계적인 교육이었다. 단순한 이론이 아니라 실무와 직결되는 내용이라 나에게 절실하게 다가왔다. 예를 들어 체인지 리더(Change Leader) 교육 과정은 '세상의 변화에 저항하면 사라지고, 순응하면 살아남으며, 변화를 주도하면 리더가 된다'는 메시지를 주었다. 이 교육 과정을 이수하면서 강의가 끝나기도 전에 어서 회사로 돌아가 곧바로 실행하고 싶다는 열망이 치솟았던 기억이 있다.

부사장이 된 직후에 했던 CEO 후보군 교육도 기억에 남는다. 이때 접한 『블루오션 시프트』 관련 강의는 전략적 사고를 정교화하는 계기가 되었다. 전략 캠퍼스, 구매자 효용 지도, 숨은 고객 발굴, 새로운 가치 곡선 설계 등 구체적인 전략 수립에 필요한 내용을 접했다.

일부 이미 내가 실행 중이던 것들과 맞아떨어지는 부분도 있어 큰 흥분을 느꼈으며, 지금까지도 업무를 수행하는 데 많은 도움을 주고 있다. 강의 후 강사에게 감사를 전하고 친구가 되어 지금도 꾸준히 교류하고 있다.

## (3) 패시브 운용으로의 패러다임 전환

### • 상품 개발과 마케팅을 중심축으로

이제 전 세계 자산운용 시장은 패시브 운용이 대세로 자리 잡았다. 과거 오랜 시간 베일에 가려졌던 액티브 운용 전략에 대한 학문적 검증과, 2000년 미국의 FD(공정공시) 제도 시행으로 정보의 비대칭이 해소되면서 사실상 액티브의 우위가 사라졌기 때문이다. 여기에 액티브 펀드들은 높은 보수에도 불구하고 시장수익률을 따라가지 못하는 경우가 늘었다. 반면 패시브 전략은 낮은 비용으로 안정적 성과를 제공하며 자금 유입을 주도했다. 특히 블랙록과 뱅가드는 이 흐름을 주도하며 패시브 비즈니스를 적극 확장함으로써 업계 리더로 자리매김했다.

우리나라 역시 2016년 이후 한미약품 사태와 CJ ENM 사태를 통해 공정공시가 강화되면서 비공개 정보를 활용하기 어려워져 액티브 매니저들의 성과 부진이 뚜렷해졌다. 이후 자금이 패시브 중심으로 이동하는 흐름이 강화되었다. 특히 ETF가 자금 흐름의 변화를 주도하고 있다. 이 과정에서 운용사들의 비즈니스 초점은 운용에서 상품과 마케팅으로 빠르게 이동했다. 단일 매니저의 역량이 아닌,

특정 시장의 성과를 효율적으로 담는 상품 개발과 이를 고객에게 효과적으로 전달하는 마케팅 역량이 새로운 핵심 경쟁력이 되었다.

미국의 경우 전통 액티브 강자들은 패시브 전환을 일시적 흐름으로 오판하여 뒤늦게 대체투자 등으로 방향을 틀었다. 하지만 대체 시장도 기존 강자들이 장악하고 있어 치열한 진입 경쟁을 치러야 할 것으로 보인다.

• **경쟁 과열로 인한 질적 저하**

자산운용 시장의 초점이 상품 개발과 마케팅으로 맞춰지고, ETF 상품이 자산운용 시장의 성장축으로 등장하자 두 부문에서 경쟁이 과열되고 있다. 그 결과 ETF 산업은 양적으로는 급격한 성장을 보이나 질적으로는 형편없는 수준으로 전락하고 있다.

가장 큰 문제는 '복제 경쟁'이다. 누군가 어렵게 기획해 새로운 상품을 상장해 자금 유입이 생기면 곧장 판박이 상품이 따라 나온다. 상품 브랜드만 다르다. 특히 전체 AUM(총자산)이 큰 회사가 운용 보수를 대폭 낮춰 복제 상품을 출시해 놓고 더 많은 광고비를 쏟아부어 시장을 잠식하려고 한다. 나는 홍콩에서도 중국에서도 ETF 비즈니스를 해 봤지만 이들 나라에서는 그런 상품이 허용되지 않는다. 운용사의 양식과 제도상의 문제다. 그 결과 ETF 산업은 '혁신의 무대'가 아니라 '복제 공장'으로 전락하고 있다. 더 큰 문제는 이를 당연한 관행처럼 여긴다는 데 있다. 이런 관행을 타파하기 위해 내가 직접 관여해 보고 싶었으나 복제가 허용되는 상황에서 가격 문제를 제기하면 담합으로 간주될 수 있어 조심스럽다.

두 번째는 출혈 경쟁이다. 이미 나와 있는 상품들 가운데 자금 유입이 큰 상품들은 운용 보수를 가능한 한 내려 자산을 끌어모은다. 투자자 입장에서는 당장은 싸기 때문에 좋아 보일 수 있다. 그러나 산업 전체로 보면 자기 파괴적 경쟁이다. 연구·운용·서비스에 투자할 여력이 사라지고, 장기적으로는 투자자에게 돌아갈 혁신의 과실마저 줄어든다. 마치 '밑지는 장사'로 시장점유율만 확보하려는 치킨 게임을 ETF 업계 전체가 벌이고 있는 셈이다.

이 모든 과정에서 시장의 주역인 투자자는 철저히 뒷전으로 밀려난다. ETF 산업은 운용사의 돈벌이가 아니라 투자자의 자산 형성을 돕기 위해 존재해야 한다. 그러나 지금은 자산운용사들 사이의 AUM 경쟁만 남았고, 이 과정에서 투자자는 실질적 혜택보다 단기적인 가격 경쟁에만 노출되고 있다.

나는 국내에 ETF를 처음 도입한 사람으로서 최소한의 양식과 상식이 사라진 지금의 풍경을 보는 것이 안타깝다. ETF는 본래 '투자자와 시장 모두에게 투명하고 효율적인 길'을 제시하기 위해 태어난 금융 혁신이었다. 그러나 지금 한국 ETF 시장의 일부 모습은 투자자의 이익을 외면한 채 서로를 모방해 상품을 마구잡이로 만들고 출혈적으로 상대의 상품을 깎아내리며 '규모의 착시'만 추구하는 시장으로 비칠 위험이 크다. 이런 행태는 단기적으로는 특정 운용사에 이익이 될지 몰라도 장기적으로는 산업의 신뢰를 무너뜨리는 자해적 행동이다. 투자자의 신뢰가 무너지면 ETF는 '싸구려 모방품'으로 낙인찍히고, 끝내 산업 전체가 고사할 수밖에 없다.

이제 ETF 산업은 양적 성장이 아니라 새로운 질적 성장 궤도로 나아가야 한다. 이 산업은 고객이 장기적으로 부를 축적할 수 있는 든든한 터전이 되어야 한다. 단기적 유행이나 규모 경쟁에 매몰되지 않고 투자자의 신뢰를 중심에 둔 건전한 사업으로 성숙해야 한다. 그래야 더 많은 투자자가 참여하고 산업 내부에서도 더 좋은 인력이 들어와 정당한 대우를 받으며 일하는 선순환 구조가 만들어질 수 있다.

나는 ETF를 한국 시장에 처음 도입했고, '한국 ETF의 아버지'라는 호칭까지 얻었다. 누구보다도 이 산업이 건전하게 성장하길 바라는 마음이 크다. ETF는 단순히 몇몇 운용사가 수치상 경쟁우위를 실현하는 도구가 되어서는 안 된다. 이 산업을 이끄는 사람들이 깨어 있어야 하고, 산업의 최고위층이 개인의 자부심을 위한 수단으로 이용해 경쟁을 부추기는 것도 바람직하지 않다. ETF는 시장 참여자 모두를 위한 공동의 자산이다. 투자자에게 장기 투자의 길을 열어 주고, 자본 시장의 효율성을 높이며, 더 많은 사람에게 금융 기회를 나눠 줄 수 있는 사회적 인프라가 되어야 한다. 이제 지나친 수치상의 경쟁, 복제와 출혈 경쟁의 함정에서 벗어나 산업 전체가 성숙한 생태계를 만들어 후배 세대에 물려주어야 한다. 그것이 ETF 산업을 시작한 세대로서 우리가 남겨야 할 가장 큰 유산이다.

## 04
# 자산운용업과 제조업 비즈니스 모델의 변화

 자산운용업의 핵심 경쟁력은 더 이상 '운용 능력'에 있지 않다. 액티브 운용이 주도하던 시절에는 운용 성과 자체가 회사의 성패를 좌우했다. 그러나 패시브 시대가 열리면서 무게 중심은 상품 개발과 마케팅으로 이동했다. 앞서 말했듯이 단일 매니저의 실적이 아니라 시장의 흐름에 맞는 상품들의 성과를 효과적으로 담는 '상품 개발'과, 이를 고객에게 설득력 있게 전달하는 '마케팅 능력'이 새로운 성공 요인으로 자리 잡았다.

 이런 변화는 일반 산업에서도 똑같이 나타난다. 과거 제조업 시대에는 제조 기술을 보유한 기업이 주도권을 쥐었지만, 오늘날 테크 시대에는 혁신적인 상품 개발(여기서 말하는 개발은 새로운 상품의 아이디어다)로 시장 자체를 창출하며 브랜드 가치를 극대화하는, 마케팅

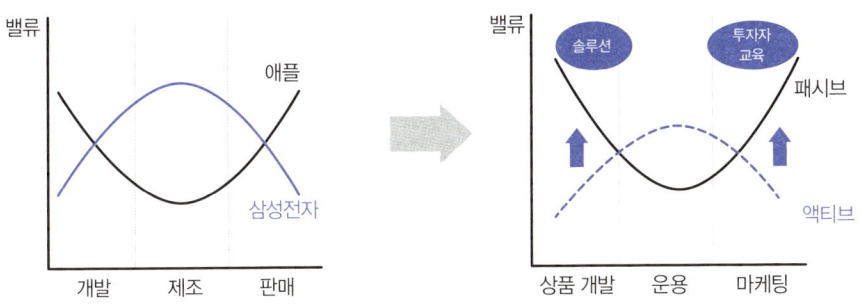

역량이 뛰어난 기업이 주도권을 차지하고 있다.

제조기업 대표주자인 삼성전자와 테크 기업 대표주자인 애플을 비교해 보자. 애플은 혁신적인 상품 개발을 통해 시장을 새롭게 열었고, 제조는 아웃소싱으로 효율화했으며, 강력한 마케팅을 통해 브랜드 가치를 극대화했다. 스티브 잡스가 광고 하나까지 직접 챙겼다는 일화는 애플이 얼마나 마케팅을 중요시했는지를 잘 보여 준다. 반면 삼성전자는 제조 역량에 집중해 가치를 창출하는 기업이다. 새로운 제품을 스스로 개척하기보다는 시장에 나온 새로운 제품을 빠르게 모방하는 '패스트 팔로워(fast follower)' 전략을 택했고, 스마트폰이 그 대표 사례다.

이 차이는 가치 창출 구조에서도 뚜렷하게 드러난다. 위 그래프에서도 뚜렷하게 보인다. 테크 기업인 애플은 상품 개발과 마케팅에서 더 높은 가치를 창출한다. 반면 제조 기업인 삼성전자는 제조에서 더 높은 가치를 창출한다. 비즈니스 모델의 차이로 두 기업의 시가총액은 10배 이상 벌어졌다. 단순히 기업 규모의 차이가 아니라 수익 창출 구조의 차이에서 비롯된다. 제조업은 1차 함수처럼 일정한 비율로 성장하지만 테크 기업은 2차 함수처럼 기하급수적인 성장 구조를 지닌다. 이처럼 제조가 아닌 상품 개발과 마케팅 역량을 창출하는 것이 테크 기업들의 특징이다.

## 05
# 패시브 운용 시대에 운용사의 경쟁력은?

제조업 시대에서 테크 기업 시대로의 전환은 비즈니스의 핵심 축이 '제조 역량'에서 '상품 개발과 마케팅 역량'으로 이동했음을 보여 준다. 자산운용업 역시 같은 흐름을 보인다. 액티브 운용이 대세였던 시절에는 성과만 좋으면 상품 개발이나 마케팅은 부차적 요소에 불과했다. 그러나 패시브 시대가 도래하면서 운용 능력은 유사하게 수렴하고, 운용사의 경쟁력은 차별화된 상품 개발과 마케팅에서 나오게 되었다. 이와 같은 배경에서 자산운용사의 상품 개발은 단순한 신상품 출시가 아니라 시장 수요의 단계적 구조를 이해하고 체계적으로 접근하는 과정이 되어야 한다. 이를 세 단계로 구분해 볼 수 있다.

### (1) 1단계: 현재 수요를 충족시키는 상품

첫 단계는 지금 투자자들의 니즈를 신속히 반영하는 상품을 공급하는 것이다. 이미 시장에서 인지된 요구를 충족시키기 때문에 개발 난이도는 낮지만 경쟁은 치열하다. 테마형 ETF나 단기적 유행을 반영한 상품들이 여기 해당한다. 다만 차별화가 쉽지 않고 단기적 성격이 강하다.

### (2) 2단계: 미래 수요를 선점하는 상품

두번째는 아직 투자자들의 요구가 명확하게 드러나지 않지만 곧 필요로 할 것으로 예상되는 영역을 선제적으로 준비하는 단계다. 미래에 테마로 관심 끌게 될 트렌드에 맞춰 상품을 미리 기획하는 것이다. 운용사의 통찰력과 실행력이 결합되어야 가능한 전략이며, 시장에서 한발 앞서 차별화를 꾀할 수 있다.

### (3) 3단계: 고객 성향을 반영한 자산 배분 상품

패시브 운용이 대세가 된 오늘날 자산운용사의 진정한 경쟁력은 운용 능력 자체가 아니라 어떤 상품을 개발하고 어떻게 고객에게 전달하느냐에 달려 있다. 상품 개발은 지금 고객이 원하는 것을 반영하는 1단계, 미래 수요를 선점해 반영하는 2단계를 거쳐, 궁극적으로는 자산 배분 상품이라는 3단계에 이르게 된다.

자산 배분 상품은 특정 테마나 유행과 무관하게 언제든 고객에게 추천할 수 있는 안정적인 투자 상품이다. 단기 테마형 상품이나 장기 투자형 상품조차도 많은 투자자들이 단기 매매 수단으로 활용하기 때문에 장기적인 부의 축적에는 한계가 있다. 반면 자산 배분 상품은 고객의 투자 성향을 반영해 안정적이고 지속 가능한 성과를 목표로 하며, 투자자가 '한 번 투자하면 잊고 있어도' 장기적으로 부를 쌓을 수 있는 구조를 제공한다.

이처럼 자산 배분 상품은 시장 변동과 상관없이 장기적인 투자 원칙을 적용할 수 있게 해 주며, 투자자가 추가적인 노력을 기울이지 않아도 미래의 부를 꾸준히 쌓아 갈 수 있는 기반이 된다. 따라서 운용사가 이러한 상품을 중심에 두고 고객의 투자 행태를 단기 투자에서 장기 투자로 전환시킬 때 비로소 고객 신뢰를 얻고 더 많은 고객을 확보할 수 있다.

결국 자산 배분 상품은 투자자의 장기적인 부의 축적을 가능하게 하는 운용사의 새로운 경쟁력이 되는 핵심 영역이다. 단순히 상품의 한 종류가 아니라 패시브 시대 자산운용 산업이 나아가야 할 방향을 제시한다. 이 단계에서는 상품 개발 능력은 자산 배분 능력으로, 마케팅 역량은 투자자 교육으로 대체될 것이다.

### (4) 자산 배분과 TDF

대표적인 자산 배분형 상품으로 TDF(Target Date Fund, 생애주기펀드)가 있다. 투자자가 퇴직 시점까지의 투자에 초점을 맞춘다. 퇴직 후

자금 인출에 초점을 맞춘 TIF(Target Income Fund, 타깃인컴펀드)도 있다. 그 외에는 위험 수준을 고정시킨 TRF(Target Risk Fund)가 있다. 이러한 상품들은 고객에게도 운용사에게도 가장 쉽게 장기 투자의 정당성을 확보할 수 있는 구조를 제공한다. 다만 TDF도 액티브와 패시브 두 가지 운용 방식이 있다.

2022년 내가 한국투자신탁운용에 합류했을 당시 티로우프라이스(T. Rowe Price)가 액티브 방식으로 운용하는 TDF가 있었다. 그러나 앞서 말한 바와 같이 나는 액티브 운용을 지양하며, 이에 따라 솔루션본부를 재구성하고 외부에서 전문 인력을 영입하여 매니저의 자의적인 판단을 배제하는 패시브 방식으로 운용하는 TDF 상품을 새로 만들었다. 이 TDF는 모든 포트폴리오를 현물 주식/채권이 아닌 ETF로만 구성했다. 이름도 '한국투자 TDF 알아서 ETF 포커스'로 명명했다. 2022년 10월 출시하여 출시 후 2년 5개월이 지난 시점 기준, 해당 상품군 7개 모두 설정 이후 수익률, 최근 1년, 2년 수익률, 위험 조정 수익률 모두 좋은 성과를 기록하고 있다. 상품을 만드는 과정에서 액티브한 아이디어를 상품에 반영시켰고, 운용은 설계대로 한다. 그래서 패시브 운용에 가깝다고 할 수 있다. TDF에 관한 내용은 8장에서 자세히 소개하겠다.

7장

# 금융 혁신 결정체로서의 ETF

How to Invest

ETF는 'Exchange Traded Fund'의 약자로 펀드를 거래소에 상장시켜 주식처럼 거래할 수 있게 만든 상품이다. ETF는 상장되어 있어 주식 시장과 동일하게 실시간 가격으로 거래되기 때문에 펀드처럼 하루에 한 번 기준가격을 기다릴 필요가 없다. 낮은 비용과 높은 접근성으로 과거에는 소수의 기관과 부유층만 누리던 다양한 자산군에 대한 투자 기회가 이제는 모든 투자자에게 개방되었다. 이 점에서 '투자의 민주화와 대중화'를 실현한 21세기 최고의 금융 상품으로 불린다.

## 01

# ETF의 탄생

1990년대 초반 미국의 아메리칸증권거래소(AMEX)는 중대 위기에 직면했다. 오랜 시간 중·소형주 중심 거래소로 명성을 쌓아 왔지만 시대의 흐름은 이곳을 외면하고 있었다. 더 큰 유동성, 더 넓은 투자자층, 더 현대화된 시스템을 갖춘 뉴욕증권거래소(NYSE)와 기술주 중심의 나스닥으로 기업들이 속속 이탈하면서 쇠락의 길로 접어들었던 것이다. 기업들이 빠져나간 자리는 거래량 감소로 이어졌고, 다시 거래소의 매력 저하로 연결되었다. 한때 활기를 띠던 AMEX의 거래 대장에는 더 이상 매력적인 신규 상장 소식이 올라오지 않았다. 기존 종목들마저 타 거래소로 갈아탔다.

이때 AMEX가 생존을 위해 꺼낸 혁신적인 카드가 ETF였다. AMEX 내부에서는 기존 개별 종목에 의존하지 않고 주가 지수 자체를 상품화해 상장시키는 방안이 모색되고 있었다. 바로 상장지수 펀드(Exchange Traded Fund) 상품 아이디어였다. 네이던 모스트(Nathan Most)와 스티븐 블룸(Steven Bloom)이라는 두 인물의 기획이었다. 이들은 기존 선물 시장에서의 유동성 구조를 응용해 실시간으로 매매가 가능한 지수형 펀드, 즉 ETF라는 새로운 구조의 상품을 구상했다. 펀드를 거래소에 상장하여 주식처럼 사고팔 수 있도록 만듦으로써 온종일 실시간으로 거래되고, 지수를 정확히 추종하고, 유동성은 시장 조성자가 매매를 보장하는 구조였다. 하루 한 번 가격이 결정되는 펀드에 비해 혁신적이었다.

1993년 1월, ETF 시대를 연 역사적인 SPDR S&P 500 ETF(SPY)가 탄생했다. 미국을 대표하는 S&P 500 지수를 추종하는 이 ETF(SPY)는 SSGA(State Street Global Advisors, 지금은 SSIM으로 회사명 변경)와 AMEX의 협업을 통해 개발되어 AMEX에 상장되었다. 첫 ETF에 대해 당시 시장은 긍정적으로 반응했다. SPY는 점차 거래량을 늘리며 기관과 개인 모두에게 지수 투자라는 새로운 방식을 제공하기 시작했고, 덕분에 AMEX는 ETF 중심 거래소로 다시 주목받았다. ETF의 성공에도 불구하고 AMEX의 재도약은 오래가지 못했다. NYSE와 나스닥이 ETF의 성장 가능성을 인식하고는 이 시장에 본격적으로 뛰어들었기 때문이다. AMEX는 더 우수한 인프라, 더 넓은 유통 채널, 더 강력한 마케팅을 갖춘 양대 거래소에 밀리기 시작했다. 지금은 NYSE에 흡수되어 NYSE Arca로 남아 있다. 하지만 그들이 만들어 낸 ETF라는 혁신은 오늘날 전 세계 자산운용 시장의 중심으로 성장하며 패시브 투자 시대의 주역으로 자리 잡았다.

## 02
# ETF의 핵심 철학

ETF의 핵심 철학은 '분산(diversification)', '유동성(liquidity)', 그리고 '투명성(transparency)'이다.

첫째, '분산'은 투자자가 개별 종목의 리스크를 줄이고 테마나 섹터 등 특정 투자 대상을 중심으로 효율적인 포트폴리오를 구성하는 것을 가능하게 해 준다. 앞 장에서 살펴본 것처럼 개별 종목 투자는 종목 자체의 리스크 외에도 개별 종목의 큰 변동성에서 오는 심리적 부담감(MDD에서 살펴봄)으로 인해 투자를 오래 유지하지 못하는 경우가 대부분이다.

둘째, '유동성'은 ETF가 실시간으로 거래될 수 있도록 하여 투자자가 자유롭고 능동적인 매매를 할 수 있도록 돕는다. 이를 위해 운용사는 상장 전에 유동성 공급자를 지정해 상품 매매의 원활성을 구조화한다.

셋째, '투명성'은 ETF의 보유 자산 구성을 투자자가 쉽게 확인할 수 있게 하여 신뢰성과 예측 가능성을 높인다. 다만 액티브 ETF의 경우 포트폴리오를 실시간으로 공개하지 않는 경우도 있다.

이 세 요소는 ETF가 기존의 전통 펀드와 구별되는 본질적 가치이자 ETF가 자산운용의 새로운 표준으로 자리 잡은 핵심 이유다.

## 03

# 세계 금융 시장의 주류

ETF가 전 세계 자산운용 시장의 중심으로 부상한 데에는 분명한 역사적·제도적 배경이 있다. 2000년 미국에서 도입된 FD(공정공시) 규제는 기관 투자자에게만 유리했던 정보 격차를 줄여 주며 시장을 더욱 투명하고 효율적으로 작동하게 만들었다. 그 결과 일부 전문가나 액티브 매니저만 누리던 초과수익 기회가 사라졌다.

이어 학계는 연구를 통해 자산운용의 성과를 설명하는 등 다양한 팩터(요인)를 규명했고, 초과수익의 원천이 비밀스러운 '운용 능력'이 아니라, '특정 리스크 요인의 노출(factor investing)'에 있음이 밝혀졌다. 이로써 전통적인 액티브 펀드의 명분은 점차 약해졌으며 투자자들은 점점 더 낮은 비용, 분산 효과, 투명한 구조를 갖춘 ETF로 눈을 돌리기 시작했다.

게다가 글로벌 금융위기 이후 장기화된 저금리·저성장 시대는 고비용 상품에 대한 거부감을 키웠고, 효율성과 즉시성을 중시하는 흐름은 ETF의 대중화를 더욱 가속화시켰다. 2024년 기준, 미국 자산운용 시장에서의 ETF 비중은 이미 뮤추얼펀드를 넘어섰다. 한국 역시 ETF로 운용되는 자산이 전통 펀드를 앞지른 지 오래다.

이제 ETF는 단순한 투자 수단이 아니라 금융 투자의 민주주의(financial democracy)를 실현하는 핵심 인프라로 확실하게 자리 잡았다. 누구나 적은 비용으로도 글로벌 시장에 분산투자할 수 있고, 실시간으로 투자 전략을 조정할 수 있으며, 보유 자산의 내용을 쉽게 파악할 수 있다. 자본 시장 참여의 장벽을 낮추고 투자자에게 진짜 주도권을 부여(self direct investment)한다는 점에서 혁명적인 변화다.

## 04
# 상품이 아닌 '도구'로의 ETF

ETF는 단순히 거래되는 상품의 하나가 아니다. ETF의 본질은 '투자 전략을 구현하는 도구(vehicle)'에 가깝다. ETF의 기본 구조는 '설정(creation)', '환매(redemption)' 메커니즘으로 이루어진다. 운용사가 ETF 구조를 설계하고 기초자산 바스켓을 정하면 지정 참가자(AP, Authorized Participant) 또는 유동성 공급자(LP, Liquidity Provider)가 바스켓을 운용사에 제공하여 해당 ETF를 받는 것이 기본 구조다. 반대로 투자자들이 ETF를 매도하면 LP가 시장에서 매수하여 설정과 반대 과정인 환매 처리를 한다. 이 과정에서 시장 조성자(market maker)의 역할은 유동성을 공급하고 ETF 가격이 순자산가치에서 괴리되지 않도록 조절하는 것이다.

ETF는 인덱스를 추종하는 패시브 전략에서 시작되었지만 최근에는 매니저의 다양한 전략을 그때그때 담아낼 수 있는 '액티브 ETF', 혹은 '전략 ETF'가 빠르게 성장하고 있다. 운용자의 관점과 인사이트를 반영하면서도 ETF의 구조적 장점을 유지하는 새로운 형태다. 주식, 채권 등의 전통 자산에서 금, 원자재 등 실물 자산에 이르기까지 투자 대상이 실시간 마켓 메이킹만 가능하다면 모두 ETF로 상품화할 수 있다.

## (1) 스마트 베타 ETF

주식 투자에서 '가치(value)'와 '성장(growth)'은 가장 보편적으로 사용되는 투자 팩터다. 이외에도 운용사와 주요 지수 제공자들은 성과를 결정짓는, 주로 여섯 가지 핵심 팩터를 활용한다고 앞에서 살펴봤다.

최근에는 단일 팩터보다 여러 팩터를 조합한 멀티 팩터 전략도 활용되고 있다. 다양한 팩터를 동시에 고려하여 포트폴리오를 구성함으로써 개별 팩터의 단점을 보완하고 장점을 극대화하려는 접근 방식이다. 중·소형주와 가치주를 결합하는 것이 가장 흔하고, 퀄리티와 모멘텀을 결합하거나 가치와 저변동성을 함께 고려하는 방식 등도 있다.

오늘날에는 데이터 공개와 투자 방식의 대중화로 더 이상 비밀스러운 알파가 아닌 구조적인 리스크 프리미엄으로 간주되며 베타(시장수익률)화되고 있다. 최근엔 스마트 베타도 더 이상 '스마트(초과수익 제공)'하지 않다는 반론도 제기되고 있다.

## (2) 테마형 ETF

테마형 ETF는 시장 전체(시장 지수 추종형)나 팩터 기반(스마트 베타 ETF)과 달리 특정 산업이나 미래 트렌드의 구조적 변화에 집중하여 구성된 ETF다. 예를 들면 반도체, 인공지능(AI), 로보틱스, 전기차, 클린에너지, 자율주행, 블록체인, ESG, 우주항공, 바이오테크 등 다양한 테마 구성이 가능하다. 때로는 섹터가 테마가 될 수도 있지만 테마가 좀 더 세분화된 개념이다. 테마 ETF는 지수 설계 자체가 특정 테마를 염두에 두고 선택적으로 종목을 추출한다는 점에서는 패시브 ETF이지만, 특정 대상을 미리 골라 투자한다는 점에서는 액티브 성격을 띤다. 테마형 ETF는 기존 시장 전체 지수 ETF(S&P 500, KOSPI 200 등)가 평균적인 수익률 제공에 그친다는 한계가 드러나면서 등장하게 되었다.

기술의 발전과 혁신에 따라 미래 성장 산업에 집중 투자하고 싶어 하는 투자자 수요가 급증하면서 이에 부응하여 반도체, AI, 전기차, 로보틱스, 빅테크, 바이오, ESG 등 빠르게 성장 중인 섹터나 산업에 투자하는 상품이 나오게 되었다.

테마 ETF 성장의 대표 기폭제는 ARK Invest의 성공에서 시작되었다고 할 수 있다. 캐시 우드(Cathie Wood)가 이끄는 ARK Invest는 테슬라, 로쿠, 크리스퍼 테라퓨틱스 등 유전자 기술과 혁신 기술 투자에 집중하며 2020년 팬데믹 이후 폭발적인 수익률을 기록했고, 테마형 ETF 붐을 주도했다. 대표 ETF인 ARK Innovation ETF(ARKK), ARK Genomic Revolution ETF(ARKG) 등은 이미 국내 서학개미들에게도 익숙한 이름이다. 미국에는 ARK Invest 외에도 Global X, VanEck, First Trust 등이 대표적으로 테마 ETF를 상장 운용하고 있다. 2023~2024년에 가장 많은 자금을 끌어모은 ETF 중 상당수가 테마형이었고, 특히 AI 관련 ETF는 엔비디아의 주가 폭등과 함께 급성장했다.

한국은 2021~2023년을 기점으로 테마 ETF 시장이 본격적으로 확대되었다. 미래에셋이 주도했으나 이후 한투운용, 삼성자산, KB자산, 신한, 키움, 한화 등이 반도체, 빅테크, AI, 2차전지 등 테마 ETF 출시에 열을 올리고 있다. 타임폴리오와 삼성액티브 자산운용도 합류하여 규모를 키워 나가고 있다.

나는 2022년에 한투운용에 합류해 투자자들이 테마이지만 평생 투자가 가능할 수 있도록 미래 성장성에 역점을 두고 테마 상품을 개발, 상장했다. 대표 상품으로 'ACE 글로벌반도체TOP4 Plus', 'ACE 미국빅테크TOP7 Plus' 등이 있다. 이들은 포트폴리오에 편입하여 평생 투자해야 할 상품이라 생각한다. 내 퇴직연금투자(IRP)는 'TDF알아서ETF포커스2030증권투자', 'ACE 미국빅테크TOP7 Plus', 'ACE 글로벌반도체TOP4 Plus'가 메인으로, 비슷한 비중으로 투자되었으나 지금은 각 상품의 가격 상승률이 달라 반도체, 빅테크, TDF ETF(펀드) 순으로 비중을 차지하고 있다. 이 ETF들은 핵심 10개 종목에 집중 투자하여 시장 지수 대비 기대 수익률은 높지만, 변동성 또한 높을 수밖에 없음을 알고 투자해야 한다.

테마형 ETF가 주목받는 이유는 투자 대상이 명확해 직관적인 스토리텔링이 가능하기 때문이다. 또 개별 종목에 투자하는 것보다

리스크가 분산되어 투자 후에 장기 보유하기 유리하다. 변동성은 높지만 기대 수익률 또한 높아 미래 사회의 변화에 따른 수혜를 누리고 싶은 젊은층에게 인기 있다. 그러나 대부분의 테마 ETF는 단기 유행에 의존한 상품이 많아 급등락 우려가 있고, 테마 내 여러 종목에 분산했음에도 동종 산업 내 종목인 경우가 많아 상대적으로 리스크가 높다.

기존 ETF 운용사나 신규 진입 운용사의 차별화 전략으로 테마형이 지속 성장할 것으로 예상된다. 제조업 주도 시대에서 테크 주도 시대로 전환됨에 따라 테크 관련 테마 투자는 포트폴리오 필수 편입 대상이라고 생각한다. 그중에서도 디지털 시대의 발전과 함께할 반도체 ETF(제조업 시대가 아닌 테크 시대에 초점이 맞춰진 반도체 기업 중심의 ETF)와 빅테크 관련 ETF는 일시적인 유행이 아닌 미래에도 지속될 테마라 생각한다.

우리나라 ETF는 규정상 최소 편입 종목 수가 10개이다. 이에 따라 테마형 ETF의 경우 해당 테마를 효과적으로 대표할 수 있는 종목을 10개 이상 선별하고, 이들 간의 비중 배분 논리를 수립하는 것이 운용사의 중요한 역할이다. 운용사의 컨빅션(conviction)이 반영되는 과정으로, 적극적인 생각(active idea)을 상품 개발 단계에 반영할 수 있다. ETF 운용은 룰 기반으로 하더라도 그 룰을 정하는 데 운용사의 아이디어와 철학이 깊게 반영된다. 이 점에서 패시브와 액티브의 경계에 있는 신개념 상품이라 할 수 있다.

## (3) 커버드콜 ETF

2022년부터 국내에 커버드콜(covered call) ETF가 소개되어 현재 다양한 상품이 출시되어 있다. 많은 사람들이 여기 투자하고 있지만 어려운 상품이라 자세히 살펴보려고 한다. 커버드콜 ETF는 주식 지수 등의 기초자산 포트폴리오에 대해 콜옵션을 매도하는 파생 전략을 결합(기초자산+콜옵션 매도)한 ETF다. 보유 자산 위에 추가로 옵션을 매도해 옵션 프리미엄을 분배금으로 지급하는 시스템이다. 전통적인 배당형 ETF가 기초 주식의 배당금을 투자자에게 나눠 주는 것과 달리, 커버드콜 ETF는 옵션 프리미엄으로 분배금을 만들어 낸다는 점이 특징이다. 원래는 은퇴자 등 고정 수입이 필요한 투자자를 위해 개발된 인컴 상품이었지만 저금리 시대에 매월 꾸준한 현금 흐름을 제공한다는 매력 덕분에 젊은 투자자들에게까지 관심이 높아졌다. 실제로 미국 시장에서는 JEPI, QYLD 같은 커버드콜 ETF들이 높은 배당수익률을 앞세워 인컴 투자자들에게 인기 상품으로 급부상했다. 우리나라에서도 최근 1~2년 사이 커버드콜 ETF 수와 자산 규모가 급속하게 증가하고 있다. 시장 변동성이 커지거나 횡보장세에서 추가 수익을 얻을 수 있다는 기대감에 커버드콜 ETF가 새로운 트렌드가 되고 있다.

• **기본 원리**

커버드콜 전략은 기초자산을 보유하면서 동시에 해당 자산(또는 연관 지수)의 콜옵션을 매도하는 방식이다. 옵션 매도와 동시에 프리미엄이 펀드로 들어오는데, 이것이 투자자들에게 돌아가는 분배금의 재원이 된다. 보유 자산과 동일한 기초자산에 대한 콜옵션을 매도하는 경우도 있고, 다른 기초자산에 대한 콜옵션을 매도하는 경우도 있다.

- **수익 구조**

옵션을 매도했기 때문에 하락장에서는 프리미엄만큼 손실을 줄여 주는 효과가 있다. 반면 상승장에서는 상승 이익이 제한되는 효과가 발생한다. 옵션 만기일에 기초자산 가격이 행사가(스트라이크) 이하면 프리미엄은 전부 수익으로 실현된다. 그러나 기초자산이 큰 폭으로 올라 행사가를 넘어서면 운용사는 펀드에서 행사가 이상의 상승분을 옵션 매수자에게 지급해 초과 상승분은 포기하게 된다. 이렇게 벌어들인 옵션 프리미엄을 매월 또는 분기별로 투자자들에게 분배금 형태로 지급하는 것이 커버드콜 ETF의 운용 방식이다.

- **커버드콜 ETF의 장·단점**

정기적인 인컴 수익을 창출한다는 것이 커버드콜 ETF의 가장 큰 매력이다. 옵션 프리미엄 덕분에 배당주보다 높은 분배율을 기대할 수 있고 시장이 횡보하거나 변동성이 클 때도 투자자는 안정적인 현금 흐름 확보가 가능하다. 옵션 프리미엄은 하락장에 완충재 역할을 해 시장 급락 시 손실 폭을 줄여 주는 다운사이드 완충 효과가 있다. 커버드콜 ETF는 수익의 안정성을 높이고 포트폴리오 변동성을 완화시키는 인컴 전략으로 활용될 수 있다.

반면에 상승장에서의 초과 이익 포기가 최대 단점이다. 시장이 크게 오를 때 옵션의 행사가 이상 상승분을 펀드에서 옵션 매수자에게 지불해야 한다. 따라서 기초자산 상승 시에 수익률이 옵션의 행사가인 상한선에 묶인다. 실제로 2023년, S&P 500이 약 +26% 급등했을 때 커버드콜 전략을 쓴 JEPI ETF의 상승률은 +10% 미만에 그쳤다. 또 분배금이 고정된 게 아니어서 시장 환경에 따라 프리미엄 수입이 줄면 분배금도 감소할 수 있다.

커버드콜 ETF는 매월 일정 금액이 필요한 사람에게 적합한 상품이다. 젊은층은 투자 기간이 길어 높은 성장성과 장기 자본 차익을 노리는 투자가 더 적합하다. 이때 '현재 소득 vs 미래 성장'의 트레이드오프를 분명히 인식해야 한다. 장기 성장 과실을 복리로 취할 수 있는 투자가 더 바람직하기에 커버드콜 ETF가 적합하지 않을 수 있다. 그럼에도 불구하고 많은 젊은이들이 매월 일정액이 들어오는 방식을 선호한다는 것은 미래의 불확실성에 대한 의구심이 크다는 반증이 아닐까 싶다. 분명히 말할 수 있는 것은 어떤 상품이든 파생이 결합되면 장기 수익은 악화된다. 젊은 세대가 커버드콜 상품에 투자하는 것은 합리적이지 못한 의사결정이라고 생각한다.

- **커버드콜 ETF의 종류와 사례**

미국의 대표적인 커버드콜 상품으로는 JP모건의 JEPI(S&P 500 기반)와 JEPQ(나스닥 100 기반), 그리고 글로벌X의 QYLD(나스닥 100 지수 대상 월간 콜 매도) 등이 있다. 최근에는 특정 개별주에 커버드콜을 입혀 고수익을 노리는 ETF들도 등장했다.

한국에서도 2022년 이후 커버드콜 ETF가 본격 확산되었다. 2023년부터 0DTE(Zero day to expiration, 만기 1일 남은 옵션)를 활용한 상품들이 나오면서 매일 옵션 프리미엄을 수취하는 혁신적인 전략까지 도입되었다. 한투자산운용은 국내 최초로 나스닥 100 지수의 일일 옵션(0DTE)을 매도하는 'ACE 미국빅테크7+데일리타겟커버드콜 ETF', 'ACE 미국반도체+데일리타겟커버드콜 ETF', 그리고 'ACE 미국500데일리타겟커버드콜 ETF'를 선보였다. 삼성, 미래, KB, 신한, 특히 최근 키움자산운용도 배당 ETF에 주력하고 있다.

현재 국내에 상장된 커버드콜 ETF는 빅테크, 반도체, 배당주, 시장 대표 지수 등을 기초자산으로 하고, S&P 500이나 나스닥 100 선물 연계 콜옵션을 매도하는 방식이 주를 이루고 있다. 국내·외를 막론하고 다양한 기초자산과 전략으로 진화한 커버드콜 ETF들이 존재하므로 투자자는 각 상품의 구성과 전략 차이를 꼼꼼히 살펴볼 필요가 있다. 한 번 더 이야기하지만 장기 투자의 경우 기초자산에만 투자하는 것보다 커버드콜을 추가하면 이익은 제한된다.

- **커버드콜 ETF 투자 시 주의사항**

먼저 해당 ETF가 어떤 기초자산을 보유하고, 어떤 옵션을 매도하는지 봐야 한다. 주요 기초자산이 지수형인지, 섹터/테마형인지, 단일 종목 대상인지에 따라 위험과 수익 특성이 달라진다. 또 옵션 행사가(OTM or ATM), 만기 주기(일별, 월별)에 따라 분배금 수준이 달라진다. 이러한 전략상의 차이를 이해하고, 자신이 선호하는 위험/수익 프로필에 맞는 상품을 골라야 한다.

또한 겉보기에 분배율이 높다고 무조건 좋은 것은 아니다. 현재 분배금 수준이 일시적인지 꾸준히 유지되어 왔는지를 확인해야 한다. 과거 분배금 추이를 살펴보면 해당 ETF가 안정적으로 인컴을 창출하는지 여부를 알 수 있다. 일부 펀드는 분배금을 유지하기 위해 자본을 떼어 분배(return of capital)하기도 하므로 분배금의 소스를 확인할 필요가 있다.

커버드콜 ETF는 높은 분배금의 유혹과 하락 방어 매력으로 많은 투자자가 관심을 갖지만 만능 해법은 아니다. 시장이 강하게 상승하는 국면에서는 커버드콜 전략이 크게 뒤처질 수 있고, 장기적으로 순자산 가치 상승이 제한될 수 있다는 점을 명심해야 한다. 은퇴를 앞두고 있거나 안정적인 현금 흐름을 최우선으로 하는 사람에겐 커버드콜 ETF가 채권, 금리 이상의 월수입을 얻는 대안이 될 수 있다. 반면 장기 자산 성장과 자본 이득 극대화가 목표인 젊은층은 저비용 대표 지수나 성장형 ETF 투자를 통해 복리 효과를 누리는 편이 더 나은 전략이라고 생각한다.

## (4) TDF ETF

TDF ETF는 TDF를 펀드가 아닌 ETF 형태로 상장시킨 것이다. 8장에서 충분히 설명하므로 자세한 설명은 생략한다. TDF는 펀드로써 은행, 증권사 등의 채널을 통해 고객에게 판매되고 있다. 고객의 선택권이 판매사에 달려, 투자자에게 다양한 선택권을 주기 위해 TDF ETF를 만들었다. TDF의 우수한 성과를 채널이라는 장벽을 피해 직접 고객에게 전해주기 위해서다. 개인 투자자의 퇴직연금 계좌에 적극적으로 추천하는 상품이 TDF다. 또한 TDF ETF를 직접 매매하면 비용도 효율적이다.

## (5) 액티브 ETF

앞에서 살펴본 것처럼 ETF(상장지수펀드)는 1990년대 초에 미국 AMEX에서 처음 도입되었을 당시 대표 지수를 추종하는 전형적인 패시브 운용 상품으로 출발했다. 그러나 시간이 지나면서 자산 특성과 시장 구조의 변화 속에서 패시브 추종만으로는 한계가 드러나기 시작했고, 이를 보완하는 과정에서, 그리고 액티브 운용사들이 ETF 시장에 진출하는 과정에서 액티브 ETF가 성장하게 되었다.

대표적인 사례가 채권 ETF다. 주식과 달리 채권은 상장 종목과 유동성이 제한적이다. 또 만기금리, 신용등급 등 특성이 다양해 지수를 그대로 추종하기 어렵다. 이 때문에 채권 ETF는 초기부터 패시브보다는 액티브에 가까운 관리를 필요로 했고, 이는 ETF 구조 안에서 능동적 운용의 필요성을 확인시켜 준 출발점이었다. 이후 주식형 ETF 시장에서도 운용의 유연성과 상품 구조의 완성도를 높이기 위해 액티브 전략이 부상했다.

나는 액티브 ETF의 본질적 필요성이 '초과수익 추구'라기보다는 운용의 유연성에 있다고 본다. 초과수익을 안정적으로 달성하는 것이 얼마나 어려운지는 이미 전통 펀드 산업의 역사에서 충분히 입증되었다. 그럼에도 불구하고 많은 액티브 운용사 출신들은 여전히 지수를 능가하려는 전략에 집중하는 경우가 많다. 예를 들어 미국의 ARK Invest는 기술 혁신 테마에 집중해 시장에서 큰 주목을 받았으며 높은 성과와 높은 변동성을 보였다는 점에서 투자자들의 관심과 논쟁을 동시에 이끌어 냈다. 한국에서는 타임폴리오가 기술, 바이오, AI 등 성장 테마 중심의 상품을 선보이며 높은 변동성에도 시장을 능가하는 수익률로 ETF 시장에서 일정 입지를 확보하고 있다.

결국 액티브 ETF는 패시브 전략의 한계를 극복하고 운용 유연성과 시장 대응력을 높이기 위해 진화한 형태다. 그 탄생 배경에는 단순히 초과수익에 대한 욕망이 아니라, ETF라는 구조가 요구하는 전략적 유연성이 자리 잡고 있었다. 규제 역시 투자자 보호를 전제로 하되, 운용사가 보다 창의적인 상품을 설계하고 시장 변화에 능동적으로 대응할 수 있도록 합리적으로 개선될 필요가 있다.

## 05
# ETF 투자 시 고려 사항

### (1) 벤치마크(BM) 지수

과거 액티브 펀드 시대에는 매니저의 역량이 성과를 결정짓는 핵심 요인이었다. 그러나 ETF의 성과는 매니저보다는 추종하는 벤치마크 지수에 의해 좌우된다. ETF가 무엇을 담고 어떤 방식으로 운용되는지는 결국 지수 설계에 달려 있다. 초기에는 주로 지수 공급자가 만들어 둔 표준화된 지수가 사용되었다. 시장 전체를 대표하는 종합지수(예: KOSPI 200, S&P 500), 산업별 섹터 지수, 가치 성장 모멘텀과 같은 팩터 지수, 특정 주제에 집중한 테마 지수 등이다. 이 외에도 레버리지 지수, 인버스 지수, 특정 목적에 맞춘 맞춤형 지수 등이 활용되었다.

최근에는 지수의 주도권이 공급자에서 운용사로 이동하고 있다. ETF 운용사가 상품 콘셉트를 직접 제시하고, 지수 공급자와 협력해 종목 구성·비중·리밸런싱 룰 등을 설계하는 주문형(customized) 지수가 주류로 자리 잡는 중이다. 특히 테마형 ETF나 커버드콜 ETF 처럼 차별화된 전략 상품이 주문형 지수를 기반으로 한다.

결국 ETF 운용사는 단순히 지수를 선택하는 수준을 넘어서 상품 기획력을 지수 설계에 반영하면서 새로운 경쟁력을 확보하게 되었다. 다시 말해, ETF 시대의 성패는 운용 능력이 아니라 지수 설계 능력에 달려 있다고 해도 과언이 아니다.

## (2) 운용사의 운용 역량과 유동성 관리

ETF는 기본적으로 인덱스 펀드와 비슷하게 설계된다. 지수를 그대로 따라가도록 만들어졌기 때문에 자산 구성이나 리밸런싱 같은 운용 자체는 비교적 단순하다. 그래서 인덱스 펀드를 운용해 본 경험이 있는 운용사라면 누구나 ETF 운용을 시작할 수 있다. 하지만 ETF는 일반 인덱스 펀드와 달리 증권거래소에 상장되어 실시간으로 거래된다. 바로 이 차이점 때문에 펀드 자체의 운용 능력만큼이나 시장 유통 구조를 이해하고 관리하는 역량이 중요하다. 투자자가 반드시 살펴야 하는 부분이다.

• **추적 오차 관리**

ETF는 특정 벤치마크 지수를 따라가도록 설계된다. 그런데 실제

수익률이 지수와 차이가 벌어지는 경우가 있다. 이를 추적 오차(tracking error)라고 한다. 추적 오차가 커지면 ETF는 본래 목적을 달성하지 못한다. 따라서 운용사는 리밸런싱, 배당금 재투자, 거래비용 최소화 등을 통해 지수를 최대한 정확히 추종하려는 노력을 기울인다. 투자자 입장에서는 '내가 산 ETF가 지수를 제대로 따라가고 있는가'를 확인하는 것이 중요하다.

- **괴리율 관리와 유동성 관리**

ETF의 또 다른 중요 포인트는 괴리율로, 펀드의 실제 순자산가치(NAV)와 시장 거래가의 차이를 말한다. 괴리율이 크면 투자자가 불필요한 비용을 떠안게 된다. 예를 들어 ETF 가격이 실제 자산 가치보다 높게 거래된다면 매수 시 비싸게 사는 것이다. 괴리율을 줄이는 핵심 역할은 LP(시장 조성자)가 맡는다. LP는 ETF 가격이 실제 가치에서 벗어나지 않도록 매수·매도 호가를 꾸준히 내 유동성을 공급한다. 다만 거래량이 많다고 유동성이 충분하다고 단정할 수는 없다. 실제로 매수·매도 호가에 얼마나 많은 물량이 쌓여 있는지가 더 중요하다. 이런 점 때문에 운용사는 상품을 설계하는 과정에서 유동성 공급자의 헤지 방법에 대해 미리 연구한다.

## (3) 비용

ETF에 투자할 때 고객이 실제로 부담하는 총비용은 여러 항목으로 나뉜다. 대표적으로 운용 보수, 지수 사용료, 사무 관리비용, 신탁 관리비용, 거래 수수료, 그리고 소규모의 회계감사 비용과 위탁결제 비용 등이 있다. 이 중 가장 큰 비중을 차지하는 것은 대체로 운용 보수와 지수 사용료다. ETF는 대부분의 상품에서 보수가 높지 않다. 액티브 ETF나 특수 구조 상품을 제외하면 전통적인 펀드에 비해 ETF 보수는 상당히 낮은 편이어서 투자 의사결정에 있어 절대적인 걸림돌이 되지 않는다. 다만 최근에는 운용사들 사이에서 경쟁이 심화되면서 보수 인하가 하나의 주요 이슈로 떠올랐다. 투자자는 불필요하게 높은 보수를 지불할 필요는 없지만, 지나치게 낮은 보수만을 좇는 것도 현명하지 않다. 운용사가 펀드를 제대로 관리하기 위해 필요한 최소한의 비용은 반드시 존재하기 때문이다. 그 이하의 보수 경쟁은 일시적으로는 투자자에게 유리해 보일 수 있으나 장기적으로 운용사의 관리 역량을 떨어뜨린다.

## 06

# 한국의
# ETF

## (1) ETF 아버지가 이야기하는 한국의 ETF 이야기

독자 여러분 가운데는 이 책을 접하기 전에 내가 대한민국에 ETF를 처음 도입했다는 사실을 알고 있는 이들도 있을 것이다. 언론에서는 나를 '한국 ETF의 아버지'라고 부르기도 한다. 과한 표현일 수 있지만 그만큼 이 시장을 누구보다 먼저, 그리고 깊이 고민해 온 사람이라는 뜻으로 받아들이고 있다.

　나의 금융 커리어는 종합금융 회사에서 시작되었다. 미국 시카고에서 6개월간 선물 옵션 연수를 받으며 금융공학의 세계를 접했고, 이후 증권사 국제 영업팀에서 파생상품 실무와 사고상품 뒷수습까지 경험했다. 운용사에 합류한 뒤에는 코스닥 팀장으로 액티브 매니저 업무를 맡았지만 시장 침체로 성과를 내기 어려운 상황이 이어졌다. 바로 그 시점에 내 인생을 바꾼 한 권의 책을 만나게 된다. 당시 내가 일하던 운용사 대표였던 황영기 사장이 번역하라고 건넨 존 보글의 책 『Common Sense on Mutual Funds』였고, 이를 『성공하는 투자 전략 Index 펀드』라는 이름으로 번역, 출간했다. 학생들의 초벌 번역을 토대로 원서를 다섯 번 이상 정독하고 직접 다듬는 과정을 거치면서 나는 패시브 투자 철학의 진정한 가치를 깨달았다. 그것은 이후 내 투자 인생의 핵심이 되었다.

이 깨달음을 실행에 옮긴 결과, 조직을 코스닥팀에서 시스템팀으로 전환했다. 2002년 10월 13일, 마침내 국내 최초의 KOSPI 200 ETF를 상장시켰다. 당시에는 액티브 펀드가 대세였기에 ETF가 자리 잡으려면 최소 10년은 걸리리라 예상했다. 그래서 그 시간을 버틸 별도의 수익원이 필요했다. 투자자들이 요구하던 '채권금리+알파(약 2%)'를 충족하기 위해 고안한 것이 원금보장형 구조화 상품이었다. 이것이 곧 국내 최초의 ELS(주가연계증권) 도입으로 이어졌다. 당시 국내 증권사는 라이선스도 경험도 없어 홍콩에 있는 증권사를 통한 구조로 설계했다. 이 과정에서 외환관리법 위반 소지로 금감원 조사를 받는 등 우여곡절도 있었다. 이 일을 계기로 관련 법이 정비되었고, 국내 증권사들도 ELS를 자체 발행할 수 있게 되었다. 이후 ELS 시장은 빠르게 대중화되며 파생상품 산업의 새로운 장을 열었다.

ETF와 ELS는 얼핏 전혀 다른 세계 같지만 내게는 서로를 보완하는 한 쌍이었다. 회사에서 ETF라는 장기적 비전을 준비하는 동안 ELS는 당장의 수익 기반을 마련해 주었다. 덕분에 외부 간섭 없이 독립적으로 ETF 비즈니스를 성장시켜 나갈 수 있었다. 실제로 금융위기 이후 시장 변동성이 커지자 투자자들의 관심이 급격히 늘면서 예상보다 이른, 7~8년 만에 ETF는 본격적인 성장 궤도에 올랐다. 2014년 그룹 경영진에게 성과를 보고했을 때 최고위층에게 들은 첫 코멘트가 "isolated island(고립된 섬)에서 해서 잘했군요"였다. 간섭 없이 독립된 공간에서 성과를 만들어 냈다는 평가였다.

그 과정에서 나는 금융이란 결국 잘할 수 있는 사람이 오래도록 신뢰와 실력을 쌓으며 일해야 성공할 수 있다는 사실을 알게 되었다. 그리고 그 성공의 과실을 회사가 독식하지 않고 구성원과 나누는 구조를 만들 때 산업의 성장과 성공이 지속 가능하다는 확신도 얻었다. 안타깝게도 현재 한국 금융 산업의 국제 경쟁력은 여전히 낮다. 한국의 금융 산업은 주요 60여 개국 중 30위권 밖이고, IMD 2023 금융 시장 경쟁력 순위는 36위에 머물러 있다. 금융의 역할과 가치를 뒷받침하는 제도와 문화가 아직 충분히 성숙하지 못했기 때문이라고 생각한다. 전문가에 의한 경영, 성공의 과실을 제대로 나누는 구조, 당장의 회사 이익보다 장기적 관점에서 고객가치를 중시하는 경영 문화가 정착된다면 지금보다 나은 경쟁력을 갖출 수 있을 것이다.

### • 한국 ETF의 성장 가능성

ETF는 기술, 제도, 투자 철학이 하나로 어우러진 혁신의 산물이다. 아직도 ETF가 가진 잠재력은 전부 드러나지 않았다. 나는 앞으로

## 국가별 ETF 통계

(단위: 10억 달러)

| | | 2010년 | 2015년 | 2020년 | 2021년 | 2022년 | 2023년 | 2024년 | 2025년 7월 | 3년 CAGR(%) | 5년 CAGR(%) | 10년 CAGR(%) |
|---|---|---|---|---|---|---|---|---|---|---|---|---|
| 미국 | ETF 수 | 856 | 1,783 | 2,424 | 2,826 | 3,099 | 3,390 | 3,933 | 4,428 | 12.6 | 12.8 | 9.5 |
| | 순자산(AUM) | 996 | 2,130 | 5,498 | 7,246 | 6,528 | 8,129 | 10,363 | 11,829 | 21.9 | 16.6 | 18.7 |
| | 순자산(조 원) | 11,211 | 24,969 | 59,730 | 86,145 | 82,612 | 104,712 | 153,063 | 165,011 | | | |
| | 시가총액 | 17,283 | 25,068 | 41,570 | 48,549 | 40,298 | 48,295 | 58,970 | 63,291 | | | |
| | 순자산(AUM)/시가총액(%) | 5.8 | 8.5 | 13.2 | 14.9 | 16.2 | 16.8 | 17.6 | 18.7 | | | |
| | 연간 성장률(YTD)(%) | 28.2 | 6.5 | 23.8 | 31.8 | -9.9 | 24.5 | 27.5 | 14.1 | | | |
| | 개당 AUM | 1.16 | 1.19 | 2.27 | 2.56 | 2.11 | 2.40 | 2.63 | 2.67 | | | |
| 한국 | ETF 수 | 64 | 198 | 468 | 533 | 666 | 812 | 935 | 1,006 | 14.7 | 16.5 | 17.7 |
| | 순자산(AUM) | 5 | 18 | 48 | 62 | 62 | 94 | 118 | 162 | 37.7 | 27.6 | 24.3 |
| | 순자산(조 원) | 6 | 22 | 52 | 74 | 79 | 121 | 174 | 226 | | | |
| | 시가총액 | 1,092 | 1,231 | 2,176 | 2,219 | 1,645 | 1,970 | 1,516 | 2,155 | | | |
| | 시가총액(조 원) | 1,229 | 1,444 | 2,364 | 2,638 | 2,081 | 2,538 | 2,242 | 3,007 | | | |
| | 순자산(AUM)/시가총액(%) | 0.5 | 1.5 | 2.2 | 2.8 | 3.8 | 4.8 | 7.7 | 7.5 | | | |
| | 연간 성장률(YTD)(%) | 65.3 | 3.2 | 7.1 | 29.9 | -0.3 | 51.5 | 25.0 | 30.2 | | | |
| 합산 | | 1,126.00 | 1,172.45 | 1,086.35 | 1,188.90 | 1,265.50 | 1,288.10 | 1,477.0 | 1,395.00 | | | |
| | 개당 AUM | 0.08 | 0.09 | 0.10 | 0.12 | 0.09 | 0.12 | 0.13 | 0.16 | | | |

모든 투자 수단이 ETF로 구현될 수 있는 구조를 만들 계획이며, 이를 통해 일반 투자자들이 실질적인 부를 축적할 수 있는 쉬운 길을 열어 주고 싶다. 그 구체적인 모습은 이미 시작되었다. ETF는 단품으로만이 아니라 투자자들의 다양한 투자 솔루션을 해결하기 위한 투자 도구(tool)로 '빌딩 블록 (building block)'의 기능을 하게 될 것이다. ETF TDF(ETF로 만든 TDF), 그리고 EMP(ETF Managed Portfolio)가 대표적인 예다. ETF, ETF TDF, EMP 이 세 가지가 미래의 투자 및 자산 관리의 핵심축이며, 내가 실현하고자 하는 '누구나 부자가 될 수 있는 투자 세계'의 파트너다.

ETF가 시장의 대세가 되어도 펀드 시장은 사라지지 않을 것이다. 펀드의 실질적인 주인은 운용사가 아닌 판매 채널(주로 은행)이다. 펀드가 은행의 WM 비즈니스의 주요 수단이기 때문이다. 다만 기존 펀드 시장은 주식과 채권 중심으로 운용되어 왔지만 ETF를 활용하면 즉시성, 유동성, 운용 효율성, 고객 친화성을 모두 개선할 수 있다. 따라서 판매사 중심의 펀드 시장에서도 ETF를 조합한 EMP는 기존 틀 안에서 진화를 가능케 하는 솔루션으로 자리 잡을 것이다.

앞 페이지 표는 한국과 미국에서 ETF가 주식 시장 전체에서 차지하는 비중 변화를 보여 준다. 이 표에서 알 수 있듯이 지난 15년간 한국 ETF 시장은 눈부신 성장을 이루었다. 2010년만 해도 주식 시장 시가총액 대비 ETF 비중은 0.5%에 불과했지만, 2024년에는 7.7%까지 확대되었다. 2025년 7월 말 기준 7.5%를 차지한다. 같은 기간 미국은 5.8%에서 18.7%로 성장하며 ETF 시장의 저력을 입증했다. 한국은 일정 시차를 두고 미국의 흐름을 뒤따르는 모습이다.

미국 ETF의 시가총액 점유율이 지금도 꾸준히 높아지고 있다는 점을 감안하면 이 추세는 당분간 계속될 가능성이 높다. 이러한 맥락에서 한국 ETF 시장은 아직도 성장 여력이 크다는 점을 분명히 확인할 수 있다.

특히 한국은 개인 투자자들이 연금계좌(퇴직연금, 개인연금, IRP 등)를 통해 ETF에 투자하는 흐름이 ETF 시장 성장의 핵심 동력이다. 단순한 유행이 아니라 인구 고령화로 장기 자산운용에 대한 관심이 높아지고 있으며 저비용, 투명성, 실시간 거래라는 ETF 고유의 장점과 상품군의 다양화가 맞물려 이루어지는 구조적 변화다.

과거에는 저금리 기조가 이러한 흐름을 촉진했다. 그러다 예금과 같은 원금보장형만으로는 충분한 수익을 기대하기 어렵다는 인식이 퍼지면서 개인들은 더욱 효율적인 장기 투자 수단을 찾기 시작했다. 이 과정에서 ETF가 부상했다. 그런데 최근 금리가 상승한 상황에서도 ETF 수요가 계속 늘고 있다. 금리 환경 때문만이 아니라 시장 전체 투자 상품, 스타일 상품, 전략형 상품, 테마 상품 등 세분화된 다양한 ETF가 등장해 선택의 폭이 넓어졌고, 자기주도형 투자와 비용을 절감하려는 투자 문화가 확산되었기 때문이다. 여기에 더해 장기 투자 수단으로서 ETF가 갖는 투명성과 편의성이 널리 인식된 결과다.

더 나아가 자산운용 시장의 다음 격전지는 TDF(ETF TDF)와 EMP(ETF Managed Portfolio)가 될 것으로 본다. 모두 ETF를 조합하여 포트폴리오를 설계하고 운용하는 영역으로, 이 시장에서 경쟁력을 확보하기 위해서는 자체 ETF 보유가 필수다. ETF를 직접 운용하지 않는 회사는 자연히 경쟁사의 ETF를 이용할 수밖에 없고, 그만큼 EMP의 가격경쟁력에서 뒤처질 수밖에 없다.

지금 한국 자산운용 시장은 분명한 전환기에 들어섰다. 여전히 액티브 펀드 중심에 머물고 있는 일부 운용사의 미래는 낙관하기 어렵다. ETF 사업을 하고 있지 않은 운용사라면 ETF를 기반으로 한 전략적 전환을 서두르거나 대체자산으로의 확장을 적극 모색할 필요가 있다. 미국에서도 관찰된 현상으로 한때 이름을 떨쳤으나 패시브 확장에 뒤처진 액티브 운용사들이 대체자산으로 서둘러 방향을 전환하고 있다. 이미 시장 진입 시기를 놓쳤다는 평가도 있으나 변화 자체를 외면한다면 서서히 끓는 물속의 개구리처럼 도태될 수밖에 없다.

ETF 비즈니스에 진출한 운용사들도 저비용을 수단으로 한 가격경쟁에서 벗어나 혁신 상품 개발, 디지털 유통 채널과의 결합, 솔루션형 상품 개발 등 본질적인 구조 혁신이 필요하다. 특히 디지털 플랫폼과의 결합, 자문 서비스와의 통합(예: 로보어드바이저 기반 EMP), 연금상품 내 ETF 비중 확대 등은 향후 ETF의 성장을 이끄는 핵심 성장 동력이 될 것이다.

한국 ETF 시장은 지금까지 눈부신 양적 성장을 이루었다. 이제는 질적 진화를 향해 나아가야 할 시점이다. 퇴직연금 제도의 개편, 플랫폼 기반 유통의 강화, 투자자 교육의 확대, 그리고 ETF 운용사의 양식 있는 경쟁 등의 변화가 함께 이루어진다면 ETF는 단순 투자 상품을 넘어 한국 투자자들이 장기적으로 부를 축적해 나가는 핵심 수단으로 자리매김할 것이다.

## (2) ETF와 가격 경쟁

기업의 경쟁 전략에 관한 대가 중 한 사람인 마이클 포터(M. Porter)는 기업이 경쟁 우위를 확보하기 위해 선택할 수 있는 전략은 다음 세 가지 중 하나라고 했다. 원가 우위(가격, cost leadership), 차별화(품질, differentiation), 집중 전략(focus strategy)이다. 집중 전략이란 가격 우위나 품질 우위 중 하나에 집중하라는 것이다. 결국 마이클 포터의 전략은 가격과 품질로 나누어진다.

이러한 관점에서 오늘날 대한민국 시장에서 벌어지고 있는 가격 경쟁 양상은 동일한 상품의 경우엔 가격을 인하하고, AUM이 늘어나는 인기 상품은 그대로 베껴 가격을 낮춰서 신규 출시하는 두 가지 형태다. 이런 행위들은 눈앞에 보이는 경쟁을 통해 MS(시장점유율)를 늘리겠다는 너무나 게으르고 나태한 전략이다. 문제는 이러한 행위를 푸시하고 부추키는 조직 내부 또는 조직 상위의 구조다. 기업들끼리 매출 경쟁을 벌였던 IMF 전 시대의 행위들과 같은 수준이다. 자산운용업의 경쟁 행태가 과거로 돌아간 것이다. 가격 경쟁을 통해 MS 싸움에서 이기든 지든 가격 경쟁이 마무리되고 나면 해당 상품은 회사 내 돈 안 되는 천덕꾸러기로 남아 관리가 소홀해질 수 있다. 가격 인하는 고객이 부담하는 비용이 줄어드니까 고객을 위한 전략이라고 변명할 수 있다. 진정 고객의 투자비용을 줄이기 위한 것이라면 타 운용사에는 없는, 혼자만 가지고 있는 상품을 출시하고, 보수도 내리면 진정성을 인정받을 것이다.

패시브 상품 특성상 가격 경쟁이 불가피하더라도 양식이 있는

선에서 이루어져야 한다. 실무진에서 일어나는 일이라면 경영진이 개선해야 한다. 어쩌면 그보다 더 윗선에서 MS 목표를 주니 어쩔 수 없이 벌어지는 일일 수도 있다. 이런 것들이 개선되어야 질적으로 성숙해질 것이다.

물론 미국에서도 가격 경쟁은 심심치 않게 벌어진다. 다만 이 경쟁은 지나친 가격 인하가 산업 전체의 수익성을 훼손하지 않도록 조율되는 경향이 있다. 미국의 자산운용 시장 흐름을 간단히 살펴보자. 블랙록(BlackRock)과 뱅가드(Vanguard)는 전통적으로 패시브 자산운용의 선두주자이며, ETF와 인덱스 펀드 중심의 대규모 운용자산(AUM)을 바탕으로 글로벌 자산운용업계를 주도하고 있다. 블랙록은 '패시브 상품 제조 판매자'에 머무르지 않는다. 자체적으로 개발한 리스크 관리 및 포트폴리오 운용·관리 플랫폼인 알라딘(Aladdin)을 통해 기관 투자자뿐 아니라 리테일 채널에도 서비스를 확산시키며 금융 플랫폼 기업이자 투자 솔루션 제공자로 진화하고 있다. 현재 블랙록은 단순한 펀드 운용사를 넘어 데이터와 기술을 결합한 종합 금융 솔루션 기업, 생애주기 투자 파트너로서의 위상을 강화하고 있다. 반면 뱅가드는 독특한 지배 구조를 통해 다른 경쟁사와는 확연히 차별화된다. 뱅가드에는 별도의 외부 주주가 없으며 운용사가 운용하는 펀드가 곧 회사의 주주 역할을 한다. 덕분에 회사는 수익을 극대화해 주주에게 배당으로 돌릴 필요가 없고, 이를 바탕으로 누구보다 공격적인 가격경쟁력을 확보할 수 있다. 뱅가드는 수수료 인하에 그치지 않고 고객에게 돌아가는 투자 성과 제고라는 궁극적 가치 실현에 초점을 맞추고 있다. 이들 양대 자산운용사는 전통적인 패시브 상품뿐만 아니라 스마트, 베타, ESG, 테마형, ETF, 그리고 TDF 같은 생애주기형 상품에서도 액티브 요소를 적절히 가미해 차별화된 전략을 구사하고 있다. 동시에 자신들의 전략과 운용 노하우를 세계 시장으로 확장해 나가며 영향력을 넓히고 있다.

이에 반해 피델리티(Fidelity), 프랭클린 템플턴(Franklin Templeton) 등 전통적인 액티브 운용 중심 운용사들은 대세를 읽지 못해 ETF 시장 진입이 상대적으로 늦어졌고, 대체자산으로 전략을 전환하고 있다.

결과적으로 미국 자산운용 시장은 단순한 액티브-패시브 구도를 넘어 플랫폼화, 솔루션화, 글로벌화, 그리고 고객 중심의 성과 경쟁이라는 다층적 양상으로 전개되고 있다. 이는 상품의 성격을 넘어 운용사의 조직 역량, 기술력, 데이터 활용, 플랫폼 구축까지 아우르는 총체적 경쟁으로 진화하고 있음을 보여 준다.

8장

# 자산 배분과 생애주기펀드(TDF)

How to Invest

앞서 우리는 미래 성장의 중심에 있는 세 가지 투자 축인 '나스닥 100 지수', 'AI를 활용하는 빅테크 기업들', 그리고 'AI 반도체 산업에 주목해야 하는 이유'를 살펴보았다. 이들은 투자자에게 높은 기대 수익률을 가져다줄 수 있지만 동시에 큰 변동성 때문에 투자자의 감정적 부담을 키운다. 성공적인 투자란 결국 '무엇에 투자할 것인가'라는 논리적 선택뿐 아니라 '시간이 만들어 내는 변동성을 어떻게 견디느냐'라는 감정적 과제까지 함께 해결해야만 한다.

이 지점에서 TDF(생애주기펀드)의 역할이 드러난다. TDF는 은퇴 시점에 맞춰 자동으로 자산을 배분해 주므로 투자자가 장기간 꾸준히 투자할 수 있도록 돕는다. 기대 수익률은 테크 중심 투자보다 낮을 수 있지만 변동성을 줄이고 개인 상황에 맞춘 구조를 가진 덕분에 장기 투자의 실현 가능성을 높여 주는 실질적 도구가 된다. 다시 말해 ETF가 성장의 과실을 따는 도구라면 TDF는 그 과실을 끝까지 지켜 내는 든든한 동반자인 셈이다.

• **자산 배분이란?**

자산 배분은 투자금을 한 자산에 집중하지 않고 주식, 채권, 부동산, 원자재, 대체자산, 현금 등 서로 다른 자산군에 나누어 투자하는 전략이다. 이들 자산은 장기적으로 가치가 상승하는 흐름을 보이지만 시장 상황에 따라 가격이 오르내리는 시점과 폭이 서로 다르다. 이처럼 여러 자산을 포트폴리오에 함께 담아 두면 특정 시점에 어떤 자산이 크게 흔들리더라도 다른 자산이 리스크를 완화해 주어 전체 포트폴리오의 변동성이 낮아지고 장기적으로는 안정적인 수익을 기대할 수 있다. 실제로 금융 시장은 위기 때마다 이를 증명해 왔다. 주식이 급락할 때 채권 가격이 오르거나, 경제 불안기에 금값이 상승해 손실을 완충해 준 사례가 대표적이다. 상호 보완 효과는 전체 포트폴리오의 낙폭은 줄이고 장기적으로 안정성은 높여 준다.

미국의 투자 분석가 G.P. 브린슨(G.P. Brinson)은 장기 투자의 성과를 가장 크게 결정하는 요소는 '언제 들어가냐(타이밍)'가 아니라 '어디에 얼마를 투자(자산 배분)하냐'라고 했다. 종목 선택이나 단기 시장 예측보다 자산군을 어떻게 나누어 담는지가 성과를 좌우한다는 것이다. 그러나 개인 투자자에게는 한 가지가 더 중요하다. 투자 대상을 고르는 것 못지않게 투자 이후에 찾아오는 변동성을 어떻게 견디느냐가 장기 성과를 결정한다. 이때 변동성을 구조적으로 완화해 주는 방법이 자산 배분이며, 이를 가장 체계적으로 구현한 상품이 TDF다.

- **자산 배분과 포트폴리오 구축의 차이**

자산 배분과 포트폴리오 구축은 비슷해 보이는 개념이지만 층위가 다르다. 자산 배분은 주식 60%, 채권 30%, 현금 10%처럼 큰 그림의 비율을 정하는 것이다. 반면 포트폴리오 구축은 이 안에서 한국 주식, 미국 주식, 산업 스타일별 비중 등 세부 대상을 선택하는 과정이다. 정리하면 자산 배분이 전략의 큰 틀이라면 포트폴리오 구축은 그 틀을 채우는 실천 작업이다.

- **왜 자산 배분 상품인가?**

일반 투자자가 장기 투자하기 힘든 가장 큰 이유는 심리적 흔들림이다. 시장이 크게 출렁일 때 손실을 견디지 못해 중도에 포기하거나 이익이 나고 있는 상황에서도 추가 하락에 대한 우려로 매도할 가능성이 높다. 자산 배분 상품은 서로 다른 자산의 움직임을 묶어 최대낙폭(MDD)을 줄여 준다. 덕분에 투자자는 불안에 덜 휘둘리면서 긴 여정을 이어 나갈 수 있다. 자산 배분 상품을 '지루하다'고 생각할 수도 있다. 하지만 투자의 진짜 즐거움은 단기 매매의 스릴이 아니라 시간이 흐르며 자산이 꾸준히 늘어나 경제적 자유를 얻어 가는 데 있어야 한다. 자산 배분 전략은 바로 이런 'happy investing', 즉 편안하면서도 지속 가능한 부의 축적을 가능하게 해준다.

자산 배분 전략은 투자 기간에 따라 전술적 자산 배분(tactical asset allocation)과 전략적 자산 배분(strategic asset allocation)으로 크게 나누어진다. 전술적 자산 배분은 단기적인 시장 변화에 맞춰 자산군 비중을 유연하게 조정하는 전략이다. 보통 1년 이내의 투자에 활용된다. 전략적 자산 배분은 장기적인 투자 목표와 투자자의 위험 성향을 고려하여 자산군 비중(목표 비중)을 설정하고, 이를 유지하기 위해 정기 또는 수시로 실제 포트폴리오를 조정하는 전략이다. TDF(생애주기펀드), GBI(Goal Based Investment), TRF(Target Risk Fund)가 전략적 자산 배분의 대표 사례다. 간단히 알아보자.

① TDF: 은퇴 시점 같은 특정 목표 시기에 맞춰 주식과 채권 비중을 자동으로 조정해 주는 펀드다. 자세한 설명은 TDF 파트에서 설명한다.

② GBI: 은퇴자금, 주택 마련금, 학자금 같은 특정 투자 목적 달성 확률을 높이기 위해 자산을 배분하는 전략이다. TDF가 '은퇴 시점'이라는 시간 축에 맞춰 위험 자산 비중을 조정한다면, GBI는 목표액을 달성하는 포트폴리오 중 위험(수익률의 변동성)을 최소화시키도록 포트폴리오를 설계한다.

③ TRF: TDF와 달리 투자 기간 동안 주식과 채권의 비중을 미리 정해진 비율로 일정하게 유지하는 전략이다. 대표적인 TRF가 60:40 전략이다. 즉 주식에 60%, 채권에 40% 투자한다. 다양한 비율의 TRF를 이용하면 투자자가 원하는 특정 주식 투자 비중을 갖는 포트폴리오를 구성할 수 있다는 장점이 있다. 고액 자산가들을 대상으로 투자 자문을 해 주는 PB나 WM에게 유용한 상품이다.

## 01
# 자산 배분의 기본 개념

이 파트는 자산 배분에 대한 콘셉트를 이해하기 위한 전문적인 내용이 포함되어 있다. 일반 투자자라면 읽어 보고 '그렇구나' 하고 이해하는 정도로 충분하다.

## (1) 투자 목적과 위험 성향

투자의 목적은 사람마다 다르다. 은퇴자금 마련, 자녀 학자금 준비, 주택 구입, 안정적인 노후 소득 등. 개인의 목표에 따라 투자 전략도 달라져야 한다. 개인 투자자는 장기적으로 꾸준히 자산을 키우는 것이 핵심이고, 연기금이나 보험사 같은 기관 투자자는 미래에 꼭 지급해야 하는 부채에 맞추어 자산을 굴리는 전략을 쓴다. 투자자의 위험 감수 정도에 따라 세 가지 유형으로 나눌 수 있다.

① 안정형: 원금 보존이 최우선
② 중립형: 일정 손실은 감수 가능, 수익과 안정의 균형
③ 적극형: 높은 수익을 위해 큰 변동성도 감수

투자 목적과 위험 성향은 자산 배분 전략을 짜는 기초이자 출발점이다.

## (2) 자산군 유니버스

자산 배분을 할 때는 먼저 어떤 자산에 투자할지 정해야 한다. 이를 자산군 유니버스(asset class universe)라고 한다.

- 주식: 국내·외 주식, 선진국·신흥국 주식
- 채권: 국채, 회사채 등(안정성 담당)
- 대체투자: 부동산, 인프라, 원자재(금, 원유 등)
- 기타 자산: 암호화폐 등 새로운 투자 수단
- 현금성 자산: 예금, MMF 등(안전하지만 수익이 낮음)

핵심은 가격이 오르고 내리는 시기와 폭이 서로 다른 자산을 섞어 투자하는 것이다. 예를 들어 주식이 떨어질 때 채권이나 금이 방어해 주면 전체 포트폴리오의 변동성이 줄어든다.

## (3) 벤치마크 지수와 자산 배분 방식

각 자산군마다 대표 벤치마크 지수가 있다. 예컨대 미국 주식은 S&P 500이나 나스닥 100, 글로벌 주식은 MSCI ACWI, 글로벌 채권은 블룸버그 글로벌 종합 채권 지수(Bloomberg Global Aggregate Bond Index)를 사용한다. 또한 자산을 어떤 비중으로 담을지도 중요한데 크게 두 가지 방식이 있다.

① **시가총액 비중 방식**: 시장에서 형성된 자연스러운 비율(예: 글로벌 주식 60, 채권 40)이다. 이 방식은 시장 전체 투자자의 평균 포트폴리오를 반영하며, 이론적으로는 CAPM(Capital Asset Pricing Model)의 균형점과 일치한다. 즉 글로벌 시총에 따라 미국, 유럽, 신흥국 등 자산군 비중을 배분하면 '시장 전체의 평균 투자자처럼' 투자하게 된다.

② **동일 비중 방식**: 주식·채권을 50:50으로 나누는 단순한 방식이다.

자산 배분의 주요 목적은 리스크 조절과 분산투자 효과의 극대화다. 시총 방식이나 동일 비중 방식은 각 자산의 '리스크'와 '상관관계'를 고려하지 않는다는 것이 문제점이다. 각 자산의 리스크와 상관관계를 고려한 보다 정교한 방법이 필요한데 그것이 자산 배분 최적화다. 따라서 자산군 간의 리스크, 상관관계, 기대 수익률을 고려하여 설계된 포트폴리오가 필요하다. 여기에는 아래와 같은 방식들이 있다.

- 최적화 기반 전략(평균-분산 최적화, 블랙-리터만[Black-Litterman] 등)
- 글라이드 패스 기반 배분(TDF 등): 시간에 따라 리스크 자산 비중 조절
- 전략적·전술적 자산 배분: 거시경제 전망이나 밸류에이션을 반영한 동적 조정

이 책에서는 최적화 방법 중 평균-분산 최적화를 중심으로 알아보고자 한다.

## (4) 자산 배분 최적화

자산 배분의 목표는 단순히 수익을 극대화하거나 위험을 줄이는 데 있지 않다. 수익과 위험 사이의 균형을 찾는 것이 핵심이다. 대표적으로 MVO(Mean-Variance Optimization, 평균-분산 최적화) 방법이 있다. 이를 위해 세 가지 변수를 알아야 한다.

① 기대 수익률: 각 자산이 얼마나 오를 수 있는가?
② 변동성: 가격이 얼마나 흔들릴 수 있는가?
③ 상관관계: 자산들이 얼마나 같이 움직이는가?

위의 세 요소를 고려해 위험 대비 효율이 가장 높은 포트폴리오를 설계하는 것이 자산 배분이다. 예를 들어 주식, 채권, 금이 있다면 단순히 삼등분하는 게 아니라 변동성이 큰 주식 비중은 줄이고 대신 채권과 금을 적절히 섞어 위험 대비 더 안정적인 성과를 내도

록 구성하는 것이 최적화의 핵심이다.

## (5) 리밸런싱과 심리적 요인

자산 배분은 한 번 정하고 끝나는 게 아니라 시간 흐름에 따라 비중이 달라지면 원래 목표 비중으로 다시 맞춰 주는 과정이 필요하다. 이것을 리밸런싱이라고 한다. 이렇게 하여 만들어진 자산 배분은 투자자가 계속하여 적절한 수익률을 얻으면서도 시장 상황에 휘둘리지 않도록 돕는다. 자산 배분은 단순히 돈을 나누어 투자하는 것이 아니라 위험을 분산해 장기적인 투자 여정을 끝까지 이어 가게 하는 구조적 장치다. 리밸런싱이 종목 고르기나 시장 타이밍보다 훨씬 중요한 이유가 여기에 있다. 언뜻 지루해 보여도 결국 투자자가 흔들림 없이 편안하게 장기 성과를 누리도록 돕는 '장기 투자'의 강력한 전략이다.

## 02
# 자산 배분의 실제 사례

자산 배분은 장기적인 투자 성과를 결정하는 핵심 전략이다. 주식과 채권을 중심으로 어떻게 나누어 담느냐에 따라 수익률과 위험이 크게 달라진다. 이 책에서는 자산 배분에 대한 이해를 돕고자 실제 사례와 함께 살펴본다.

- **기준 포트폴리오: 글로벌 자산 배분의 출발점**

전통적인 자산 배분은 전 세계 주식과 채권을 대표하는 지수를 활용해 기준 포트폴리오(reference portfolio)를 만든다.

  - 주식: 전 세계 선진국과 신흥국을 아우르는 대표 글로벌 주식 지수인 MSCI ACWI

- 채권: 주요국 국공채와 회사채 등 글로벌 투자 등급 채권을 망라한 블룸버그 글로벌 종합 채권 지수

예를 들어 주식 70%, 채권 30%로 구성한다면 전체 자금의 70%는 MSCI ACWI에, 30%는 블룸버그 지수에 연동해 투자하는 방식이다. 이 기준 포트폴리오는 향후 성과를 평가하고 전략을 세우는 기준점이 된다.

- **전략적 자산 배분: 장기적 기준의 정교화**

기준 포트폴리오만으로도 분산 효과가 있지만 좀 더 세분화하면 더욱 정밀하고 차별화된 전략을 세울 수 있다.

- 주식 세분화: 선진국 vs 신흥국, 미국 vs 유럽·아시아, 성장주 vs 가치주, 특정 테마(예: 반도체 vs AI)
- 채권 세분화: 단기 vs 장기, 국채 vs 회사채, 투자 등급 vs 하이일드 등
- 대체자산 포함: 금, 부동산, 원자재, 사모펀드, 헤지펀드 등은 주식 채권과 다른 움직임을 보여 변동성 완화에 기여

이처럼 전략적 자산 배분은 세부 자산군을 조합함으로써 장기적으로 위험 대비 기대 수익률(sharpe ratio) 극대화를 목표로 한다.

- **전술적 자산 배분: 시장 상황에 따른 유연한 대응**

장기적 기준인 전략적 자산 배분만으로는 충분하지 않다. 시장 상황

이나 투자자의 성향에 따라 일시적으로 비중을 조정하는 전술적 자산 배분 역시 필요하다. 시장에 대한 전망이나 예측을 통해 주식 비중을 늘리고 채권을 줄이는 전략과, 주식 비중을 줄이고 금과 같은 대체자산 비중을 늘릴 수도 있다. 그러나 나는 이런 전술의 타당성을 신뢰하지 않는다. 전술적 자산 배분은 추가 위험을 수반하기 때문에 조정을 하더라도 그 폭에 한도를 두어야 한다고 생각한다.

## 03

# TDF

TDF(생애주기펀드)는 은퇴 시점을 기준으로 투자 위험을 자동으로 조정해 주는 자산 배분형 펀드다. 은퇴까지 많이 남아 있을 때는 주식 같은 성장 자산의 비중을 높여 장기적인 수익을 추구하고, 은퇴 시점이 가까워질수록 채권 등 안전 자산의 비중을 늘려 변동성 위험을 줄인다. 따라서 투자자가 직접 관리하지 않아도 나이가 들어감에 따라 투자 위험을 자연스럽게 낮추고 안정성을 높일 수 있다. 이러한 구조 덕분에 TDF는 일반 투자자가 쉽게 활용할 수 있는 효율적인 자산 배분 전략이다. 특히 연금 자산 투자에 최적화된 상품이다.

## (1) TDF는 왜 중요한가?

사람들은 퇴직연금을 '절대 손실 나면 안 되는 돈'으로 생각해 원금 보장형 상품에 치중하나 장기적으로 보면 인플레이션으로 자산 구매력이 줄어드는 위험이 있다. 겉보기에는 안전해 보여도 실제로는 손해 볼 수 있다. 이러한 인식은 과거 잘못된 주식 투자 경험(잘못된 종목 선택, 단기 매매, 정보 의존, 시장 타이밍 시도, 집중 투자 등)에서 비롯되었다. 그 결과 '주식=손실=위험'이라는 고정관념이 형성되어 퇴직연금에서 위험 자산을 회피하는 경우가 많았다. 문제는 주식 자체가 아니라 투자 방법으로, 이를 개선할 수 있는 해법이 TDF다.

TDF는 은퇴 시점을 기준으로 자산 비중을 자동 조정해 위험 자산 노출이 부담스러운 투자자도 장기적으로 안정적이고 효율적인 자산 증가를 기대하게 돕는다. 또 퇴직연금계좌의 과세 이연 효과와 세제 혜택을 활용하면 글로벌 자산에 장기 투자하는 효과를 극대화할 수 있다. 진정한 안전은 은퇴 이후에도 자산의 실질적 구매력을 유지하고 성장시키는 것이다. 이를 가장 쉽고 효과적으로 실현할 수 있는 수단이 TDF다. 은퇴 이후 생활비 등 필요 자금을 지속적으로 인출하기 위한 상품에는 TIF(타깃인컴펀드)가 있다.

## (2) 왜 '글라이드 패스'라고 부를까?

TDF의 핵심은 시간이 지남에 따라 주식 같은 위험 자산의 비중을 점진적으로 줄이고, 채권 같은 안전 자산의 비중을 늘려 가는 데 있다. 이처럼 은퇴 시점에 맞춘 단계적 위험 조정 경로를 '글라이드 패스(Glide Path)'라고 부른다. 원래는 비행기가 활주로에 착륙할 때 속도를 점차 낮추며 부드럽고 안정적으로 내려오는 모습을 가리킨다. 투자에서 이 개념을 차용한 이유는 투자자가 은퇴라는 '착륙 지점'에 가까워질수록 위험 자산 비중을 줄이고 안전 자산 비중을 늘리는 과정이 비행기의 착륙과 닮아서다. 이와 같은 특징 덕분에 TDF는 은퇴 직전에 발생할 수 있는 시장의 급격한 변동으로부터 투자자의 자산을 보다 효과적으로 보호할 수 있으며, 안정적인 은퇴 생활을 준비하는 데 중요한 역할을 한다.

### (3) TDF의 자산 배분 전략

TDF(생애주기펀드)의 자산 배분은 글라이드 패스라고 불리는 사전에 정해진 자산 배분 경로에 따라 실행된다. CMA(Capital Market Assumptions, 자본 시장 가정) 단계에서 결정된 각 자산군의 기대 수익률, 리스크(또는 변동성), 그리고 자산군 간 상관관계를 활용하여 허용된 리스크 범위 안에서 리스크 대비 기대 수익률을 극대화하는 방향으로 설계된다. 단순 수익 추구가 아닌 정해진 리스크 수준 하에서의 효율성 최적화를 지향한다. 이러한 정교한 설계는 수학적 모델링에 그치지 않고 시장에 대한 통찰과 운용 철학, 투자자의 행태적 특성에 대한 이해를 종합 반영함으로써 실효성을 가진다.

## (4) TDF의 성과는 '철학'과 '구조'로 결정

국내 TDF 시장에는 여러 상품이 있지만 그 성과는 시장 상황만이 아니라, 운용사의 철학과 구조적 설계에 따라서도 달라진다. 중요한 차이를 만드는 요소는 다음과 같다.

- 운용 철학과 프로세스의 일관성
- 글라이드 패스(주식·채권 비중 조정 경로)의 차이
- 국내 자산 편중(home bias) 여부
- 환헤지 정책
- 운용 인프라와 역량

쉽게 말해 TDF는 자산을 축적하는 단계에 적합하고, TIF는 은퇴 후 모아 놓은 자산을 생활비로 안정적으로 쓰는 단계에 적합한 펀드라고 이해하면 된다.

## (5) TDF와 인적자본 및 금융자본의 관계

개인의 경제적 가치는 크게 금융자본과 인적자본으로 나눌 수 있다. 금융자본은 현재 보유하고 있는 예금, 주식, 채권, 부동산 같은 자산이다. 인적자본은 앞으로 노동을 통해 벌어들일 수 있는 평생 소득을 현재 가치로 환산한 것이다. 젊은 시기에는 앞으로 일할 기간이 길어 인적자본이 크고 금융자본은 상대적으로 작다. 그러나 시간이 지나 은퇴 시기에 가까워질수록 인적자본은 줄고 그동안 축적한 자산이 늘어 금융자본이 커진다. 이러한 변화는 투자 전략에도 직접적인 영향을 미친다. 젊을 때는 인적자본이 크고 투자 기간이 길기 때문에 주식 같은 성장 자산에 적극 투자하는 것이 바람직하다. 반대로 은퇴가 가까워지면 금융자본의 비중이 커지고 투자 기간이 짧아지므로 채권 등 안전 자산 위주의 자산 조정이 필요하다. TDF(생애주기펀드)는 이 원리를 바탕으로 설계되어 투자자가 직접 조정하지 않아도 생애 단계에 맞춰 성장 자산과 안전 자산의 비중을 자동으로 변화시킴으로써 투자자의 장기적인 자산 형성을 돕는다.

## (6) TDF의 장점

TDF의 가장 큰 장점은 투자자가 직접 자산 비중을 조절할 필요가 없다는 것이다. 은퇴 시점에 맞추어 자동으로 위험 자산과 안전 자산의 비중을 조정하기 때문에 별도의 투자 지식이나 복잡한 판단 없이도 장기적인 자산 관리가 가능하다. 또한 기본적으로 글로벌 자산에 분산투자하는 전략이 내재되어 있어 변동성에 대응력이 높고, 장기 성과를 기대할 수 있다.

한국투자신탁운용의 경우 두 가지 방식으로 TDF를 제공한다. 하나는 글로벌 운용사인 로우프라이스에 위탁하는 방식으로, 글로벌 투자 전문성을 기반으로 한 전통적인 펀드형 자산 배분 전략을 활용한다. 다른 하나는 자체 운용하는 상품인 '한국투자 TDF 알아서 ETF 포커스' 시리즈다. 자체 운용 TDF는 포트폴리오를 ETF만으로 구성해 단순하고 구조가 명확하며 운용에 매니저의 재량을 배제하는 것이 특징이다. 2030년, 2035년, 2040년, 2045년, 2050년, 2055년, 2060년 등 목표 시점별로 나뉘어 있다. 특히 장기 운용의 특성을 고려해 기본적으로 언헤지 방식을 채택하는데, 환헤지 시 발생하는 연 1~2% 정도의 비용을 줄여 장기 수익률을 더욱 높이기 위해서다. 운용사들 대부분이 한 가지 또는 두 가지 스타일의 TDF를 운용하고 있는데 운용사마다 운용 스타일에 조금씩 차이가 난다.

최근에는 펀드형 외에도 ETF형 TDF가 등장해 투자자가 주식처럼 자유롭게 거래할 수 있다는 장점이 더해졌다. 한국투자신탁운용 역시 'ACE TDF2030', 'ACE TDF2050' 상품을 상장해 접근성을 높이고 있다. 다른 운용사에서도 TDF를 ETF로 상장시킨 상품이 몇 있는데, 앞으로 수요가 훨씬 늘 것으로 보인다.

결론적으로 TDF는 '장기 투자', '글로벌 분산', '자동 자산 배분'의 세 가지 강점을 바탕으로 퇴직연금 운용에 있어 TDF 하나만으로도 체계적인 은퇴 준비가 가능한 효율적인 투자 솔루션이다.

## (7) 디폴트 옵션 제도와 투자자 교육

퇴직연금은 본질적으로 장기적인 자산운용을 전제로 설계된 제도다. 따라서 원금을 보장하는 데에 머무르기보다 일정 수준의 투자 위험을 감수하면서 장기적으로 자산을 성장시킬 수 있는 전략이 필요하다. 그럼에도 불구하고 국내 퇴직연금 시장에서는 여전히 '원금보장=안전'이라는 단순한 인식과 금융 회사의 이해관계가 맞물려 원금보장형 상품이 디폴트 옵션에 포함되는 등 제도의 본래 취지와 정면으로 배치되는 문제가 발생하고 있다.

이와 달리 TDF는 은퇴 시점을 기준으로 자산 비중을 자동으로 조정하며 글로벌 분산투자를 통해 장기 성장과 안정성을 동시에 추구하도록 설계되어 있다. 별도의 관리 없이도 합리적인 장기 투자를 가능하게 한다는 점에서 디폴트 옵션 제도에 가장 적합한 선택이다. 실제로 미국을 비롯한 선진국에서는 이미 TDF가 디폴트 옵션의 표준으로 자리 잡았다. 특히 미국은 401(k) 등 확정기여형 퇴직연금에서 TDF가 기본 투자 수단으로 활용되고 있으며, 신규 납입액의 절반 이상이 TDF로 유입되고 있다. 장기적 자산 성장을 위한 제도적 해법으로 TDF가 얼마나 효과적인지 잘 보여 주는 예다.

다음 페이지의 그래프는 미국 401(k)의 연령별 TDF 투자 추이를 보여 준다. 젊을수록 TDF 투자 비중이 높고, 시간이 흐를수록 TDF 신댁 비중이 높아진다. 한국 TDF 시장은 2017년 한국투자신탁운용과 삼성자산운용이 위탁 운용 방식으로 TDF를 출시하면서 본격적으로 열렸다. 이후 TDF는 퇴직연금 투자 수단으로 점차 자리 잡으며 꾸준한 성장세를 보이고 있다.

디폴트 옵션제 도입은 이를 한 단계 레벨업한 기회였다. 그러나 제도 도입 과정에서 은행과 보험사 같은 판매사들이 자사 상품을 우선 판매하기 위해 원금보장형 상품을 디폴트 옵션에 포함시켰다. 그 결과, 이 제도는 국민의 노후 자산을 키우는 역할을 하지 못하고

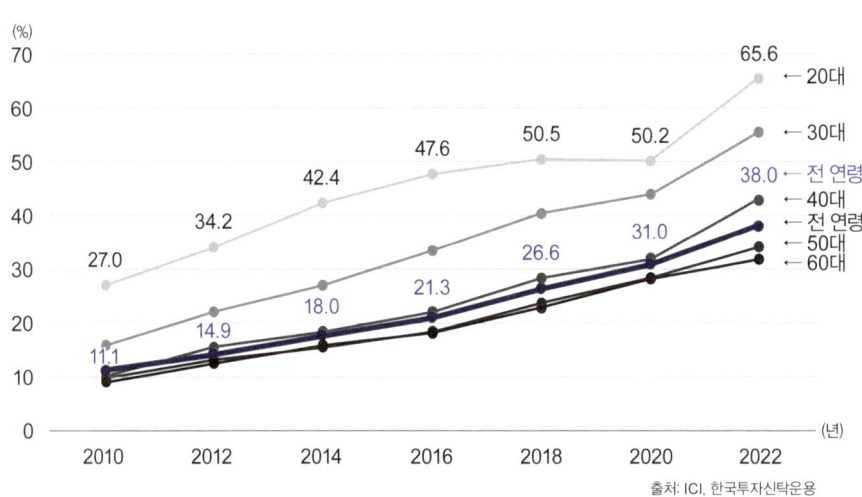

연령별 401(k) 플랜 TDF 투자 비중

출처: ICI, 한국투자신탁운용

오히려 자산 성장을 제약하는 방향으로 왜곡되었다. 수많은 사회적 논의와 비용을 들여 어렵게 마련한 제도가 반쪽짜리로 전락한 것이다.

디폴트 옵션 제도가 본래 목적을 달성하기 위해서는 상품 구성 개선만으로는 부족하다. 여전히 많은 투자자들이 '원금보장=안전', '주식 투자=손실'이라는 생각에 사로잡혀 있거나 TDF의 구조를 이해하지 못한 채 단기 성과만으로 평가하는 고정관념에 빠져 있다. 이제는 여기서 탈피해야 한다. 이를 위해서는 반드시 투자자 교육이 병행되어야 하며, 운용사나 판매사처럼 이해관계가 얽힌 주체가 아닌 독립적이고 공정한 기관이 이 역할을 맡아야 한다. 국민 전체의 노후 안정이 걸린 문제이기 때문에 더욱 신뢰할 수 있는 교육 체계가 필요하다.

결론적으로 장기적인 자산 형성과 국민의 노후 안정을 최우선에 두는 금융 생태계를 만들어야 한다. 그래야만 퇴직연금 디폴트 옵션 제도가 본래의 취지를 살리고 TDF가 퇴직연금 운용의 핵심 수단으로 자리매김할 수 있다.

## (8) 한국과 미국의 TDF 시장

　지난 5년간 한국과 미국의 TDF(생애주기펀드) 성과를 비교한 자료를 보자. 미국 TDF는 한국 TDF보다 약 40~50% 높은 누적 수익률을 기록했다. 이는 단순히 운용 결과가 아니라 구조와 철학의 차이에서 비롯된다. 같은 은퇴 시점을 기준으로 하더라도 미국 TDF는 한국보다 주식 비중을 더 높게 유지한다. 주식은 장기적으로 가장 중요한 성장 자산이기 때문에 미국 TDF는 이를 적극 활용해 장기 수익률을 높이는 반면, 한국 TDF는 상대적으로 보수적이다. 또한 한국 TDF는 국내 자산 편중이 심하고, 일부 상품은 시장 전망에 따라 적극 매매하는 액티브 전략을 사용해 글로벌 분산 효과가 제한적이다. 이에 비해 미국 TDF는 글로벌 분산투자에 충실하며 불필요한 시장 타이밍 시도를 줄이는 데 초점을 둔다.

　환혜지 정책에서도 차이가 뚜렷하다. 한국의 많은 TDF가 해외 자산 투자 시 환혜지를 실시하는데, 이 과정에서 매년 1~2%의 비용이 발생해 장기적으로 수익률을 잠식한다. 반면 원화 투자자의 경우 환노출 상태에서 주식에 투자하는 것이 위험 대비 수익률 측면에서 더 유리하다는 연구 결과가 많다. 실제로 미국 TDF는 기본적으로

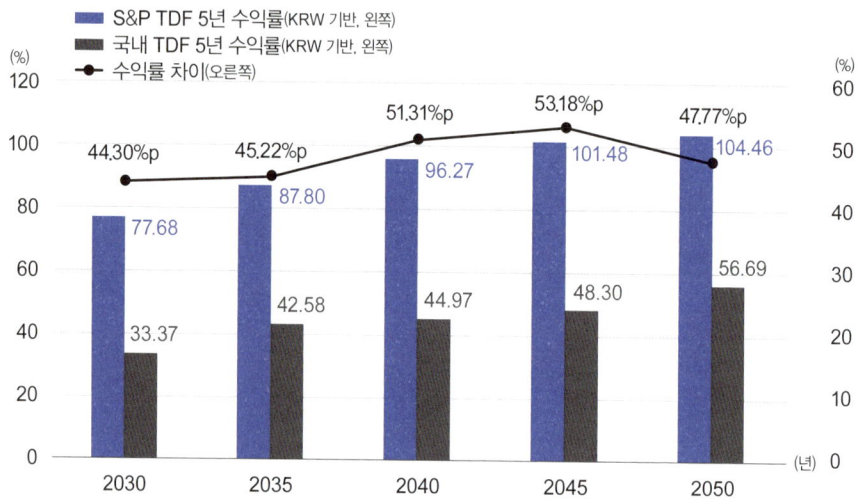

* 국내 TDF 수익률은 각 빈티지별 설정 후 5년이 지난 TDF들의 2025년 2월 말 기준 순자산 가중평균 수익률

출처: 제로인, 블룸버그, 한국투자신탁운용

환헤지를 하지 않아 장기 성과를 온전히 반영한다.

마지막으로 제도적 차이가 있다. 한국은 현행 규제에 따라 주식 등 위험 자산의 편입 비중이 80%를 넘으면 '적격 TDF'로 인정받지 못해 운용사들이 공격적으로 주식 비중을 설정하기 어렵다. 이로 인해 장기 성장 자산을 충분히 활용하기 힘든 구조적 한계가 있다. 반면 미국은 제한이 없어 보다 유연한 자산 배분이 가능하다.

정리하면 미국 TDF는 높은 주식 비중, 글로벌 분산, 환노출 전략, 제도적 유연성 등에서 장점을 보이는 반면 한국 TDF는 보수적인 자산 배분과 국내 편중, 환헤지 비용, 제도적 제약으로 장기 성과에서 불리한 조건이다.

## 04

# 한국투자신탁운용 TDF: 한국투자 TDF 알아서 ETF 포커스

나의 투자 모토가 "미래 성장에 장기 투자하라", "미래 성장은 테크 기업에 있다"라고 여러 번 말했다. 그래서 그동안 나는 테크 기업 위주로 상품을 상장시켰다. 문제는 우리가 장기 투자용으로 상품을 만들어도 투자자들이 이를 단기 매매 수단으로 활용한다는 점이다. 이렇게 되면 부의 축적이라는 본래의 목적을 제대로 살리지 못한다. 이 문제를 극복하려면 올바른 장기 투자 안내(이 책을 쓰는 목적)가 필요하다. 이와 별도로 처음부터 투자자들이 안정감을 느끼는 상품이 있다. 바로 TDF다.

## (1) 자체 운용을 위한 조직 설립

나는 TDF를 하나의 상품이 아니라 회사의 미래 핵심 사업으로 보았다. 그렇기에 외국 운용사에 위탁하기보다는 내 경험과 철학을 담아 직접 운용하는 TDF가 필요하다고 판단했다. 외국 위탁 운용사들은 대부분 액티브 전략을 고집했지만, 나는 이미 액티브 운용의 한계를 잘 알고 있었다. 시장을 예측하고 단기적으로 매매하는 방식은 일시적 성과를 만들 수는 있어도 지속성을 담보하기 어렵다. 나는 모든 아이디어를 상품 설계 단계에서 충분히 반영하고, 운용 단계에서는 설계에 충실히 따르는 쪽이 더 합리적이라고 믿었다. 내가 한국의 패시브 시장을 개척할 때부터 지켜 온 원칙이다. 그 철학이 그대로 녹아든 결과물이 바로 '한국투자 TDF 알아서 ETF 포커스' 시리즈다.

이 상품을 만들기 위해 나는 솔루션본부를 신설했다. 외부에서 방향을 이끌어 갈 우수한 인재를 영입하고, 내부의 능력 있는 인력들을 재편해 나의 철학과 경험을 실행할 조직을 만들었다. 그렇게 출시된 ETF 포커스 TDF는 기대를 뛰어넘는 성과를 거두었다. 출시 2년 반 만에 모든 빈티지에서 동종 상품 대비 최상위 성과를 기록했고, 위험 조정 수익률 또한 업계 최고 수준을 보여 안정성과 수익성에 탁월함을 입증했다.

TDF는 단순한 펀드가 아니다. 수익성과 변동성을 동시에 관리해 투자자가 마음 편히 '장기 투자'를 이어 갈 수 있는 구조를 갖추었다. 투자자의 은퇴와 삶 전반을 함께 설계하는 장기 투자 파트너다. 다른 투자에서 작은 실패를 경험하더라도 제대로 된 TDF에 투자하고 있다면 노후의 큰 그림은 흔들리지 않는다. 그래서 나는 TDF를 회사의 전략적 성장축으로 삼았다. 앞으로 퇴직연금 시장은 구조적으로 성장할 것이 분명하기 때문이다. TDF는 투자자에게는 안정된 노후를, 운용사에는 장기적 성장을 제공할 수 있는 핵심 상품이다.

앞에서 TDF의 성과는 '철학'과 '구조'에서 갈린다고 했다. 그럼에도 일부 판매사들은 최근 3개월 수익률만을 기준으로 상품을 추천하기도 한다. 장기 솔루션인 TDF의 본질을 무시한 잘못된 접근이다. 단기적으로 운 좋게 성과가 좋아 보이는 펀드가 있을 수 있지만 대개 일시적 베팅의 결과일 뿐, 지속성이 없다. TDF를 선택할 때는 장기 수익률, 위험 대비 수익률, 운용 철학의 일관성을 종합적으로 고려해야 한다. 나 역시 이 철학을 실천하기 위해 내 퇴직연금 자산의 가장 큰 비중을 'ETF포커스2030'(펀드)에 투자했다. 일부는 'ACE TDF2050'(ETF)에도 투자하고 있다. 운용사 CEO로서 상품을 공급하는 차원이 아니라, 나도 고객과 같은 위치에서 고객과 동일한 철학을 함께 실천하는 투자자라는 것을 보여 주고 있다.

## (2) 한국투자 TDF 알아서 ETF 포커스

한국투자신탁운용은 2022년 10월, 지금까지 축적한 자산 배분 방법론을 집약해 자체 운용 TDF인 '한국투자 TDF 알아서 ETF 포커스' TDF 펀드 시리즈를 출시했다. 타사 상품과의 큰 차별점은 자체적으로 개발한 장기 자본 시장 가정(LT-CMA, Long-Term Capital Market Assumption)과 독자적인 글라이드 패스를 적용했다는 점이다.

일반적인 CMA는 주식의 기대 수익률을 보수적으로 설정하지만 한국투자신탁운용은 미국 성장주와 가치주에 대한 기대 수익률을 별도로 산출하여 반영했다. 이로 인해 상대적으로 낮은 주식 편입비를 유지하면서도 높은 기대 수익률을 달성할 수 있었다. 실제로 낮은 주식 비중에도 불구하고 2023년과 2024년 모두 경쟁 TDF 대비 압도적인 연간 수익률을 기록했으며, 변동성 또한 낮아 위험 조정 수익률이 우수했다.

또 다른 차별화 요소는 크로스 매칭(cross matching) 전략이다. 해외 주식은 환노출 상태로 보유하고, 외화 채권 대신 환위험이 없는 국내 채권으로 분산투자해 환헤지 비용을 줄인다. 여기에 2024년부터는 금을 추가해 포트폴리오의 안정성을 더욱 강화했다. 국내 대부분의 TDF가 환헤지를 고집해 장기 성과를 갉아먹는 것과 뚜렷하게 대비된다.

ETF 포커스 TDF는 전술적 자산 배분을 사용하지 않고 정기적·수시적 리밸런싱만으로 운용된다. '위험 조정 수익률을 고려한 투자', '포트폴리오 최적화를 통한 분산', '장기 저비용 운용'이라는 철학에 따른 것이다. 운용 과정에서 목표 위험 최적화(target risk optimization)를 적용해 허용된 리스크 범위 내에서 기대 수익률을 극대화하며, 특히 미국을 성장주(growth)와 가치주(value)로 나눠 별도 유니버스를 구성한다. 그 결과 미국 성장주의 비중은 벤치마크

| 세부 자산군 | 미국 성장주 | 금 | 미국 가치주 | 미국 외 선진국 지수 | 신흥국 주식 |
|---|---|---|---|---|---|
| 최적 포트폴리오 비중(%)(A) | 50.5 | 5.0 | 30.7 | 4.7 | 9.1 |
| 벤치마크 비중(%)(B) | 35.6 | 0.0 | 31.0 | 23.5 | 9.9 |
| A−B(%p) | +14.9 | +5.0 | −0.3 | −18.8 | −0.8 |

### TDF 설정 이후 수익률(%)

| | 2030년 | | 2035년 | | 2040년 | | 2045년 | | 2050년 | | 2055년 | | 2060년 | |
|---|---|---|---|---|---|---|---|---|---|---|---|---|---|---|
| 1 | 한투(ETF 포커스) | 40.7 | 한투(ETF 포커스) | 42.8 | 한투(ETF 포커스) | 46.2 | 한투(ETF 포커스) | 48.8 | 한투(ETF 포커스) | 50.5 | 한투(ETF 포커스) | 52.4 | 한투(ETF 포커스) | 54.1 |
| 2 | AAQ | 37.3 | AAQ | 40.9 | AAT | 44.4 | AAE | 47.3 | AAR | 50.2 | AAG | 51.1 | ABD | 41.3 |
| 3 | AAE | 36.5 | AAT | 40.7 | AAE | 44.0 | AAT | 47.2 | AAT | 49.6 | AAT | 49.7 | ABC | 35.8 |
| 4 | AAT | 35.9 | AAI | 39.7 | AAI | 43.2 | AAQ | 42.9 | AAF | 48.1 | AAF | 47.6 | | |
| 5 | AAI | 35.8 | AAE | 38.6 | AAD | 42.3 | ABF | 42.6 | AAD | 45.9 | AAB | 46.7 | | |
| 6 | AAU | 35.0 | AAV | 38.4 | AAQ | 41.7 | AAW | 41.9 | AAI | 44.6 | AAQ | 44.4 | | |
| 7 | AAD | 34.8 | AAJ | 36.9 | AAV | 40.1 | AAI | 41.6 | AAB | 44.5 | AAO | 42.5 | | |
| 8 | AAL | 34.5 | ABF | 36.2 | AAY | 39.3 | AAB | 41.2 | AAQ | 44.3 | ABD | 41.3 | | |
| 9 | AAJ | 34.0 | AAW | 35.6 | AAW | 39.3 | AAY | 40.9 | AAL | 43.9 | AAK | 39.0 | | |
| 10 | AAO | 32.8 | AAO | 35.6 | ABF | 38.8 | AAJ | 40.7 | AAW | 43.4 | ABC | 36.0 | | |
| 11 | AAS | 32.4 | AAY | 35.5 | AAN | 38.6 | AAO | 39.6 | ABF | 42.8 | | | | |
| 12 | ABF | 31.9 | AAN | 35.2 | AAJ | 38.1 | AAM | 39.5 | ABD | 41.6 | | | | |
| 13 | AAW | 31.1 | ABB | 33.7 | AAO | 37.6 | AAN | 39.5 | AAO | 41.3 | | | | |
| 14 | AAY | 30.6 | AAB | 32.7 | AAB | 37.4 | ABB | 37.4 | AAY | 40.9 | | | | |
| 15 | ABB | 30.3 | AAH | 32.5 | AAM | 37.1 | AAH | 36.7 | AAM | 40.8 | | | | |
| 16 | AAN | 29.6 | AAM | 32.3 | AAZ | 36.2 | AAA | 32.9 | AAN | 40.7 | | | | |
| 17 | AAH | 29.1 | AAA | 25.6 | AAS | 36.0 | AAC | 29.6 | AAJ | 40.5 | | | | |
| 18 | AAZ | 28.5 | AAC | 24.6 | ABB | 35.7 | | | AAZ | 39.4 | | | | |
| 19 | AAB | 27.5 | | | AAH | 33.4 | | | AAH | 36.3 | | | | |
| 20 | AAM | 26.7 | | | AAA | 29.5 | | | ABC | 36.1 | | | | |
| 21 | AAC | 21.9 | | | AAC | 27.0 | | | AAS | 32.4 | | | | |
| 22 | AAA | 21.9 | | | | | | | AAC | 29.9 | | | | |

대비 확대되고, 미국 외 선진국 비중은 축소되는 구조를 갖게 되었다. 미국 기술주 중심의 장기 성장성을 반영한 전략이다.

성과를 보면, 설정 이후 모든 빈티지에서 동종 상품 대비 1위를 기록했다. 다만 2025년 들어 미국 외 선진국 주식의 강세와 달러 약세로 단기 성과가 다소 부진했다. 이 또한 운용 철학에 부합하는 결과다. 우리는 매년 1등을 지향하지 않는다. 오히려 꾸준히 상위권을 유지하는 일관성을 통해 장기적으로 최고의 성과를 내는 것이 목표다.

앞 페이지 상단의 표는 2024년 12월 31일 기준 글로벌 주식 벤치마크의 세부 자산군별 비중과 ETF 포커스 TDF의 주식 부분 포트폴리오 비교표다. 하단은 자체 운용하는 ETF 포커스 TDF의 연간, 그리고 설정 이후 성과를 정리한 표다.

9장

# 전환기의 자산운용업

How to Invest

# 01
# 자본주의 발전의 역사

자본주의는 애덤 스미스가 『국부론』에서 제시한 '보이지 않는 손' 개념을 통해 시작되었다. 그는 가격이 수요와 공급의 상호작용에 의해 결정되고, 이를 통해 시장이 정부의 인위적인 개입 없이 자율적으로 작동할 수 있다고 보았다. 자본주의 경제 제세의 직동 원리를 체계적으로 정립한 출발점으로 평가받는다.

자본주의의 발전 단계에 관해서는 여러 견해가 있으나, 1900년대 이후 경제 주체 간의 이해관계를 중심으로 세 단계로 나눠 보고자 한다. 이 구분은 전적으로 자산운용업의 미래와 관련된 구분으로 내 개인적인 생각임을 먼저 밝힌다.

### (1) 1단계: 독점 자본주의-약탈 추구

1900년대 초 미국에서 꽃피웠다. 당시 미국 자본주의는 산업혁명과 함께 급격히 발전하며 자본 축적의 새로운 시대를 열었다. 이 시기의 주요 자본가로 앤드류 카네기(Andrew Carnegie), 존 D. 록펠러(John D. Rockefeller), JP 모건(J.P. Morgan)이 있다. 각각 철강, 석유, 금융 분야에서 막대한 부를 쌓았다. 이들은 카르텔이나 신탁을 형성해 독점적 지위를 확보했다. 그리고 독점을 통해 경쟁을 줄여 거대 기업을 형성해 엄청난 부를 축적했으며 정부와 기업의 유착으로 노동층 착취와 빈곤이 심화되었다. 이로 인해 독점 자본가와 노동자 간의 경제적 불평등이 극대화되었다. 심지어 독점 기업들은 사병을 고용해 노동자들을 억압하는 등 약탈을 자행했다.

이 시대 자본주의 특징은 독점과 약탈이다. 카네기, 록펠러, 모건은 산업 자본주의를 주도하며 미국의 경제 성장을 이끌었지만 동시에 독점과 노동 착취, 경제 불평등을 심화시켰다. 당시의 느슨한 법적 규제와 자본가들의 정치적 영향력을 기반으로 이루어진 부의 축적이었다.

### (2) 2단계: 법에 의한 자본주의-규제 속 이익 극대화

두 번째 단계는 법에 의한 자본주의다. 20세기 초의 독점과 약탈적 성장에 대한 사회적 반발로부터 비롯되었으며 시장의 자율성을 절대시하던 1단계 자본주의에 대한 반성에서 출발한다. 이 단계에서 국가도 시장에 개입하여 법과 제도를 통해 자본가에 의한 폐해를 일정 부분 통제하려 했다. 그 결과 독점 규제, 노동법, 소비자보호법 등이 등장했다. 이러한 제도적 장치는 자본주의를 보다 합리적이고 공정한 방향으로 진화시키는 데 기여했다. 이 시기를 상징하는 대표 법제는 1914년 제정된 클레이턴 반독점법(Clayton Antitrust Act), 연방거래위원회법(FTC Act) 등이다. 모두 독점과 담합, 불공정 경쟁을 규제하는 기틀이 되었다. 또한 노동자의 권익을 보호하기 위해 최저임금제, 노동시간 제한, 아동노동 금지, 노동조합 결성 권리 등이 법제화되었다. 자본가와 노동자의 관계를 처음으로 '법'이라는 기준에 따라 조정한 중대한 전환점이었다. 우리나라에서도 근로기준법, 산업안전보건법, 공정거래법, 개인정보보호법, 집단소송제 등이 도입되어 있다. 최근에는 금융소비자보호에 관한 법률 등이 추가 제정되어 노동자의 권리를 보호하고 있다.

그러나 법에 의한 자본주의에서도 자본주의의 본질은 여전히 기업의 이윤 극대화에 있었다. 기업은 치밀하게 법의 테두리 내에서 이익을 극대화할 수 있는 전략을 구사했고, 여전히 소비자와 노동자를 합법적으로 이익을 창출하는 대상으로 바라보았다.

금융 산업의 경우 상품 설계와 마케팅은 고객의 이익보다 회사의 수익을 극대화하는 방향으로 발전했다. 상품이 법적으로 문제가 없고 판매 관련 의무를 다했는지 여부만 중요했다. 고객의 이익보다는 회사의 이익 추구를 최대한 보장하는가에 관심을 집중했다. 금융 외 다른 산업에서도 같은 현상이 광범위하게 나타났다. 통신사는 복잡한 요금제를 통해 고객의 합리적 선택을 어렵게 만들었고,

보험사는 약관을 까다롭게 구성하거나 중요한 정보를 사소하게 취급해 소비자가 손해를 봐도 책임을 회피할 수 있도록 상품을 설계했다. 모든 행위는 합법적으로 이루어졌으며 오히려 법이 기업에게 정당성을 보장해 주는 역할을 했다.

현재 우리가 살고 있는 시대 또한 법에 의한 자본주의의 연장선상에 있다. 많은 기업이 법적 기준을 준수하는 범위 내에서 최대한의 자기 이익을 추구한다. 고객은 정보 비대칭과 복잡한 제도의 틈바구니에 놓여 있다. 기업은 법이 정해 주는 최소한의 테두리는 지키나, 실질적인 고객의 이익이나 사회적 가치는 후순위로 밀리는 경우가 많다.

법과 제도가 자본주의의 무절제한 확장을 일정 부분 제약하며 사회적 불균형을 완화하는 데 기여한 것이 사실이다. 법과 제도가 없는 것보다는 법의 규제를 받는 시장이 더 안정적이고 신뢰 가능한 환경을 제공한다는 점에서 2단계 자본주의는 분명한 진보다. 기업들도 법적 기준 충족을 최소한의 경영 전략으로 채택하고, 컴플라이언스, 소비자보호, ESG 경영 등이 본격 등장했다. 하지만 여전히 기업은 법을 최소 기준으로만 활용하는 등 법적 규제를 우회하거나 이를 극복하는 기술을 발전시키기도 했다.

자본 시장에 초점을 맞춰 몇 가지 사례를 살펴보자. 일부 기업의 IPO(기업 공개) 과정에서 시장과 투자자보다는 기존 대주주나 경영진의 이해를 우선시하는 경우가 여전히 많다. 증권사들 역시 IPO 주관 수수료 확보에 집중하면서 공모가 산정 과정이 지나치게 발행 기업의 이익에 기울 경우, 상장 이후 일반 투자자들이 손실을 입는 일이 반복되고 있다. 과거에는 공모 후 일정 기간 이내에 가격이 공모가 이하로 하락하면 시장 조성을 해야 하는 의무가 주관사에게 주어졌지만 그마저도 없어졌다. 기업 공개를 하는 회사는 더 많은 현금 유입을 위해, 발행 주관사는 더 많은 공모 수수료 획득을 위해 높은 공모가를 통해 상장시키는데, 그 결과 투자자는 손실을 볼 가능성이 크다. 법적으로는 문제가 없더라도 신뢰라는 자본 시장의 기반을 훼손할 수 있는 사례라고 하겠다.

상장 직후 경영진이 법적으로 허용된 스톡옵션을 대거 행사해 차익을 실현하는 일도 마찬가지다. 해당 경영진은 정당한 권리를 행사한 것이지만 타이밍에 따라 일반 투자자들에게는 상장 직후 하락이라는, 고통이 전가되는 결과가 될 수 있다.

대기업 집단이나 일부 벤처가 추진하는 분할 및 합병 과정에서의 비율 산정이나 지배 구조 재편도 언뜻 보기에 합법의 틀 안에서 진행되지만 대부분 일반 주주들에게 불리하게 작용한다는 지적이 적지 않다. 법률적 요건을 충족시키고는 있으나 공정성과 균형이라는 측면에서 논란의 여지가 크다. 상법 개정으로 분할이나 합병 과정에서 일반 투자자가 불이익을 받는 관행은 앞으로 제한될 것으로 보인다.

결과적으로 자본주의는 '합법적 자본주의'로 진화했지만 법적 미비도 있고 또 그 합법성 자체가 자본의 탐욕을 제어하는 데는 한계가 있다. 고객은 여전히 수익 창출의 대상이고, 노동자는 비용 효율화의 수단이다. 법이 이익 극대화의 기준점으로 활용되는 지금 같은 구조에서는 자본의 근본적인 속성은 변할 수 없다. 하지만 이 단계가 보여 준 중요한 교훈이 있다. 법의 테두리를 지키는 것이 기업의 장기적 지속 가능성에 필수 요건이라는 인식이 정착되었다는 점이다. 그리고 '법을 지키는 것'의 한계 인식을 통해 진정한 고객가치를 추구하는 기업이 나타날 수 있는 서광을 보여 주었다. 나는 여기에 초점을 맞추려고 한다. 자산운용업은 돈을 다루는 분야로, 자본주의의 최첨단에 있는 비즈니스다. 합법성 위에 '가치'와 '신뢰'를 쌓아 가는 자산운용 비즈니스가 우리가 가야 할 방향이다. 자본주의의 3단계에서 그러한 전환의 가능성과 구체적인 전략에 대해 살펴보려고 한다.

## (3) 3단계: 고객가치 중심의 지속 가능한 성장 추구

흔히 듣는 '고객가치 추구'라는 말은 자산운용업계에서도 자주 사용된다. 하지만 현실에서는 단순한 구호로 머무는 경우가 많다. 고객을 위한다는 말은 쉽게 할 수 있지만 실제 기업 경영에서 고객이 먼저인 구조를 만들고 유지하는 일은 결코 쉽지 않다. 기업의 단기 실적과 이해관계가 고객의 장기적 이익과 충돌하는 경우가 많기 때문이다.

나는 자산운용사의 지속 가능한 성장을 위해 고객가치를 중심에 둔 플라이휠 구조가 꼭 필요하다고 생각한다. 플라이휠이란 고객이 먼저 성공할 수 있도록 돕고, 그 성공 경험이 신뢰를 낳으며, 신뢰를 기반으로 장기적 관계가 형성되고, 그 결과 더 많은 고객이 자연스럽게 유입되는 선순환 구조다. 아마존 창업자 제프 베조스가 제시

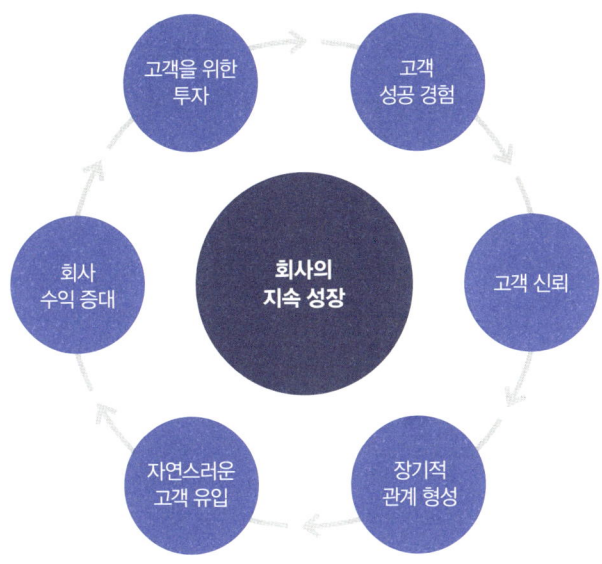

한 경영 전략에서 착안한 개념이지만, 나는 이를 자산운용업에 맞게 재해석해 적용하고 있다.

다만 이 구조가 실제로 작동하기 위해서는 두 가지 전제가 더 필요하다. 첫째, 고객의 단기적인 욕구를 맞추는 것이 아니라 고객이 장기적인 부를 축적할 수 있도록 이끄는 실천 역량이 있어야 한다. 즉, '어떻게 고객의 부를 축적할 수 있는가'에 대한 깊은 이해와 전문성이 있어야 한다. 아무리 고객가치를 외쳐도 실제로 고객이 부를 축적할 수 있게 돕는 역량이 갖춰지지 않으면 헛된 이상일 뿐이다. 이 분야는 단순한 마케팅 언어로 해결되지 않는다. 둘째, 이러한 과정이 회사의 성과로 이어지기까지는 시간이 필요하다. 따라서 그 시간을 버티고 기다릴 수 있는 인내와 자신감이 뒷받침되어야 한다. 고객가치 추구의 효과는 하루아침에 나타나지 않는다.

이 두 조건은 곧 '성공적인 투자'와 '성공적인 자산운용 비즈니스'의 공통 조건이다. 투자의 성공이 '방향'(올바른 투자 대상 선정)과 '시간'(투자 이후 성과가 실현될 때까지의 시간)에 달려 있듯, 자산운용사의 성공도 '고객가치 지향'이라는 올바른 방향과, 그 '효과가 나타날 때까지 기다릴 수 있는 인내심', 즉 시간에 달려 있다.

나는 이 모델을 아직 100% 완벽하게 실현하고 있다고 말할 수는 없다. 그러나 CEO로서 내가 할 수 있는 범위 안에서 고객가치를 최우선으로 두고 실천하려 노력하고 있다. 이것이 내가 생각하는 자본주의 발전의 세 번째 단계, 그리고 우리가 지향해야 할 자산운용사의 지속 성장 모델이다.

## 02
# 자본주의 2단계에서 3단계로 넘어가야 하는 자산운용사의 비전

### (1) 탁월함을 추구하는 상품 개발

자산운용업은 지금 구조적 전환점에 서 있다. 과거에는 시장에 대한 예측과 전망을 기반으로 한 액티브 운용이 자산운용의 중심축이었다. 그러나 이제 운용의 중심은 사전에 정해진 규칙(rule-based)에 따라 일관되게 집행되는 운용, 혹은 데이터 기반 알고리즘에 의해 자동화된 시스템 운용(systematic investing)으로 빠르게 이동하고 있다. 나는 이런 시장 구조를 '패시브 전략 주도 시장'이라고 부르고 싶다.

패시브 전략이 주도하는 자산운용 시장에서는 상품 개발과 마케팅이 핵심 경쟁력이다. 상품 개발에서는 고객이 원하는 상품을 가장 먼저 제공하는 자(first mover)가 되는 게 중요한데 경쟁사들이 동일 상품을 가격(운용 보수)을 낮춰 들여온다. '부끄러운 짓'으로, 염치 없는 일부의 고질병일 수도 있다. 이런 면에서 패시브 전략 주도 시장은 이미 레드오션화되고 있다. 그렇다면 패시브 전략이 주도하는 자산운용 시장의 성장은 한계에 도달한 것인가? 이에 대한 답을 내가 한투운용에 와서 실행하고 있는 전략을 통해 밝혀 보고자 한다. 한투운용은 ETF에 관한 한 후발주자였다. 퍼스트 무버가 아닌 상태에서 할 수 있는 일이 무엇일까? 나는 그 답을 '탁월함(excellence)'을 추구하는 데에서 찾았다. 빅테크 투자 관련 상품을 출시하는 데 있어 기존 상품을 그대로 흉내 내서는 경쟁력이 없다. 또 같은 상품을 보수를 낮춰 낸다는 것은 상대방의 비즈니스를 망치자는 목적이 아니라면 상도덕상 선택 불가능하다. 그래서 기존 상품의 장·단점을 연구하여 차별화된 상품을 만들고자 했다. 선발주자들의 상품은 대개 기존 지수 공급자들이 제공하는 상품이었다. 그래서 우리가 직접 리서치와 연구를 통해 커스터마이즈된 상품(M7)을 기본으로 하는 탁월함을 추구하는 상품을 만들었다. 대표 사례가 'ACE 글로벌반도체TOP4 Plus'와 'ACE 미국빅테크TOP7 Plus'다. 이들은 출시 이후 기존 지수 공급자가 제공한 지수 기반 상품보다 뛰어난 성과를 보였다. 시간이 지날수록 탁월함의 가치는 더욱 분명해질 것이다.

## (2) 고객가치 지향

첫 번째가 상품 개발에서 탁월함을 추구하는 것으로, 이것이 하나의 작은 전술이라면, 두 번째는 신뢰 기반의 '고객가치 지향'으로, 이는 내가 궁극적으로 추구하는 전략이기도 하다.

아래 표는 가격(P or 1/P)과 품질(Q)이라는 전통적인 경쟁 전략을 설명한다. 품질이 높으면 가격(1/P)이 높고, 품질이 낮으면 가격이 낮은 짙은 포물선상 위치가 기업의 가격과 품질을 결정하는 전략점이다. 패시브화된 자산운용 시장에서 전통적 경쟁 전략은 품질의 차별화가 거의 불가능하고, 가격 경쟁은 모두를 황폐화시킨다. 그런데 대부분의 운용사는 여전히 여기 매달려 있다. 레드오션화되고 있는 시장 환경에서 운용사는 어떤 전략을 찾아야 하는가? 내가 생각하는 전략은 '고객가치 지향'이다. 운용사의 비즈니스 목적은 자기 돈(회사 돈)을 벌기 위함이 아니라 고객의 돈을 벌기 위한 것이어야 한다. 이를 통해 고객이 부를 축적하면 신뢰가 형성되고, 그 신뢰는 더 많은 고객으로 이어지며, 또다시 고객가치를 추구하는 일에 투자하면 어느 순간 시장에서 절대 우위를 확보할 수 있다.

**비즈니스의 목적은 회사 수익 증대가 아닌 고객가치 증대**

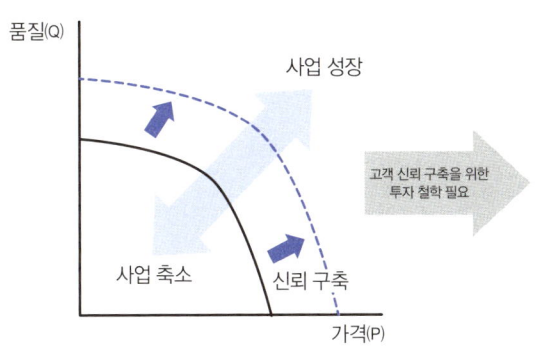

앞 페이지의 그래프는 패시브 전략 주도 시장에서의 전통적 경쟁 요소인 가격, 품질, 그리고 고객가치 추구를 통한 신뢰 구축을 설명해 준다. 이처럼 사업 성장을 위한 새로운 돌파구 확보를 위해서는 고객의 신뢰 확보가 중요하다. 그렇다면 신뢰란 무엇인가? 나는 신뢰를 '기대에 대한 확실성'이라고 정의한다. 신뢰가 구축되기 위해서는 다음 세 가지 요소를 갖추어야 한다.

① **논리성**(logic): 전문지식이 뒷받침되고 누구나 납득할 수 있어야 한다.
② **고객 중심**(empathy): 회사의 입장이 아니라 고객의 입장에서 사고해야 한다. 이를 위해 고객과의 소통이 중요하다.
③ **진정성**(authenticity): 일관성이 있어야 하며 거짓이 없어야 한다.

자산운용사의 수익은 AUM(Assets Under Management, 운용자산)에서 나온다. 그래서 많은 운용사가 단기적으로 AUM을 늘리기 위해 마케팅에 치중한다. 그러나 진정한 성공은 단순히 'AUM을 쌓는 것(building AUM)'이 아니라 '신뢰를 쌓는 것(building trust)'에 있다. AUM은 신뢰의 결과로 따라오는 것이어야 한다. 실제로 대부분의 기관은 높은 기대치를 제시해 당장 자금을 끌어모으려 한다. 그러나 시간이 지나면 상황은 달라진다. 한두 번은 운 좋게 기대를 충족할 수 있지만 결국 충족하지 못하는 순간이 오기 마련이다. 그 순간 신뢰는 무너진다. 따라서 처음부터 감당 가능한 수준의 기대를 형성하고, 이를 꾸준히 실현하는 것이 중요하다. 이 과정에서 신뢰가 쌓이고 장기적으로 고객은 우리를 더욱 신뢰하며 지속적으로 투자를 맡기게 된다.

　자산운용업은 본질적으로 한 번의 거래로 수익을 내는 업종이 아니다. 시간이 흐르며 보수가 발생하는 구조, 즉 시간이 곧 수익의 원천인 업이다. 투자는 시간이 쌓일수록 성과로 나타나고 이 과정에서 고객과 운용사가 함께 성장한다. 그래서 나는 늘 강조해 왔다.

　"투자는 시간이 우리 편이 되는 구조여야 하며, 자산운용업 또한 시간이 우리 편이 되는 비즈니스여야 한다."

　지금 자산운용업은 단순한 전술 차원의 변화가 아니라 구조적 전환의 길목에 서 있다. 액티브와 패시브의 이분법을 넘어 앞으로는 고객의 신뢰를 담는 플랫폼으로 재설계된 운용사가 시장을 이끌 것이다. 회사가 돈을 버는 데 초점을 맞추는 것이 아니라 고객이 돈을 벌도록 돕는 것이 최우선이 되어야 한다. 그 과정에서 얻어진 신뢰는 다시 회사 성장을 이끄는 선순환, 즉 플라이휠 효과를 만들 것이다. 이것이 레드오션화된 자산운용 시장에서 살아남고 성장할 수 있는 새로운 돌파구라고 나는 생각한다.

## (3) 현실에 안주하는 운용사와 판매사들

현재 우리나라 자산운용업계의 현실을 보면 안타깝게도 '고객'보다는 '경쟁'에 지나치게 몰두한 모습이다. 다수의 운용사가 은행이나 증권사의 자회사로 존재하다 보니 평가 기준에 운용사의 본질과는 거리가 있는 'MS(시장점유율)'가 중요하게 자리하고 있다. 장기 철학보다는 단기 실적 압박이 우선시되고 실무진은 전략보다는 시장 전망과 예측을 내세우며 눈앞의 숫자에 매달리는 경우가 많다. 그 결과 투자자들은 수익과 손실을 반복하거나 기회 손실을 겪으면서 제일 중요한 장기적인 부의 축적에 이르지 못한다. 문제는 회사가 고객의 성과와 무관하게 수익을 챙긴다는 데 있다. 고객이 손실을 보더라도 "어디나 다 비슷하다"는 체념 속에서 관계가 이어지고, 회사도 굳이 방식을 바꿀 필요를 느끼지 않는다. 이렇게 고객가치와 무관한 구조가 업계 전반에 고착화되어 있다.

나는 바로 여기에 큰 기회가 있다고 본다. 만약 한 회사가 자산운용에 관한 구체적인 전문성을 갖추고, 회사의 단기 이익이 아닌 고객의 장기 이익을 일관되게 추구한다면 그 회사는 시장에서 분명히 두각을 나타낼 것이다. 고객은 결국 자신에게 이익이 되는 쪽을 선택하기 마련이고, 이 과정에서 그 회사는 지속 가능한 성장을 이룰 수 있다. 그 순간 그 회사는 단순한 성공을 넘어 '고객가치 중심의 새로운 표준'이 된다. 그리고 시장의 다른 회사들도 이 흐름을 따를 수밖에 없다. 결과적으로 더 많은 투자자들이 장기적인 부의 축적이라는 여정에 함께하게 될 것이다. 투자자들이 철저하게 자기 이익만 추구하는 회사들을 빨리 탈출할수록 그 시기는 앞당겨질 것이다.

우리가 가야 할 길은 분명하다. '경쟁'이 아니라 '고객 중심의 가치 창출'이다. 고객이 장기적으로 부를 키울 수 있도록 돕는 것, 그것이 우리의 존재 이유이며 'Make KIM Great'라는 비전을 실현하는 핵심 가치다. 업계 전체가 이 방향으로 나아갈 때, 비로소 진정한 의미의 자산운용업 발전과 투자자 신뢰가 가능해질 것이다.

## 03
# 'Make KIM Great', 고객 신뢰로 완성되는 위대한 운용사

2022년 내가 한국투자신탁운용(KIM, Korea Investment Management) CEO로 취임하며 세운 비전은 단순했다.

**Make KIM Great.**

단순한 구호가 아니라 우리가 어떤 회사를 지향해야 하는지를 분명히 보여 주는 선언이었다. 우리의 목표는 수익을 내는 회사를 뛰어넘어 고객에게 신뢰받고 존경받는 평생의 투자 파트너가 되는 것이다. 이것이 바로 자본주의 3단계 비즈니스 모델인 고객가치 지향(customer value orientation)을 실행하는 길이다.

## (1) 플라이휠 전략 구조

내가 회사에서 구체적으로 적용시키고 있는 플라이휠 효과 추구 전략은 다음과 같은 흐름으로 이어진다.

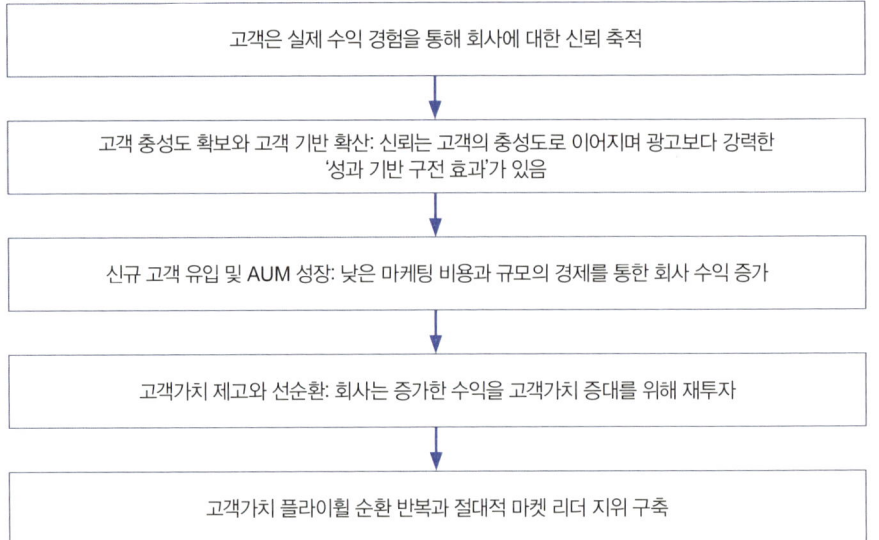

## (2) 상품 전략

플라이휠 효과가 제대로 작동하기 위해서는 무엇보다도 고객의 실질적인 성과 경험이 선행되어야 한다. 이를 위해 나는 두 가지 축을 중심으로 상품 전략을 세웠다.

첫째는 미래 성장성에 집중한 테크 기업 투자 상품이다. 테크 기업은 우리 생활 깊숙이 들어와 세상의 변화를 주도하고, 미래의 성장을 이끌어 나갈 것이다. 이들이 최우선적 투자 대상이다. 그러나 테크 산업은 특성상 변동성이 크다. 그래서 본래 장기 투자용으로 설계했음에도 불구하고 많은 투자자들이 단기 매매에 활용하는 경우가 많다. 교과서에서는 장기 투자를 강조하지만 실제 장기 투자 과정에서는 늘 심리적 어려움이 발생한다. 반면 이를 극복하는 방법에 대한 구체적인 지침과 사례는 매우 부족하다. 특히 현재의 투자 환경은 장기 투자에 불리하다. 증권사 리포트, 언론 기사, 유튜브 콘텐츠 대부분은 투자자들을 단기 수익 추구로 끌어들이고 있다.

둘째는 TDF(생애주기펀드)다. TDF는 투자자들도 안정적이라고 느끼기 때문에 장기 투자용으로 적합하다. 다만 장기 수익률 측면에서는 테크 상품이 더 유리할 수 있다. 하지만 실제 장기 투자가 끝까지 실행된다고 가정하면 TDF가 수익 실현 가능성이 더 높다.

플라이휠 구조의 출발점이 고객과 신뢰를 구축하는 것이고, 그것을 만들어 내는 상품이 테크 상품과 TDF다. 굳이 하나를 더한다면 EMP(ETF Managed Portfolio)가 있다. 은행이나 증권 채널에 그들이 요구하는 스타일의 상품을 제공하기 위한 것이다. 장기 투자용은 아닐 수 있으나 고객이 원하는 것을 즉시 제공할 수 있는 현실적인 대응이다.

## (3) 학습 조직

고객가치를 실현하기 위해서는 지속적인 학습과 복합적인 전문성(competence)이 반드시 필요하다. 나는 "자산운용은 시작도 공부고 끝도 공부다"라고 늘 말해 왔다. 이를 위해 나뿐만 아니라 구성원 전체에게 끊임없이 학습할 것을 요구해 왔다. 자산운용은 지적 통찰력이 필요한 고차원 작업이다. 그때그때 필요한 정보를 제공하고 시장 트렌드를 분석하는 것으로는 부족하다. 단순 데이터 처리나 과거 수익률 분석이 아닌 세상의 변화 속에서 본질을 꿰뚫는 장기적이고 지적인 안목이 요구된다.

구성원 모두가 끊임없이 배우고 성장하며 전문성을 축적할 때 비로소 고객의 장기적인 부의 축적을 도울 수 있다. 이러한 철학이 조직에 자리 잡으면 회사는 단순한 가격 경쟁이나 제도적 유리함이 아니라 고객의 부의 축적을 통한 신뢰 확보를 통해 독보적인 지위를 확보할 수 있다. 이것이 내가 생각하는 자본주의 3단계의 자산운용사 모델이며, 고객과 회사가 함께 성장하는 길이다.

여기서 말하는 공부는 뉴스나 보고서를 읽는 수준이 아니다. 독서를 통해 구조적인 사고력을 키우고, 세상의 흐름을 총체적으로 이해하여 지식을 축적하는 것이다. 이를 기반으로 뉴스나 리서치 페이퍼를 읽어야 제대로 해석할 수 있는 능력이 생긴다. 빌 게이츠가 매년 '생각 주간(Think Week)'을 통해 책과 논문에 몰입하며 새로운 통찰을 얻는다는 일화는 잘 알려져 있다. 마이크로소프트의 주요 성과가 집중된 학습과 사색에서 나왔다.

고객에게 줄 수 있는 최고의 가치는 단기 전망이나 예측이 아니라 안심하고 장기 투자할 수 있는 구조를 제공하는 것이다. 이 구조를 설계하고 실행할 수 있는 기반은 지속적인 학습, 특히 깊이 있는 독서와 사색을 통한 지식 습득에 달려 있다. 자산운용사는 장기적 구조 설계를 통해 고객의 부를 키워야 하며, 이를 가능하게 하는 유일한 힘이 바로 학습이다.

이러한 학습을 조직 문화로 뿌리내릴 수 있게 한 것이 한국투자금융그룹의 차별화된 강점이다. 한투금융그룹은 창업 초기부터 독서를 장려해 왔고, 지금도 구성원들이 책을 읽고 토론할 수 있는 문화를 추구하고 있다. 이는 단순한 미덕에 그치지 않는다. 개인의 역량을 강화할 뿐 아니라 조직 전체의 통찰력을 높이는 중요한 자산이다. 나는 전 직장에서도 지금 일하는 곳에서도 늘 강조해 왔다.

"상사에게 충성하지 마라. 조직에도 충성하지 마라. 네 일에 충성하라."

자기 일에 충성해 전문성을 쌓고, 그 결과 회사에 기여하는 것이 진정 조직에 대한 충성이다. 그리고 회사는 전문성을 쌓은 인력을 끝까지 지켜 내야 한다. 회사가 오랜 세월 자기 일에 충성을 다하며 실력을 쌓아 온 인력을 제대로 지키지 못해 그들이 경쟁사로 흩어져 결국 회사에 불리하게 부메랑처럼 돌아오는 사례를 나는 여러 번 지켜봤다. 전문성을 갖추게 하고 성장한 인력을 지켜 내는 것이 곧 회사의 미래를 지키는 일임을 잊지 말아야 한다.

## (4) 전략적 성장 축: ETF, TDF, EMP

이와 같은 철학을 바탕으로 나는 회사의 미래를 성장시킬 전략적 축으로 ETF, TDF, EMP 세 가지를 설정했다. 성장 전략의 시작은 ETF이고, 끝은 TDF다. 그중에서도 나는 TDF를 회사의 미래 핵심 사업으로 보고 집중 육성해 왔다. 위탁으로 운용되고 있는 TDF가 있음에도 직접 운용하는 TDF를 만든 연유는 앞에서 설명했으니 생략하겠다. EMP 또한 판매사의 요구를 즉각 들어줄 수 있는 전략 상품이다.

10장

# 부의 공식

How to Invest

부의 축적은 단순히 돈을 굴리는 행위가 아니다. 투자는 자산을 늘리기 위한 수단만이 아니다. 현재의 소비를 유보하고 미래에 더 큰 부를 창출하기 위한 '의도적인 선택'이다. 진정한 성공 투자는 두 가지 과정을 수반한다. 첫째는 투자 대상을 올바르게 선정하는 '논리적 판단의 과정'이고, 둘째는 시간이 흐르며 나타나는 시장의 변동성을 감내하는 '감정의 극복 과정'이다. 이 두 과정을 모두 성공적으로 수행해야만 비로소 성공적인 투자의 결실을 맞이할 수 있다.

논리와 감정의 균형은 투자뿐 아니라 인생의 모든 중요한 과정에서도 반복되는 테마다. 나는 이 논리적 과정과 감정적 과정을 모두 충족하고 극복하면서 부를 축적할 수 있는 방법으로 "미래 성장에 장기 투자하라"는 철학을 강조해 왔다. 한번 선정한 투자 대상을 흔들림 없이 장기간 보유해야 하며, 이 과정에서 나타나는 가격의 등락은 감정이 아닌 논리로 견뎌야 한다. 그러기 위해서는 투자 대상 선정이 제대로 되어야 한다. 옳은 투자 대상이라야 시장이 아무리 요동치더라도 감정적으로 흔들리지 않고 버틸 수 있는 힘이 생긴다. 따라서 무엇보다 중요한 것은 투자 대상 선정의 질이다.

논리는 교육과 학습을 통해 개발할 수 있다. 반면 감정은 어느 정도 타고난 성향의 영향을 받는다. 감정에 쉽게 휘둘리는 것은 인간의 본성이다. 그렇기에 투자자는 반드시 훈련을 통해 감정을 통제할 수 있어야 한다. 이 훈련의 핵심은 투자라는 행위의 본질을 깊이 이해하는 데 있다. 기술주와 같은 성장 산업에의 투자는 높은 변동성을 수반한다는 사실을 미리 인지하고, 과거의 변동성을 되짚어 보는 것만으로도 감정의 영향을 줄일 수 있다.

이 책에서 나는 기술주의 과거 성과와 변동성에 대해 살펴보고, 왜 기술주에 투자해야 하는지를 자세히 설명했다. 이 정도도 충분하지 않을 수도 있다. 만약 부족하다는 생각이 든다면 여러분 스스로 독서를 통해 보완하길 권한다. 나는 서두에서 인생의 진정한 성공을 위해서는 "미래 성장에 장기 투자"하여 부를 축적하고, 남는 시간을 자기 일에 몰입하여 명예를 얻으라고 했다. 투자에 대한 별도의 공부는 필요 없다고도 했다. 그럼에도 불구하고 이제 와서 책을 읽는 데 시간을 투자하라는 이야기가 모순처럼 느껴질 수 있다. 여러분이 내 의견에 완전히 동의하고 투자해도 여러분의 투자가 실제로 시장 변동성에 노출되었을 때는 흔들릴 수 있다. 이때 많은 이들이 "이번은 과거와 다르다"는 불안에 빠진다. 그러나 실제로 주식시장에서 어떤 사건이 과거와 다르게 적용된 사례는 거의 없다. 다만 나는, 세상이 변해 더 이상 제조업이 아닌 테크 기업이 세상을 주도하고 있고, 이 기업들의 수익 산출 방식이 제조업과 다르기 때문에 테크 기업에 투자하라는 점에서 기존의 투자 방법과는 차이가 있음을 분명히 밝힌다. 이런 변화는 이미 시장이 증명하고 있기에 너무나 자명하지만 나는 아직 투자자들의 투자 패턴에는 더 많은 변화가 필요하다고 생각한다. 이를 위해 책을 몇 권 추천한다.

- 크리스 밀러, 『칩 워, 누가 반도체 전쟁의 최후 승자가 될 것인가(Chip War: The Fight for the World's Most Critical Technology)』
  : 기술 패권 전쟁의 현실을 통해 테크 투자에 대한 인사이트를 얻을 수 있다.

- 아담 시셀, 『돈은 빅테크로 흐른다(Where the Money Is: Value Investing in the Digital Age)』
: 자본의 흐름과 테크 기업들의 시장지배력에 대한 통찰을 준다.
- 마크 S. F. 마하니, 『기술주 투자 절대 원칙(Nothing But Net)』
: 기술주 투자에 있어 가장 실용적이고 구체적인 원칙을 담고 있다. 기술주 투자에서 맞닥뜨릴 수 있는 변동성과 여기 어떻게 대응해야 하는지 등의 내용이 담겨 있다.
- 이선 몰릭, 『듀얼 브레인-AI 시대의 실용적 생존 가이드(Co-Intelligence: Living and Working with AI)』
: AI를 우리의 동반자로 바라보는 혁신적인 관점을 제시한다.

나는 『칩 워, 누가 반도체 전쟁의 최후 승자가 될 것인가』, 『돈은 빅테크로 흐른다』, 『기술주 투자 절대 원칙』을 쓴 세 저자를 초청해 국내 투자자들과 기자들을 대상으로 세미나를 연 적이 있다. 그들의 책들에서 얻은 통찰이 『누구나 투자로 부자가 될 수 있다』 곳곳에 스며들어 있다. 단 몇 권의 책이라도 읽겠다는 성의가 있다면 여러분은 시장이 유발하는 감정에 매몰되지 않을 준비가 된 것이다. 투자에 전념하고자 하는 투자자라면 반드시 읽어 보기 권한다.

여기까지 잘 따라온 여러분은 투자의 기본 개념은 충분히 정리되었다고 할 수 있으니 본격적으로 '어떻게 부를 축적할 것인가'라는 실천 단계로 들어가 보자. 투자의 성과, 즉 미래의 부(Wealth in the future, '$W_f$'로 약칭)는 아래의 간단한 공식으로 표현할 수 있다.

$$W_f = P \times (1+r)^n$$

- $W_f$: 미래의 부
- P: 현재 투자금(일시 투자 원금과 추가 투자금)
- r: 연평균 투자수익률
- n: 투자 기간

단순하지만 그 안에 놀라운 진리가 숨어 있는 공식이다. 바로 복리의 힘이다. 복리의 효과는 시간이 흐를수록 기하급수적으로 작동한다. 평범한 사람도 이 공식을 깊이 이해하고 실제 자신의 삶에 적용한다면 누구나 부를 축적할 수 있다. 핵심은 얼마나 빨리 시작하느냐, 얼마나 오래 지속하느냐, 그리고 어떤 수익률을 꾸준히 실현하느냐에 달려 있다.

이제부터는 이 공식을 구성하는 세 요소인 P, r, n, 즉 투자금, 수익률, 투자 기간에 대해 하나씩 살펴보며 어떻게 활용할 수 있는지 알아보겠다.

## 01
# 투자 원금(P)

월급을 모으는 것만으로는 원하는 수준의 부를 이루기 어렵다. 은행에 맡긴 돈은 물가상승률을 따라가지 못해 실질 가치가 줄어드는 경우가 많다. 자산의 가치를 지키고, 더 나아가 키우기 위해서는 반드시 '투자'가 필요하다. 특히 노동소득에만 의존하지 않고 자본소득을 창출함으로써 경제적 자유를 추구하는 것은 이제 선택이 아니라 필수다. 그 출발점에 있는 것이 '투자 원금'이다. 투자 원금은 단순한 시작 자본이 아니라 복리 효과를 누리기 위한 결정적 변수다. 아무리 수익률이 높고 시간이 충분해도 투자 원금이 적다면 (복리의 힘이 작용한다고 해도) 부 자체의 수준이 제한적일 수밖에 없다.

이 때문에 나는 사회에 첫발을 내딛는 이들에게 "월급의 30%를 투자하라"라고 조언한다. 물론 현실적으로 쉽지 않다. 소득은 적고 지출은 많으며, 특히 워라밸을 추구하다 보면 투자 여력은 더욱 줄어들 수 있다. 소비를 먼저 하고 남은 돈을 투자한다면 절대로 투자할 돈이 남지 않는다. 사고의 전환이 필요하다. "소비하고 남는 돈을 투자하는 것이 아니라 투자하고 남는 돈으로 소비하라." 워런 버핏의 말이다. 최대한의 금액을 투자하기 위해서는 그 돈이 장기적으로 수익을 실현할 수 있으리라는 확신이 전제되어야 한다. 그렇기 때문에 투자 대상 선정이 중요하다. 대부분의 투자자들은 현재에 초점을 두고 지금 좋아 보이는 것에 투자한다. 하지만 현재가 아닌 미래 성장성을 지닌 분야에 투자하는 것이 가장 바람직한 방향이다. 확신이 없는 투자에는 흔들림이 뒤따르지만 논리적 확신이 뒷받침된 투자는 시장의 일시적 변동성도 감내할 힘을 준다.

꾸준한 적립식 투자는 시장의 등락을 오히려 기회로 만든다. 가격이 오르면 수익이 발생하고 가격이 내리면 더 낮은 가격에 더 많은 자산을 매수할 수 있다. 중요한 것은 시장의 단기 움직임이 아니라 장기적인 성장을 확신할 수 있는 투자 대상을 고르는 것이다. 젊을수록 시간이라는 가장 강력한 복리 자산을 가지고 있다. 이 시기를 흘려보내지 말고 투자할 원금을 늘리는 데 집중하자. 그것이 여러분이 원하는 미래의 부를 만드는 첫걸음이다.

| 구분 | 수익 실현 방법 | 투자 의사 결정 기준 시점 |
| --- | --- | --- |
| 단기 투자 | 개별 투자 손익 누적 | 현재 |
| 장기 투자 | 미래 수익 가치 실현 시(자금 필요 시) | 미래 |

## 02
# 지속성 있는 투자수익률(r)의 위력

부의 함수에 있어 두 번째 비밀은 높은 r(투자수익률)에 있고, 그 시작은 지속성을 지닌 투자 대상을 찾는 데 있다. 많은 이들이 투자를 시작할 때 이번 투자에서는 "몇 퍼센트의 수익을 낼 수 있을까"라는 단기 투자 성과에 집중한다. 진짜 중요한 질문은 따로 있다. "그 수익률을 얼마나 오래 유지할 수 있는가?"다. 많은 투자자들이 더 높은 수익을 쫓아 부단히 움직인다. 유망한 종목을 찾아 분석하고, 시장의 흐름을 살피며, 시시각각 정보를 수집해 '지금 가장 유망한 곳'으로 자신의 소중한 자금을 옮겨 간다. 때로는 정말 훌륭한 기업이나 상품을 찾아 상당한 수익을 볼 때도 있다.

이러한 행위는 본능적이라고 할 수 있다. 누구나 더 높은 수익을 원하고 기회를 놓치고 싶지 않기 때문이다. 그런데 여기엔 간과하기 쉬운 매우 중요한 진실이 하나 있다. '수익의 질'과 '수익의 일관성' 중에서 후자가 진짜 성과를 결정짓는다는 사실이다. 예를 들어 어떤 투자자가 첫 번째 투자에서 100%의 수익을 거두고, 두 번째 투자에서 50%의 손실을 보았다고 가정해 보자. 두 번의 투자에서 얻은 수익률은 평균만 보면 +25%다. 그러나 실제로는 원금 수준으로 되돌아갔다. 이처럼 손실이 수익을 상쇄하면 숫자상의 평균은 의미가 없어진다. 감정적으로 느끼기에는 한 번은 100% 이익, 한 번은 50% 손실이라 전체적으로는 이익이 나야 할 것 같지만 제자리다.

투자는 한 번 하고 끝나는 행위가 아니라 계속되는 과정이기 때문에 성공 투자의 핵심은 한 번의 투자에서 얼마나 높은 수익을 얻느냐가 아니라, 그 수익률을 얼마나 오래 지켜 낼 수 있느냐에 달렸다. 이때 수익률은 기간과 함께 복리의 마법을 만드는 핵심 요소다. 한 번의 투자에서 얻는 수익이 아닌 지속성을 가지는 높은 수익이 최종 성과를 만든다.

## 03
# 장기 투자
# 복리의 마법

복리의 효과는 수익이 반복 재투자되며 점점 더 큰 수익을 창출하는 원리에서 비롯된다. 시간이 흐른다고 저절로 부가 축적되는 게 아니다. 복리의 진정한 힘은 자본이 꾸준히 증식될 수 있는 구조를 갖추었을 때 발현된다. 다시 말해 복리는 이익이 재투자되는 시스템을 갖추었을 때 작동하는 강력한 시간의 마법이다. 복리의 힘은 놀랍다. 가령 연평균 10%의 수익률로 자산을 운용한다면 7.2년마다 자산이 두 배로 증가한다. 반면 연 7%의 수익률을 기록할 경우 두 배가 되기까지 약 10.3년이 소요된다. 처음 몇 년은 차이가 크게 느껴지지 않을 수 있다. 하지만 시간이 흐를수록 이 격차는 기하급수적으로 벌어진다. 그런데 손실이 발생하면 구조 자체가 흔들린다. 한 번의 큰 손실은 앞으로의 모든 복리 효과를 심각하게 저해할 수도 있다.

## (1) 흔들리는 투자 전략, 흔들리는 수익률

최근 몇 년간의 시장 흐름을 보면 테크 기업들이 폭발적인 성장을 보여 주었다. 특히 미국의 대형 기술주들은 상상을 초월하는 상승을 기록했고, 많은 투자자들의 포트폴리오에서 중심이 되었다. 그러나 2024년 말부터 조정이 시작되었고, 그사이 중국의 테크 기업들이 반등세를 보였다. 그러자 일부 투자 조언가들은 이제 중국 테크 기업이 미국 기업을 위협할 것이라며 방향 전환을 강하게 권유하고 나섰다. 그들은 "2025년 초에 중국 주식을 샀더라면 얼마나 좋았겠느냐"며 투자자들의 아쉬움을 자극하고 지금이라도 갈아타야 한다고 주장한다. 언뜻 그럴듯해 보이지만 이런 조언은 대부분 시장의 흐름이 한참 지나간 후에야 나온다. 이 시점에 포트폴리오를 바꾸면 오히려 수익률은 낮아지고 복리 효과를 기대할 수 있는 장기 투자 구조가 크게 훼손될 수 있다. 물론 장기적으로 중국 테크 기업의 미래 성장 가능성을 확신하고, 그에 따라 포트폴리오를 재구성하는 것이라면 방향 전환은 충분히 정당화될 수 있다.

    단기적으로 저평가되었기 때문이라거나 잠깐 반등이 올 것 같다는 식의 판단에 따라 움직이지 말아야 한다. 시장의 단기 흐름에 편승하는 투자는 지속 가능한 전략이 될 수 없다. 빙산은 물속에 더 큰 부분이 있기 때문에 바닷속 조류를 따라 움직이지만, 작은 얼음 조각은 물에 떠 있기 때문에 바람을 따라 움직인다는 말이 있다. 바람에 따라 움직이는 얼음을 쫓다 보면 때론 바람을 타고 빠르게 움직이는 것처럼 보이나, 바람의 방향이 수시로 바뀌어 결국 방향을 잃고 만다. 앞에서도 언급했으나 중요한 이야기라 한 번 더 이야기한다.

2025년 2분기부터 우리나라 주식 시장이 강한 상승세를 보이고 있다. 제도 개선을 통한 시장의 불합리한 구조를 바로잡을 가능성이 생겼다. 상법 개정을 통해 이사의 충실의무도 제도화되었다. 배당 분리과세, 상속세 완화, 경영진 배임 혐의의 구체화 등 아직도 몇 가지는 더 개선 여지가 있다. 문제는 그다음이다. 결국 한국 기업들의 성장 가능성이 투자의 핵심이다. 이 부분은 앞에서 충분히 다루었으니 생략하겠다.

투자에서 중요한 것은 시장의 소음에 흔들리지 않는 것이다. 지난 결과를 보고 "그때 그걸 샀더라면" 하고 아쉬워하는 것은 인간의 당연한 감정이다. 다만 감정에 따라 전략을 바꾸기 시작하면 투자 본연의 방향을 잃고 만다. 시장 트렌드에 반응하기보다 깊이 있는 분석을 통해 스스로 확신할 수 있는 투자 대상을 정하고, 시장의 작은 파도에 흔들리지 않는 태도를 가져야 한다. 이것이 장기적인 성공을 이끈다.

좋은 수익률을 만들기 위해 이것저것 바꿔 가며 투자하고 싶은 유혹은 늘 존재한다. 하지만 "투자에서 진정한 성공은 복잡함을 이겨 내고 단순함을 견지할 수 있는 용기"에서 나온다. 내가 번역에 참여하여 패시브 투자를 선택하게 만들어 준 존 보글의 『성공하는 투자 전략 Index 펀드』에 나오는 '오컴의 면도날'이라는 용어를 접하고 나서 지금까지 새기고 있는 말이다. 오컴의 면도날이란 간단히 말해 "단순하면 단순할수록 진리일 가능성이 높다"는 것이다. 투자에서 복잡한 방법보다는 단순한 방법이 돈을 버는 데 절대적으로 유리하다는 것을, 나는 실천으로 경험했다. 정리하면 다음과 같다.

- 시황이나 시장의 단기 흐름에 관심 두지 말고,
- 검증된 전략과 철학을 바탕으로 일관되게 투자하며,
- 무엇보다 복리의 힘이 작동할 수 있도록 '시간이라는 자산'을 우리 편으로 만들어라.

이것이 장기적으로 부를 최대로 키우는 길이다. 복리의 마법은 조급한 손을 멀리하고 인내심 있는 이의 곁에 남는다. "The stock market is a device for transferring money from the impatient to the patient(주식 시장은 조급한 사람에게서 인내심 있는 사람에게 돈을 옮겨주는 장치다)." 워런 버핏의 말이다.

투자란 '수익률'이 아닌 '철학'이다. 단기 수익에 일희일비하는 대신 장기적 안목과 흔들리지 않는 전략으로 시장을 대하라. 진정한 투자자는 매 순간 '어디에 투자할까'보다 '어떻게 투자할 것인가'를 고민하고, 투자 대상을 정한 후에는 정해진 대로 지속한다. 그리고 본업에 충실하여 본업과 투자 모두에서 결실을 맺음으로써 부와 명예라는 두 마리 토끼를 잡는다.

## (2) 꾸준한 수익률의 비결은 '일관성'과 '분산'

장기적인 부의 축적을 목표로 한다면 투자 전략은 반드시 일관성을 바탕으로 설계되어야 한다. 투자 대상은 단기간에 급등락하는 개별 종목이 아니라 오랜 시간에 걸쳐 꾸준한 성장을 이어 갈 수 있는 자산이어야 한다. 개별 종목은 장기 성과가 좋을지라도 중간에 발생하는 변동성이 너무 커 장기 보유가 거의 불가능하다. 나는 "여러분이 10년 전에 엔비디아나 비트코인을 샀더라면 부자가 되었을까요?"라고 자주 물어본다. 대부분이 "아닙니다. 중간에 팔았을 겁니다"라고 답한다. 특히 중간에 주가가 하락할 때 언론 등에서 부정적인 기사를 쏟아 내기 때문에 더욱 보유하기 어렵다. 여러 번 강조하지만 단순히 한두 개의 종목을 고르는 것이 아니라 분산된 자산에 장기적으로 투자하는 게 핵심이다.

ETF나 TDF 펀드 같은 분산투자형 상품은 여러 자산군에 골고루 투자되어 있어 특정 종목의 실패가 전체 투자에 미치는 영향을 최소화해 준다. 특히 장기적으로 안정적인 수익률을 제공하며, 복리 효과를 극대화할 수 있는 이상적인 수단으로 작용한다. 성공적인 장기 투자는 정교한 예측력이 아니라 명확한 전략과 일관된 실행에서 비롯된다. 시장을 예측하려는 시도보다 더 중요한 것은 검증된 전략을 꾸준히 지키는 '투자 태도'다. 타이밍을 맞추려 애쓰기보다는 신뢰할 수 있는 자산을 골라 긴 시간을 함께하는 것이 진정한 수익의 열쇠다.

## (3) 복리의 열매는 인내하는 자에게만 주어진다

복리는 나무를 심는 일과 같다. 처음에는 자라지 않는 것처럼 보여도 시간이 지나면 뿌리가 깊어지고 줄기가 굵어진다. 어느 순간부터는 기하급수적으로 자라 열매를 맺는다. 반대로 자주 옮겨 심거나 줄기를 자르는 행위를 반복하면 잘 자랄 수 없다. 투자도 마찬가지다. 단기적인 수익률에 일희일비하지 않고, 장기적으로 일관된 전략을 유지하며 분산된 자산에 꾸준히 투자할 수 있다면 복리는 분명 마법 같은 결과로 보답할 것이다. 아래 표는 투자 수익률과 기간이 만들어 내는 최종 투자수익률이다.

투자 기간과 수익률이 만들어 내는 효과는 엄청나다. 특히 기간이 길어질수록 최종 수익률은 기하급수적으로 늘어난다. 참고로 연평균 20%의 수익률로 60년간 투자하면 원금의 약 5만 6,000배가 된다. 워런 버핏이 지난 60년간 실현한 수익률이다. 정확히 따지자면 만 60년을 조금 못 채워 약 5만 5,000배의 수익을 실현했다. 1억 원

| 승수 | 기간(년) | | | | | | |
|---|---|---|---|---|---|---|---|
| | 5 | 10 | 20 | 30 | 40 | 50 | 60 |
| 수익률 (%) 5.0 | 1.3 | 1.6 | 2.7 | 4.3 | 7.0 | 11 | 19 |
| 7.5 | 1.4 | 2.1 | 4.2 | 8.8 | 18.0 | 37 | 77 |
| 10.0 | 1.6 | 2.6 | 6.7 | 17.4 | 45.3 | 117 | 304 |
| 12.5 | 1.8 | 3.2 | 10.5 | 34.2 | 111.2 | 361 | 1,173 |
| 15.0 | 2.0 | 4.0 | 16.4 | 66.2 | 267.9 | 1,084 | 4,384 |
| 17.5 | 2.2 | 5.0 | 25.2 | 126.2 | 633.2 | 3,176 | 15,932 |
| 20.0 | 2.5 | 6.2 | 38.3 | 237.4 | 1,469.8 | 9,100 | 56,348 |

을 투자했으면 5조 5천억 원이다. 이와 관련해 누구나 손자는 갑부로 만들 수 있다는 말이 있다. 워런 버핏에게 투자했던 사람들이 오늘날 오마하에 모여 축제를 벌이는 것도 이런 연유일 것이다. 앞에서 여러 번 언급한 것처럼 워런 버핏은 위대한 투자가이나 테크 투자를 회피한 결과 2000년 이후의 수익률은 좋지 않다.

### (4) 무엇에 투자할 것인가?

지속 가능한 높은 수익률을 제공할 수 있는 투자 대상을 찾아 장기적으로 투자하는 것이야말로 복리 효과를 누릴 수 있는 가장 현명한 투자 전략이며, 우리를 부자로 만들어 줄 수 있는 방법이다. 그렇다면 지속적으로 높은 수익률을 제공할 수 있는 투자 대상은 무엇일까? 이는 지금까지 이 책에서 설명해 온 모든 내용을 아우르는 결론에 해당한다.

인류의 진보는 언제나 기술의 발전으로 지속되어 왔다. 그리고 우리는 지금 테크 시대의 중심에 살고 있다. 특히 빅테크 기업들이 세상을 이끄는 시대다. 현재 세상을 주도하는 중심 기술은 AI다. 따라서 이 시대에 가장 합리적이고 효율적인 투자 대상은 바로 기술주이고, 기술주 투자의 대표 지수가 나스닥 100이다. 나스닥 100에 투자하는 방법은 다양하며, 국내에도 상장된 여러 ETF 상품이 있다.

테크 기업들 가운데서도 대표적인 기업이자 테크 시대를 상징하는 빅테크 기업들에 집중적으로 투자할 수 있는 상품도 있다. 오늘날의 최첨단 기술인 AI 기술 적용에서도 제일 앞서 있는 기업들이다. 대표적인 ETF 상품은 다음과 같다.

- ACE 미국빅테크TOP7 Plus
- KODEX 미국빅테크액티브 ETF
- TIGER 미국테크TOP10 ETF
- SOL 미국테크TOP10

이 상품에 편입된 종목들은 영원히 지속되는 게 아니라 일정 기준에 의해 일정 기간마다 교체된다. 기업 개별 이슈든 세상의 변화에 뒤처지거나 하는 등의 이슈든 기준을 벗어나면 다른 종목으로 교체된다. 따라서 항상 정해진 기준에 들어오는 종목에만 투자하게 된다. 즉, 운용사가 알아서 기준에 맞게 운용해 준다. 이들 빅테크 ETF는 나스닥 100보다 단기적으로는 변동성이 더 크지만, 투자자가 변동성을 이겨 낼 수 있다면 장기적으로는 더 높은 수익률을 기대할 수 있다.

또 하나 주목해야 할 분야는 반도체다. 디지털 기술의 실현을 가능하게 만드는 핵심이 반도체다. 반도체 관련 투자 상품에는 다음과 같은 것들이 있다.

- ACE 글로벌반도체TOP4 Plus
- KODEX 미국반도체 ETF
- TIGER 미국필라델피아반도체 ETF

앞에서 설명했듯 두 번째와 세 번째 상품은 기존에 시장에 있던 지수를 상품화한 것이고, 첫 번째 상품은 디지털 시대, 특히 AI 시대에 맞게 우리의 요청에 맞춰 지수 공급자가 만든 지수다. 각 지수의 성과와 특성은 이미 소개한 바 있어 생략하겠다.

그 외에도 테크 시대 기술주 관련 다양한 상품이 거래되고 있다. 이 책에서는 대표 상품들만 소개했으니 더 관심이 있거나 시장의 변화에 발맞춰 빠르게 매매하고 싶은 이들은 별도로 찾아보기 바란다. ACE ETF 홈페이지에는 AI 고객센터가 있어 여러분이 질문하는 ETF에 관한 모든 것을 AI가 찾아서 답한다. 국내 운용사에서 AI를 제대로 활용한 첫 사례라고 생각한다. 이 시스템을 만들기 위해 엔비디아의 H100을 주문하고, 오랜 기다림 끝에 칩이 도착해 시스템을 완성할 수 있었다. 덕분에 엔비디아 칩의 필요성과 효용을 직접 경험할 수 있었다.

요약하면 지속성 있는 투자수익률을 확보하기 위해서는 이것저것 투자 대상을 교체하지 않고, 장기적으로 기대 수익률이 높으리라 판단되는 투자 대상(세상 흐름의 핵심)을 선정해 장기 투자하자. 이 투자에서 나오는 투자수익률이 우리가 찾는 r이다.

왜 나스닥 100인지와 왜 기술주인지는 앞에서 충분히 설명했기 때문에 마지막으로 간략하게만 이야기하겠다. 역사적으로 기술이 세상을 바꾸어 왔다. 인류의 진보는 항상 기술의 진보와 함께했다. 지금 우리는 디지털과 AI 시대에 살고 있으며, 이 변화를 선도하는 기업들은 대부분 미국의 테크 기업이다. 중국의 테크 기업도 특정 분야에서 뛰어난 모습을 보이고 있으나 현재 미·중 관계에서 본다면 대외 판로가 막혀 장기 지속 성장에 의구심이 생긴다. 중국에 굳이 투자한다면 투자의 본진이 아닌 일정 부분 테마로 투자하길 바란다.

우리나라 테마 중에서도 원전이나 방산, 조선은 오래 지속 가능한 테마라고 생각한다. 따라서 테마로도 투자할 만하다. 하지만 이들은 시대적·정치적 상황에 대한 의존도가 높다. 이런 테마들을 담은 테마 상품 활용 역시 앞에서 추천한 테크 관련 투자를 메인으로 하고, 일정 부분만 투자하는 게 좋은 투자법이라고 본다. 다만 별도의 시간을 할애해야 하는 투자이기 때문에 투자에 쓰는 시간을 아껴 본업에 투자하라고 한 원칙에는 어긋나, 나는 적극적으로 추천하고 싶지는 않다.

여러분은 n과 r을 통해 미래 성장에 투자하여 복리 효과를 누리길 바란다. 기술주의 미래 성장에 장기 투자하는 전략을 택했다면, 더는 시장의 등락에 일희일비하지 마라. 남는 시간은 오롯이 자신에게 집중하라. 여러분이 하는 일, 여러분이 살아가는 삶이야말로 또 하나의 중요한 투자처다. 여러분의 인생 최고의 종목은 바로 여러분 '자신'이다. 자신의 일에 최선을 다해 성취를 이루어야 성공의 또 다른 축인 명예를 얻을 수 있다.

진정한 성공이란 스스로 자부심을 가질 수 있는 삶의 결과물이어야 한다. 그러기 위해서는 현재에 안주하지 않고 끊임없이 변화를 추구해야 한다. 변화를 위한 첫걸음은 새로운 사람들과의 네트워킹이다. 익숙한 사람들과의 반복적인 일상만으로는 새로운 자극이나 기회가 생기기 어렵다. 낯선 관계 속에서 우리는 이전에 접하지 못했던 세계와 기회를 마주하게 된다. 진정한 변화의 씨앗은 낯섦과 다양성에 숨어 있다.

또 하나의 중요한 방법은 독서다. 뉴스나 단편적인 정보는 시간이 지나면 가치가 떨어지지만 책은 체계적인 지식의 틀을 제공한다. 독서를 통해 우리는 깊이 있는 사유와 넓은 시야를 확보할 수 있고, 정보의 홍수 속에서도 중심을 잃지 않는 통찰력을 갖게 된다. 독서를 통해 축적된 지식이 단절된 채 머물지 않고 서로 연결되고 확장될 때 비로소 창의성이라는 결실을 맺는다. 성공적인 삶을 위해서는 내 일에 최선을 다하는 동시에 그 기반이 되는 지식을 스스로 쌓고 확장해야 한다. 그것이 자부심 있는 삶을 만드는 출발점이다.

그리고 가능하다면 인생의 길잡이가 되어 줄 멘토가 있으면 좋다. 모든 분야에 각각의 멘토가 있을 수도 있지만 한 사람이라도 진심으로 여러분을 도와줄 수 있는 멘토가 있다면 인생이 한층 깊어지고 단단해질 것이다. 적극적으로 찾아보길 바란다. 멘토가 반드시 살아 있는 인물일 필요는 없다. 책 속 인물도, 작가도, 사상가도 전부 멘토가 될 수 있다. 마음을 열고 귀를 기울인다면 언제든 그들의 지혜를 만날 수 있다. 손정의 회장에게 큰 영향을 준 후지다 덴(『유대인의 상술』 저자)의 이야기는 책을 통해 멘토를 얻은 좋은 사례다.

에필로그

# 투자는 미래 성장에 장기적으로 참여하는 것

이 책을 끝까지 읽은 독자라면 투자를 통해 부자가 될 수 있다고 생각한다. 나는 이 책이 완전히 독창적인 내용이라고 주장하고 싶지는 않다. 또 여기서 제시하는 방법이 최고의 투자법이라고도 말하고 싶지 않다. 나는 이 책이 말하는 투자 방법이 현재 여러분이 하고 있는 투자와 많은 차이가 있다는 것을 알고 있다. 만약 여러분이 현재의 방법으로 돈을 제대로 많이 벌고 있다면 내 이야기에 귀 기울일 필요는 없다. 하지만 그렇지 못하다면 내가 제안한 방법이 여러분의 인생을 밝게 빛내 주리라 믿는다. 그럼에도 내 말을 잘 듣지 않을 여러분에게 이 말을 전하고 싶다. 이 말을 들으면 내 말에 좀 더 귀 기울일 것 같다.

"The definition of insanity is doing the same thing over and over again and expecting a different result."

해석하면 '제정신이 아니란 건 똑같은 일을 되풀이하면서도 다른 결과가 나오기를 기대하는 것'이다. 아인슈타인의 말이다. 여러분이 투자 방법을 바꾼다면 여러분은 투자와 일, 양쪽에서 성공을 얻어 진정한 인생의 성공을 성취할 수 있을 것이다.

전 직장에 있을 때 한 출판사에서 책을 써 보자는 제안을 받았다. 그들은 내가 ETF와 관련해 잘 알려져 있다는 점을 들어 그 주제를 책으로 풀면 분명히 베스트셀러가 될 것이라고 했다. 그러나 나는 단순히 ETF의 구조나 활용법을 나열하는 책을 쓰고 싶지는 않았다. ETF는 도구일 뿐, 중요한 것은 그 도구를 어떻게 바라보고 투자에 활용하느냐이기 때문이다. 오랜 시간 내 돈을 직접 투자해 본 경험, 그리고 직업적으로 수많은 투자 전략을 고민해 온 사람으로서 나는 보다 본질적인 '투자 철학과 방법'을 독자들과 나누는 것이 진정 내가 해야 할 일이라고 생각했다.

이 책에서 나는 구체적인 상품명을 거론하여 설명했다. 특정 상품의 홍보나 광고, 투자 권유를 위한 목적이 아니다. 그런 상품들이 그냥 튀어나온 것이 아님을, 내가 직접 만든 상품들의 경우 어떤 과정을 거쳐 탄생했는지를 알려 주고 싶었다. 구체적으로 어떤 의미를 지니고 있는지 알려 주고 싶었다. 그렇지 않으면 독자들은 책을 다 읽고도 모호함에 갇힐 수 있기 때문이다.

지금까지 수많은 전설적인 투자 관련 책이 세상에 나왔다. 지금도 쏟아져 나오고 있다. 하지만 대부분은 과거의 상황에 맞춰진 이야기이거나 "타이밍과 정보가 중요하다"와 같은 허황된 이야기인 경우가 많다. 이 방법으로는 부를 축적할 수 없다. 그래서 나는 투자나 경제와 관련된 책이나 글을 읽을 때마다 중요한 통찰이라고 느껴지는 부분을 메모하기 시작했다. 일하는 회사가 바뀌어도 나의 메모는 멈추지 않았다. 어느새 그것이 A4 용지 40매 분량이 되었고, 이 책은 그 메모들을 다듬고 더하고 편집해서 완성한 결과물이다.

『누구나 투자로 부자가 될 수 있다』는 내 생각만을 담은 책이라기보다 나에게 영감을 준 수많은 이의 통찰을 새롭게 해석하고 재구성한 결과물이라고 말하고 싶다. 워런 버핏, 피터 린치, 하워드 막스 등 제조업 시대의 투자 대가들의 투자 철학도 살펴보았지만, 특히 존 보글의 투자 방법과 아담 시셀, 마크 마하니, 나심 탈레브, 피터 틸을 비롯해 새로운 시대 대가들의 투자 대상에 대한 생각에 더 초점을 맞추었다. 제조업 시대 투자 대가들의 지혜는 오늘날 테크 시대의 현실과 철학으로 재해석하고 재구성했다. 아이디어의 출처를 일일이 밝히지는 않았지만 이 자리를 빌려 그분들께 진심으로 감사드린다.

위 대가들의 투자 철학을 나의 투자 경험에 녹여 내 것으로 소화시키고 발전시킨 결과, 이 책에 내 투자 철학을 온전히 드러낼 수 있게 되었다. 그들의 생각이 모여 나의 투자 철학을 한층 더 단단하게 만들었고, 『누구나 투자로 부자가 될 수 있다』를 세상에 나올 수 있게 해 주었다. 책을 집필하며 창의성이란 결국 연결(connecting)과 편집(editing)이라는 말을 더없이 실감했다.

『누구나 투자로 부자가 될 수 있다』에서 제시하는 투자 방법이 절대적인 '정답'은 아니다. 사실 투자 세계에 사전적으로 정답은 존재하지 않는다. 하지만 나는 자신 있게 말할 수 있다. 일반 투자자들에게 이보다 더 실행하기 쉽고, 장기적으로 성과를 낼 수 있는 방법은 없다. 판단은 여러분의 몫이다. 이 전략은 시장을 단기적으로 예측하거나 전망하여 베팅하지 않는다. 그것은 운에 기대는 게임일 뿐이며 운은 결코 오랫동안 지속될 수 없기 때문이다.

한 가지 분명히 할 것이 있다. 내가 추천하는 방법은 실행하기는 쉬워도 유지하는 것은 결코 쉽지 않다는 점이다. 사람은 본능적으로 논리보다 감정에 휘둘린다. 시장이 요동칠 때 두려움이나 욕심이 투자 철학을 흔드는 것은 너무나 자연스러운 일이다. 그러나 그것을 이겨 내는 순간, 당신은 부자가 되는 길 위에 서 있을 것이다.

여기까지 읽었다면 내 이야기에 공감한다는 뜻일 테니 당장 투자를 시작하기를 권한다. 이 방법이 맞는지 틀린지 묻지 말고, 적은 금액이더라도 수년간 실천해 보라. 시간이 흐른 뒤 여러분은 왜 처음에 더 많은 돈을 투자하지 않았을까 후회할 것이다. 그만큼 이 방식은 장기적으로 놀라운 힘을 보여 준다.

정보가 아닌 지식에 투자하라. 시장에 쏟아지는 수많은 투자 추천과 전망을 보라. 그중 상당수는 누군가의 비즈니스를 위해 포장된 것에 불과하다. 오늘의 '핫 종목'이나 '시장 전망'은 맞을 수도 있고 틀릴 수도 있다. 한 가지 확실한 것은 그런 방식으로는 장기적인 부의 축적이 불가능하다는 짐이다. 그것은 투자가 아니라 단순한 베팅이다. 투자는 정보가 아닌 지식에 기반해야 한다. 정보는 시간이 지나면 의미를 잃는다. 그러나 지식은 원칙과 철학을 담고 있어 오래도록 유효하다. 이 책에서 다룬 원칙과 방법론은 단기적인 예측이나 감각이 아니라 오랜 검증을 거친 지식의 체계다. 그것을 믿고 실천하는 힘이야말로 투자자가 갖춰야 할 가장 중요한 자산이다.

마지막으로 나는 독자들에게 이렇게 당부하고 싶다.

"투자는 미래 성장에 장기적으로 참여하는 것이며, 그 미래는 기술이 이끌 것이다. ETF는 미래 성장에 대한 투자를 가장 효율적으로 담아내는 수단이다."

이 책을 덮는 순간부터 여러분의 시계추를 '현재의 소음'이 아닌 '미래의 가능성'에 맞추길 바란다. 적은 돈이라도 좋다. 오늘 당장 시작하라. 그리고 나머지 시간은 자신에게 투자하라. 내 일에서 지식과 경험, 그리고 삶의 질을 높이는 데 쓰는 시간이야말로 복리 효과를 가져올 강력한 자산이다. 이 책에서 내가 제시한 철학을 실천한다면 부와 명예가 여러분의 삶에 자연스러운 결과로 따라올 것이다. 그리고 그때 이렇게 말하게 될 것이다.

"내가 처음 이 책을 읽었을 때 바로 시작하길 정말 잘했다."

이 책이 여러분의 투자 여정에서 언제나 든든한 나침반이 되기 바란다. 그리고 언젠가 여러분만의 철학과 성공 이야기를 또 다른 이에게 전할 수 있는 사람으로 성장하기를 바란다. 이 책을 쓰는 데 도움을 준 한투운용의 동료들에게 다시 한 번 진정으로 감사를 표한다. 이들이 있었기에 책이 완성될 수 있었고, 내용이 더욱 풍성해졌다. 나는 30년 이상 했던 잘못된 투자 방법에서 벗어나, 지금은 이 책에 소개한 방법으로 투자하고 있다. 그동안의 경험과 지식 모두를 완전히 녹여 한 권의 책으로 만들었다. 아직도 방향을 잡지 못하고 그릇된 투자법에 예속되어 주변의 추천이나 유튜버들을 기웃거리는 일반 투자자들에게 꼭 읽어 볼 것을 권한다.